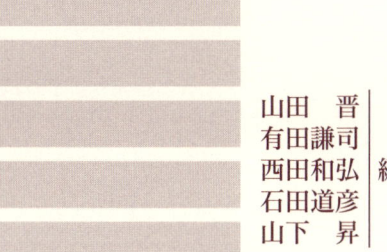

山田　晋
有田謙司
西田和弘　編
石田道彦
山下　昇

社会法の基本理念と法政策

社会保障法・労働法の現代的展開

法律文化社

はしがき

　菊池高志先生は本年4月2日に，河野正輝先生は本年7月26日に，めでたく70歳を迎えられた。本書は，菊池高志先生と河野正輝先生の古稀をお祝いして編まれたものである。

　われわれ執筆者は，九州大学大学院で院生として菊池高志先生と河野正輝先生にご指導を受けた者，九州大学法学部でお二人の先生方と同僚であった者である。われわれ執筆者一同は，菊池高志先生と河野正輝先生のこれまでのご指導とご厚誼に感謝し，論文を献呈したいとのおもいから，本書を編むこととした。

　菊池高志先生と河野正輝先生は，九州大学法学部・大学院法学研究科において，社会法講座の教授として，教育，研究に従事された。九州大学では社会法講座において社会法としての労働法と社会保障法を研究・教育するという伝統のもとに，大学院生は，労働法と社会保障法のどちらかを主専攻としつつ，これら2つを専攻することとなっている。お二人の先生方の研究業績の中に，共通して労働法と社会保障法の論文があるのも，その故である。

　1997年には，河野正輝先生と菊池高志先生のお二人の編による『高齢者の法』（有斐閣）が，九州大学社会法講座設置70周年を記念して刊行されている。その「はしがき」に，河野正輝先生と菊池高志先生は，次のように記されている。「高齢化が，日本社会を規定する最大の要因となったこんにち，それは，人間の尊重を理念とする『社会法』にとって逸することのできない課題である。……講座設置70年をむかえた機会に，九州大学社会法講座に縁の深いわれわれは，社会法の今後を展望する試みのひとつとして，この小著を編むことにした。新しい時代の問いかけにどれほど応え得たかは心もとないが，関心を同じくする人々に，なにほどか示唆するものがあることを願っている。本書を起点として，われわれ自身，更に検討を深めて行かねばならない。」

　われわれは，河野正輝先生と菊池高志先生のそうした社会法へのおもいを引き継ぎたいと考え，お二人の先生方の古稀をお祝いするための本書を，『社会法の基本理念と法政策——社会保障法・労働法の現代的展開』と題して編むこと

としたのである。その後の日本社会において少子高齢化が一層進行し，経済のグローバル化が急速に進行する中で，現代的な貧困問題をはじめとして，これまでにない社会的問題への対応が，今日の社会法に求められている。本書は，そうした今日の社会法が対応を求められている新しい課題を意識して，パートⅠ・社会法の基本理念，パートⅡ・自治と規制の法政策，パートⅢ・市場と規制の法政策，パートⅣ・権利の擁護と救済という4部構成としている。

　果たして，本書が，河野正輝先生と菊池高志先生の社会法へのおもいを受け継いで，今日の社会法に求められている新しい時代の問いかけに応え，今後の社会法を展望できるようなものとなっているかは，はなはだ心もとないのではあるが，これがこれからの社会法研究のひとつの起点となって，ここから議論が展開されて行くことを，われわれ執筆者一同は願っている。

　本書がこうして形になるまでには，多くの方々の協力があったことを記しておきたい。この古稀記念論集の刊行にあたり，事務局長として編者以上に多くの仕事をしてもらった丸谷浩介氏（佐賀大学准教授），同じくその運営に協力してもらった平部康子氏（福岡県立大学准教授），木村茂喜氏（西南女学院大学准教授）には，ここに記して感謝申し上げる。また，出版事情が厳しい中で，本書の出版を引き受けていただいた法律文化社と編集を担当していただいた小西英央氏には深く感謝申し上げたい。

　最後になってしまったが，河野正輝先生と菊池高志先生がこれからもずっとご健勝であられ，九州社会法研究会においてこれまでと変わらず大いに刺激を与えられるご議論をしていただけることを，われわれ執筆者一同が願っていることを記し，ここに改めてお二人の先生方に感謝申し上げる。

執筆者を代表して
山　田　　　晋
有　田　謙　司
西　田　和　弘
石　田　道　彦
山　下　　　昇

目　次

はしがき

Ⅰ　社会法の基本理念

わが国における社会福祉法学の歴史的検討……………山田　　晋　　3

労働法における労働権論の現代的展開…………………有田　謙司　　27
　　——包括的基本権としての労働権（試論）——

社会保障財政の法学的考察………………………………伊奈川秀和　　46

福祉サービス給付と所得保障給付との制度間調整………平部　康子　　65
　　——障害のある児童に着目して——

ジョン・ロック自然法論の再検討…………………………柴田　　滋　　81
　　——リバータリアニズムと現代社会法原理の展望に関連して——

Ⅱ　自治と規制の法政策

ドイツの操業短縮 …………………………………藤内　和公　101
失業給付における自発的な離職 …………………………丸谷　浩介　118
中国における従業員代表制度 ……………………………彭　　光華　136
社会保障と補償基金 ………………………………………原田啓一郎　156
　　──フランスの「社会的補償」をめぐる議論を素材として──
ドイツ年金保険における「社会的調整」………………田中秀一郎　174
　　──国庫負担に着目して──

Ⅲ　市場と規制の法政策

医療提供体制における医療計画と情報提供制度の展開…石田　道彦　187
高年法上の継続雇用制度の導入・実施とその手続………山下　　昇　203
障害者雇用に関する義務規定の法的効力 ………………廣田久美子　219
韓国における非正規雇用の実態と法規制 ………………李　　鋌　235

目 次

Ⅳ　権利の擁護と救済

権利擁護の将来像と公的責任 ……………………………西田　和弘　257
　――成年後見制度を中心に――

事業の適正運営と説明を受けての選択権 ………………髙倉　統一　275
　――介護保険法苦情手続をてがかりに――

児童福祉サービスにおける児童の意見表明権の保障 ……木村　茂喜　293

賃金差別の起算点と救済範囲 ……………………………柳澤　　武　308
　――アメリカ公正賃金法の制定を契機に――

　河野正輝先生　略歴及び研究業績
　菊池高志先生　略歴及び研究業績

I　社会法の基本理念

わが国における社会福祉法学の歴史的検討

山田　晋

1　はじめに

　戦後65年を経過して社会福祉は大きな転換点に達している。例えば，1）介護保険法は実施10年を経て，財政的破綻と受給者の利用困難に直面している，2）障害者自立支援法は，利用者負担に対して利用者から反対の声が挙がり，政権を奪取した民主党の下で廃案が決定したが，これに代わる新しい制度については暗中模索の状況である，3）発達障害者支援法にみられるように，科学の進歩は社会に新たな知見をもたらし，対人援助サービスを必要とする〈障害〉の領域は広まりつつある，4）心神喪失医療観察法や犯罪被害者等基本法のような従来の福祉の枠組みだけでは対応できない複合的領域が登場している。

　これらの展開は，単に自己負担を無償化することによって解決できる単純な問題を惹起しているわけではない。なぜこのような課題を社会福祉法学が解決・対応できずにきたかを検証する必要がある。本稿ではわが国社会福祉法学の発展について若干の考察を試みる。

2 戦後初期の社会福祉法学

1 社会福祉法学の時期区分

　戦前の社会事業法制がわが国の社会福祉法制の「助走」的役割を果たしたが，実質的な起点は戦後にあるとすることに異論はないであろう。戦前の社会事業の法的検討はわずかに菊池勇夫博士によってなされていたに過ぎない。

　戦後の社会福祉法制の史的展開区分については論者間に，概ね一致する見解があるが，社会福祉法学の発展は必ずしもこれと一致しない。社会福祉法学は，福祉三法体制（形成期）～福祉六法体制（拡充期）には，社会保障の法体系論でいう制度別体系論に依拠しつつ，社会福祉法制度の記述的分析に終始したともいえる黎明期，荒木誠之教授のいわゆる「荒木理論」や河野正輝教授の「発達障害論」の登場した活性期，介護保険法の制定に始まる社会福祉基礎構造改革以降の社会福祉サービスの定型化と拡散期――すなわち現代――に，区分できる。

　なお高藤昭教授は社会福祉法（制）を社会保障法（制）とは別個のものと理解するが，本稿では社会福祉法（制）を社会保障法（制）の一部とするの通説的理解に従う。

2 黎明期の社会福祉法学

　荒木理論が発表される以前の社会福祉法学の黎明期においては，社会福祉法学は社会保障法学から独自性をかちえてはいなかった。社会福祉法学の独自性が構築されるのは，社会保障制度のなかの社会福祉の独自的存在が明らかにされることが前提であるが，この時期にはそれは認識されてはいなかった。

　これは，この当時の社会福祉制度が内容・範囲ともにきわめて貧弱であることの当然の帰結であった。また福祉六法の時代になってもなお，社会福祉の前提となるべき所得保障制度はほとんど機能していなかった。したがって，社会福祉を利用する者にとっての切実な問題はなお〈貧困〉であった。

　このような状況で，社会保障の制度別区分体系論に全面的に依存するかたち

で社会福祉が把握されたことはやむを得ないことであった。したがって社会福祉法制度に関しても「かくあるから，かくある」という記述的・説明的整理にとどまっていた。吾妻光俊教授，菊池勇夫教授，角田豊教授，佐藤進教授らの制度別体系論はそのような中で社会福祉法制度を理解した。また戦前と同じ〈社会事業〉の概念で，現存する制度を網羅的に体系づけた小川政亮教授の立場も基本的にこれに属するものである。しかしそのような中にあっても，例えば，吾妻教授は生活保護法と児童福祉法は，生活保障を目的とする点で同様の性質を有するが，後者は，児童の心身の育成を重点とする点において，生活保護法と対照的な地位に立つと述べて，福祉三法時代の初期に発表されたものでありながらも，公的扶助と社会福祉法制の差違を認識していた。菊池博士は，「社会福祉は更生援助による社会復帰を目的とする防貧政策である」が，その内容についてみれば，「社会的更生施設とはいっても生活保護の程度を越えることが困難であり，むしろ社会的更生とかかわりなく救済的施設を必要とする場合がみられ」，それゆえ，公的扶助と社会福祉とを根本的に区別せずに社会扶助として一括する根拠があるとして社会福祉の実態を反映した分類をした。

3　活性期の社会福祉法学

1　荒木誠之・社会保障法における社会福祉法学

1965年に発表され，のちにわが国社会保障法学の通説的地位をしめることになる，いわゆる「荒木理論」は，要保障事故別給付体系論ともいうべきもので以下のように要約できる。

　1　要保障事故の性格とそれに対応する社会保障給付別に体系を立てる。公的な生活保障が必要な事故を，所得の減少，停止などの所得保障を必要とする事故と，生活上の行為の「生活障害」と把握し，生活保障として現物サービス給付を行うべき事故とに区分する。
　所得保障の体系は，対応する事故の性質とその帰結により，従前の生活水準を低下させるような，稼得能力を阻害する事象で，失業，老齢，障害，疾病，死亡（遺族）である生活危険と，原因の如何にかかわりなく，最低生活を侵害するものである生活

不能とに二分される。

　2　給付制度は生活不能給付（＝最低生活保障）を除けば，拠出制（社会保険）とするか無拠出とするかは，財源調達の問題であり，国民的合意・選択の問題である。

　3　社会福祉は生活障害に対する給付であるが，所得の源泉である労働能力ないしは所得能力，活動能力の回復や生活上の障害を軽減するための人的・物的サービスを提供し，社会の一員として生活していく能力の保持をはかるものである。

　4　社会福祉サービスは，現実化した生活上の障害に対して，これを支えるためのサービスを提供することを必要とする。社会保険においては，生活危険の社会的構造・特質に対応した給付体系を生み出すが，社会福祉においては，生活障害の除去に着目するため，生活障害の社会的背景よりは，生活障害の態様に即応した措置が定められる。福祉を受ける者の職業的＝生活構造的特質は捨象され，生活上のハンディキャップ自体をとらえている。

　5　社会福祉には人的サービス供給主体が必要でありそれを担う国家責任が強調される。生活障害給付は，社会保障施設の提供によって，生活障害の克服と活動能力の賦与（可能な限度において）を基本的な目的とする。したがって，生活障害給付においては，国家がこのような給付施設を設置し，その利用を生活障害を持つ者に権利として認めるのが本来的形態である。補装具の支給（身体障害の場合）や医薬品の支給（傷病の場合）のような物品の供与は，生活障害給付施設の利用関係の一側面とみなければならない。

　6　社会福祉については無拠出給付を原則とすべきである。ただ一定の水準をこえる所得者に相応の費用負担を求めることは合理的な手段と認められる。

　このような荒木理論の登場により，社会保障における社会福祉の独自性が初めて明らかになった。荒木理論は，所与の制度を解説・説明するのではなく，制度・給付の本質を把握しこれにより社会福祉を整序した。

2　河野教授の発達障害論[10]

　荒木理論が社会福祉の法体系に関する枠組みを提示したあと，社会福祉法学の社会福祉サービスそのものがいかなる意味を持つものであるか明らかにした画期的な論文が河野正輝教授により発表された。

　ここで河野教授は「発達障害」という新しい概念を提唱した。社会福祉サービスの権利性の構築のために，社会福祉法領域の対象とする生活阻害およびこれに照応すべき保障方法の法的特質を見定めようとするのが，河野正輝教授

の「発達障害論」の出発点である。

　教授は社会福祉サービスの対象を「発達障害」によってとらえなおす。「ここで発達障害とは，たとえば重度身体障害者も精神薄弱者も一個の人格として自由に発展する可能性と欲求を有するにもかかわらず，日常生活諸能力の低下・喪失ゆえに，その発展を阻害されている状態」を指す。これは「日常生活能力の障害」，「社会生活適応困難」を世界人権宣言などの「自己の尊厳と自己の人格の事由な発展」の理念から捉え直す試みである。

　そして「発達障害は，一人ひとりの精神活動にかかわるのであるから，ニーズの内容は質的な意味で多様であって，社会保険における老齢・廃疾・失業等の所得喪失事故のような定型化・定量化になじみにくく，これに対する給付は，専門職員による判定，指導，介護などの対人福祉サービスの方法がとられる。」とする。

　このような「発達障害」は労働能力（＝稼得能力）に注目した概念ではなく，日常生活能力（ADL）のみを中心に据え，生成された概念でもない。「日常生活能力の障害」と見る観点からは，「機械的な家政婦による世話」を越える発想は出てこないし，「社会生活適応困難」という視点からは，「重度障害者は働かなくてもよい福祉社会」に終わってしまう。「発達障害」は，社会福祉サービスが欠損を補うという消極的な意義づけを越え，「人間の尊厳」という一定の方向性を持つものへと，サービスを組み立てる概念である。

　荒木理論が社会福祉サービスの要保障事故を「生活障害」と把握し，所得保障との峻別を自覚的に行い，荒木理論の提示した「生活障害」という要保障事故をさらに深化させた河野理論は「発達障害」というツールを提示した。ここに社会福祉法学が確立し，社会福祉の権利性の構築がここから始まる条件が揃ったはずであったが，介護保険制度の登場により社会福祉法学の進展は頓挫する。

Ⅰ 社会法の基本理念

4 社会保険制度下の社会福祉法学

1 介護保険法の意味

　介護保険法は，それまで措置制度でなされてきた社会福祉サービス（介護）を，社会保険制度下で社会保険給付として行うものである。
　社会福祉は生活上のハンディキャップ（発達障害）を持つ人々に対して，自立・自律した日常生活を送れるように，その阻害要因を除去・軽減し日常生活を支援するものである。社会福祉はしたがって生活上のハンディキャップ（発達障害）に見合ったサービスが提供されることを本質とする。
　一方，社会保険制度は，事前に措定された要保障事故が発生した場合に，事前の拠出を条件し，約定された給付を行うという「約束」である。要保障事故が発生する前に拠出がなされねばならず，給付の質・量の措定が容易である要保障事故の場合には適正に機能する。したがって定型給付が容易である所得保障の金銭給付には適合的であるといえる。現物給付であっても，医療保障のようにニーズが医学的に確定し，傷病・疾病の治癒ないし回復という客観的要素を持つ場合には社会保険制度に親和的であるといえる。
　これに対して介護のような社会福祉サービス給付は，医療保障と異なり回復（＝治癒）を念頭におかず，利用者の生活環境に適応するためのケアが個別的給付でなされるので，「約束」できず，社会保険制度には本来的になじまない。措置制度下では，介護ニーズに対して福祉専門職の判断により，可能な限りニーズの充足がはかられていた。その点で，裁量給付であり非定型的給付であった。この点で権利性の構築の可能性がまったくないわけではなかった。
　介護保険法では，要介護度の認定を受けなければ介護保険給付を受けることはできない。潜在的な介護の権利は認定を経ることで，具体的な介護給付の権利となる。しかし認定される要介護度は，実際の利用者のニーズとは一致しない。そこには認定と生活上のハンディキャップとの間に差異が存在する。この差への対応は自己負担で介護サービスを購入するか，差異を埋めることなく放置するかである。介護保険制度の導入時に「権利としての介護」を実現すると

いわれたが，実際には「認定された介護サービス量についての受給権」が実現するだけで，介護ニーズに適合する介護サービスの受給権が構築されたわけではない。

このような介護保険法について社会福祉法学はいかなる評価を与えたのであろうか。介護保険法導入に際しては，法制度の技術的な側面に関心が集中し，原理的な考察はほとんどなされなかった。その中で例外的に法理的考察を試みた荒木誠之教授の考察をみてみよう。

2　荒木誠之「介護の社会保険化──その社会保障法学からの考察」[12]

本論文は介護保険制度の実施前に介護保険法について，社会保障法の見地から制度の主要な論点について考察したものである。

荒木教授によれば，介護保険法制定の目的と意義は，介護の権利性の構築にある。「介護サービスは医療とともに心身の機能喪失（医療は傷病による短期的な，介護は老齢や傷病の治癒後その他の長期的な）によって生じる生活上のハンディキャップ（すなわち生活障害）に対する保障として共通する性格と機能を持つ（168頁）」。このような介護を，要保障事故として共通的要素のある医療と類似の社会保険制度化したものが介護保険である。「介護が措置制度から社会保険制度に変化しても，介護給付の本質に何の変化もない。ただそこには保険方式がベターだとする政策的な判断が働いているのである」(168頁)。

介護保険法の制定は，社会保険という「技術を活用して介護の量的，質的充実をはかろうとするものとされており，またそうならなければ新立法の意味はないに等しい」(167頁)。また重要なのは「介護の社会的給付が社会保険化されたことによって，介護を医療との関連において考えることが，理論的にも実際的にも必要かつ容易になった。そのことによって，福祉サービスとしての介護にまとわりついてきた救貧的発想，権利性の希薄さが克服されるならば，社会保険給付としての介護の新たな進展に資することになる。またそのように制度の方向を展開させる努力をしなければ，介護保険法の制定は財政対策の一形態に終わることになろう」(167頁)。

介護保険と医療保険の大きな違いは，介護保険が保険給付の前提として，要

介護認定制度をおいている点である。認定制度の導入について教授は，「おそらくその主たる理由は，傷病についての医療の要否と程度については，医師の判断にまかせても問題は少ないが，要介護状態についてはその実態からいって，保険給付の要否とその程度に専門的な判定が必要と見たからであろう」（164頁）とし，このような給付手続きの上の差違は，それ自体としては不合理とはいえないとする。

3　介護保険下の社会福祉法学

前述の荒木論文で提起された介護保険法についての問題点は，その後の介護保険法の法的検討に活かされたといは言い難い。なかには荒木教授同様，介護保障法としての介護保険法に根本的な問いを試みた本沢論文[13]のような論文もあったがこれはむしろ例外的であった。本沢論文は，介護保障制度の財源につき，租税方式によった場合でも，必ずしも財政困難下で介護が削減されることにはならないことを比較法的に挙げた上で，介護保険を所与のものとしてではなく，介護保障の点から検討したものだった。

このような例外を除き，多くの研究は介護保険法の問題点として，その適用範囲などに議論を集中していた。逆に言えば，介護保険の提案から実施までが短期間であったためにその対応に追われたというべきであろうか。介護保険の主導権は，国民でも国会でもましてや研究者でもなく，完全に官僚の手中にあった。そして社会福祉法学は官僚の示した水路を笹舟のごとく流されてゆくことになる。

介護保険を皮切とした社会福祉基礎構造改革においても，社会福祉法学は根本原理に立ち戻り社会福祉法制の動向を検証することはできなかった。介護保険法の実施で立ち現れた「措置から契約へ」，そして契約による権利性の構築，自己決定の尊重，自立，という枠組みの中で，社会福祉法学は契約制度下での利用者の権利性と自立の構築のための条件整備にその課題を移行してゆかざるをえない。社会福祉法学における権利擁護論の勃興はそのような背景がある[14]。

もちろん，自立や権利擁護論の重要性は著しく高まっており，これを軽視すべきではなく，むしろ研究を集中することも必要である。その意味で官僚路線

を忠実に走る社会福祉法学も必要であろう。しかしそもそも契約論や自立論に対する本質的・原理論的検討抜きに走り続けることが社会福祉法学の正しい道であるかは一考を要する。[15]

　また基礎構造改革と時を同じくして様々なハンディキャップあるいは症候群が登場し，福祉的対応が迫られる事態が生じてくる。精神医学や科学技術の進展の中で，「障害」は続々と登場し（発達障害など），福祉は拡散の傾向を示している。その中で21世紀を見据えた法体系が河野正輝教授によって提唱される。

6　定型化と拡散期の社会福祉法学

　2005年に制定された障害者自立支援法は，介護保険法との「統合」を視野におきつつ，ケア・マネジメントの手法を障害者福祉の領域に導入した。ここでも，現実化したニーズと，法の定めるサービス給付の間に乖離が生じ，介護保険法と同様，社会福祉の「定型化」が進み，障害者自立支援法の登場により「定型化」時代は加速してゆく。このような状況で河野正輝教授は，社会保障の新たな体系論を提唱した。

1　河野正輝・目的別体系論における社会福祉[16]

　教授は新たな法体系論の構築にあたり，21世紀の社会保障法体系は戦後体系の問題点を克服する方向性をもたねばならず，その点で，制度別体系論，保障方法別体系論，給付別体系論によらないことが前提となるとする。

　教授は，社会保障法を所得の保障を目的とする所得保障法，健康保障法（健康の増進，疾病の予防・治療，リハビリテーションの保障），自立支援保障法（自立支援と社会参加の促進）に三分する。

　社会福祉サービスを含む自立支援保障法は自立生活支援と社会参加促進を目的とする法である。「自立生活支援」とは「身体上または精神上の障害があるために，食事，入浴，排泄等，日常生活を営むのに支障がある人々が，可能なかぎり，その居宅において，その有する能力に応じ自立した日常生活を営むことができるよう支援すること」であり，「社会参加促進」とは「社会から除外

される危険をもつこれらの人々が社会生活および労働市場へ完全参加できるように支援すること」(22頁) である。

自立支援保障法は，生活の自立支援と社会生活への参加促進を図る生活自立支援保障法と，労働の自立支援と労働市場への参加促進を図る労働支援保障法とに分れる。前者は，福祉サービスの保障，住宅保障（公営住宅，ケア付き住宅），教育保障（障害教育へのアクセス保障など），犯罪被害者・災害被災者の支援保障などから構成され，後者は職業リハビリの保障，福祉的就労・共同作業所等の支援保障，路上生活者の自立支援などからなる。

以上が，社会福祉法制との関連でみた，目的別体系論の骨子である。社会福祉法領域に関していえば，河野理論の意義は，自立のみならず参加をも包摂した体系を提示したことにある。ノーマライゼーションの理念や国際生活機能分類（ICF）の知見とも合致するものである。したがって参加の基盤となる教育や住宅も同じカテゴリーとして取り込まれている。また社会参加の根本的形態ともいえる就労を組み込んだ点も，拡散を続ける福祉政策に対応している。

逆に以上の特徴はそのまま，河野理論に対する疑問点となる。まず参加を包摂すると，社会福祉サービス，住宅保障，教育保障，犯罪被害者への支援を統一的に処理する法原理は存在するのかという素朴な疑問が生じる。社会福祉サービス，住宅保障，教育保障，犯罪被害者への支援が憲法25条の元で一括りにできるほどの同質性があるのだろうか。また犯罪被害者への支援で，所得保障以外のものは，社会保障法に含まれえる要素をもつのか。また労働市場への参加は，「特殊な」職業訓練とどこがちがうのかなどである。

2 定型化と拡散期の社会福祉法学の動向

菊池馨実教授は，従来の社会保障（法）が，法主体である個人を「保護されるべき客体」としてのみ捉えてきたと批判し，これを「積極的能動的な権利義務主体」と捉え直さねばならないとする。その上で，社会保障の目的は「個人が人格的に自律した存在として主体的に自らの生き方を追求していくことを可能にするための条件整備」にあると捉える（個人ないし「自由」基底的社会保障法理論）。菊池理論は所得保障制度を念頭において社会保障の法理念を構築した[17]

と思われれるが，社会福祉の利用者も「参加」や「貢献」といった原則に服することが要求される。

　糀井常喜教授は，共生の視点から在宅福祉サービスの重要性を社会福祉の本質的な部分と考え，「人的・物的生活支援サービスのネットワーク化としての『社会福祉』制度」という把握を示した[18]。ネットワーク化という考えは新鮮であり，新たな社会福祉法学の可能性を示唆するものであるが，逆に，ネットワークの限定が不可能に近く，過剰な拡散ということになり得る。

　いっぽうで従来，個別的な社会福祉サービス実定法につき実態に基づいた研究を蓄積してきた橋本宏子教授は，政治論，憲法論などの原理論的研究に力点を移行させた観がある[19]。秋元美世教授は英米法哲学の知見をわが国実定法に反映させた社会福祉の権利論，解釈論をほぼ完成させつつある[20]。

7　結　　び——社会福祉法学の将来

　福祉法制それ自体は，貧困法制からの分離・単法化が進行してゆくが，六法体制にいたる戦後フレームの拡充期（1960〜1973年）にも，社会福祉法学は社会福祉の特性までは切り込めないでいた。社会保障法学もなお制度別体系論が主流であった（制度をそのままなぞったものを「体系論」といえるかの疑問はあるが）。この時代に，給付別体系論を構築した荒木理論は画期的であり，社会福祉サービス給付の法体系を，「生活障害」と把握し，ここに社会福祉法学研究の出発点がある。さらに高度経済成長，革新自治体の増加，国際的潮流，公害反対運動，消費者運動，社会主義の強化，学生運動の拡大などにより，社会保障，社会福祉は拡張を続けてゆく。その流れの中で，社会福祉法学の進展を牽引した（はず）のは，河野正輝教授の「発達障害論」であった。

　河野理論は，福祉利用者の「主体性」に着眼した，この時代にあっては世界的見ても卓越した理論である。残念なことに「発達障害論」は，当時は適正に評価されず，社会福祉法学は理論的蓄積を重ねたというよりはむしろ，政治・社会勢力の「力」のみをよりどころとして，社会福祉の無償化・給付拡大に随走した傾向となる。

I 社会法の基本理念

　第二次臨調に基づく財政改革期（1974～1988年）に，福祉削減が進行し，社会福祉法学も減速し再検討が迫られた。社会福祉制度の削減・縮小的見直しの風潮にもかかわらず，在宅福祉など一定の合理的な再編が可能となったのは，社会福祉法学の成果というよりは，すでに社会に定着しつつあり，ある程度の力量を備えつつあった市民運動や当事者運動によるところが大きい。その一方で，社会保障法学・社会福祉法学は制度と法の再編の検討に遅れをとり，官僚主導の社会福祉再編となる。

　少子・高齢化の本格化への対応が迫られる中で，介護保険法の制定が時代を大きく分ける分水嶺となった。ここで社会福祉サービスの社会保険化が現実のものとなり，措置制度の基本的枠組みから大きく踏み出すことになる。ただし社会福祉法学で，社会福祉サービス給付を「社会保険化」することの本質的意義について十分議論されたとは言えなかった。介護保険法を嚆矢に「措置から契約へ」が加速され，社会福祉基礎構造改革，障害者自立支援法と雪崩現象が起こる。社会保障法・社会福祉法学においては，この時期にわが国の社会保障制度も一応「完成」したと見る気運が醸造された。このことが河野正輝・目的別体系論，菊池馨実・自律基底的社会保障法論の登場へとつながる。

　2000年以降，社会福祉法制は，契約的構成による社会福祉サービス給付と，現象的拡大に遭遇している。障害者自立支援法は，契約的構成により給付を定型化し，ニーズと必ずしも対応しているわけではない給付を法定給付とし，給付の縮小・定型化を図った。ニーズと給付の乖離は，拠出─給付という関係を取らない（＝社会保険制度を採用しない）制度でも導入された。

　いっぽうで，医療技術や精神医学の知見の進歩により，疾病・傷病の治癒以降の処遇あるいは疾病との共存関係が現実のものとなってきている。このことは，従来の疾病・傷病，治癒の概念を変化させ，予防，リハビリ，QOLの課題が従来の福祉領域と接近して検討されねばならない事態を惹起している。また精神医学の知見の進歩は，障害の範囲を拡大させ，disorderも障害の範疇に含めこれに対する人的対応を迫られる範囲も拡大している（発達障害支援法など）。社会福祉法学がこれらの領域をその守備範囲に取り込むかどうかの検討も必要であろう。

定型化による社会福祉給付の質・量にわたる縮小と，社会福祉の範囲の拡大の二局面に社会福祉法学が今後どのように対応するか。社会保険の無原則的な拡大は，社会福祉サービス給付に本来求められるニーズの充足に資するものではなく，社会福祉サービスの本来とるべき選択肢とは思えない。また社会福祉の本質は生活保障にあるので，教育，犯罪被害に対する人的サービスによる対応は，生活保障とは把握できないのであり，福祉的領域にこれを取り入れて，社会福祉サービスの概念の拡大と考えることには無理がある。

　なおダイレクトペイメントについては判断を保留する。

1）　例えば荒木誠之教授は，戦前の社会事業と戦後の社会福祉とは「本質的には共通の要素を含んでいるが」，「明治から昭和の戦時中にかけて，いわゆる明治憲法下のわが国は社会立法の発展を困難にする半封建的イデオロギーの支配の下にあった。」ため社会福祉法制の「全面的な展開は戦後の生存権保障対体制の時期を待たねばならなかった」（荒木誠之「社会福祉事業法制──社会福祉半世紀の回顧と展望」月刊福祉61巻12号（1978年）16頁）とする。また河野正輝教授は「戦後の社会福祉は，戦前の社会事業と比して，その連続面にもかかわらず，決定的に異なる性格を付与され」「生存権保障の一環を担う制度として……再出発した」河野正輝『社会福祉の新展開』（有斐閣，2005年）27頁）。

2）　菊池勇夫「社会事業と法律」社会事業研究22巻2号（1934年）；同「我国社会事業立法の発達」社会事業研究22巻9号，（1934年）；同「社会事業法と社会法体系」社会事業研究23巻1号，（1934年）；同「社会事業法域の成立について──社会行政発展の一側面」『野村教授還暦祝賀論集・公法政治論集』（書肆有斐閣，1938年）いずれものちに菊池勇夫『社会保障法の形成』（有斐閣，1970年）に所収。菊池勇夫の社会事業法論について山田晋「菊池勇夫の社会事業法論──菊池勇夫「社会事業法域の成立について──社会行政発展の一側面」（一九三八年）を読む」社会学・社会福祉学研究137号（2011年），参照。

3）　荒木誠之「社会福祉事業法制──社会福祉半世紀の回顧と展望」月刊福祉61巻12号（1978年）；同「社会福祉法制の展開・発展の歴史」佐藤進・右田紀久恵編『社会福祉の法と行財政（講座社会福祉6）』（有斐閣，1982年）所収；同「社会保障法における社会福祉・福祉立法の特質と地位」法政研究50巻1号（1983年）；河野正輝「戦後社会福祉法制の展開」三浦文夫・高橋紘一・田端光世・古川孝順編『戦後社会福祉の総括と21世紀への展望　Ⅲ政策と制度』（ドメス出版，2003年）所収；山田耕造編『テキストブック社会福祉法制』（法律文化社，2007年）。

4）　高藤昭教授はわが国で唯一，社会保障の範囲から社会福祉を除外する学説を主張している。その根拠は，憲法25条2項は両者を並列に規定していること，ILOの社会保障体系には社会福祉は含まれていないこと，社会福祉は社会保障の一分枝とするには大きな

I 社会法の基本理念

課題をになっていること,などである(高藤昭『社会保障法制概論――少子・高齢・国際化時代を視座に』龍星出版(1997年),62頁以下)。高藤博士の社会保障法理論については,高藤昭『社会保障法の基本原理と構造』(法政大学出版局,1994年),なども参照。

なお教授は,介護保険法施行と社会福祉改革法成立を受けて,従来の介護その他の福祉措置が「社会保険化=所得保障化されたことによって社会保障法の体系中にくわわったものとみ」,「支援費」支給制度は「社会保険ではないが,児童手当類似の所得保障化されたもので,これと同様とみ」る(高藤昭『社会保障法制概論――少子・高齢・国際化時代を視座に(第2版)』(龍星出版,2001年),65頁)。

5) 吾妻光俊『社会保障法』(有斐閣,1957年);佐藤進『社会保障の法体系・上』(勁草書房,1969年);角田豊『社会保障法の課題と展望』(法律文化社,1968年);林迪廣・古賀昭典編『現代社会保障法論』法律文化社(1968年)。

6) 小川政亮『社会事業法概説』(誠信書房,1964年)。

7) 吾妻・前掲注(5)67頁。

8) 菊池勇夫博士の社会福祉法論につき,菊池勇夫「社会保障の法体系」健康保険組合連合会編『社会保障年鑑』(東洋経済新報社,1965年);同「法制面からみた社会保障」季刊・社会保障2巻4号(1967年);同「社会保障の権利」健康保険組合連合会編『社会保障年鑑』(東洋経済新報社,1968年)。以上はいずれものちに菊池勇夫『社会保障法の形成』(有斐閣,1970年)所収。

9) 荒木誠之「社会保障の法的構造――その法体系試論(一)(二・完)」熊本法学5号(1965年),6号(1966年)。(のちに荒木『社会保障の法的構造』有斐閣に所収)。なお社会福祉法領域に限定した検討として,荒木誠之「社会保障の法体系と社会福祉」社会福祉研究10号(1972年);同「社会保障法における社会福祉――その理論と課題」荒木誠之・古賀昭典編『現代社会福祉の課題』(法律文化社,1975年)所収;荒木誠之「社会保障法における社会福祉・福祉立法の特質と地位」法政研究50巻1号(1983年),参照。

10) 河野正輝「社会福祉サービスの法的性質」季刊・労働法114号(1979年)(のちに河野正輝『社会福祉の権利構造』(有斐閣,1991年)に所収)。河野教授の「発達障害論」につき,山田晋「書評・佐藤進編『現代社会保障法入門』」佐賀大学経済論集22巻2号(1989年)。また河野教授の「『権利の複合性』的把握論」につき山田晋「社会福祉法学における『権利の複合性』論」佐賀大学経済論集29巻1・2合併号(1996年),参照。

11) 河野正輝「社会福祉サービスの法的性質」季刊・労働法114号79頁。

12) 荒木誠之『生活保障法理の展開』(法律文化社,1999年)。

13) 本沢巳代子「介護保険法の体系と構造――権利論の視点から」日本社会保障法学会『講座社会保障法4巻 医療保障法・介護保障法』(法律文化社,2001年)所収。

14) 大曽根寛『成年後見と社会福祉法制――高齢者・障害者の権利擁護と社会的後見』(法律文化社,2000年);同『社会福祉における権利擁護』(放送大学教育振興会,2008年);河野正輝・増田雅暢・倉田聡編『社会福祉法入門』(有斐閣,2004年);河野正輝

「自立支援サービスの新展開と権利擁護」民商法雑誌132巻2号（2005年）；新井誠・秋元美世・本沢巳代子編著『福祉契約と利用者の権利擁護』（日本加除式出版，2006年）など。

15) 筆者は社会福祉サービスの利用者がサービスとサービス提供者に「従属」しなければならない状況にある限り，そしてこの状況こそが社会福祉サービスの中核であり不変である以上，契約方式が利用者の権利構築には寄与しないと考える。山田晋「福祉契約論についての社会法的瞥見」社会学・社会福祉学研究117号（2004年），参照。

16) 河野正輝「社会保障法の目的理念と法体系」日本社会保障法学会『講座社会保障法1巻　21世紀の社会保障法』（法律文化社，2001年）所収；同「社会保障の法体系と権利構造」社会関係研究9巻2号（2003年）。

17) 菊池馨実「社会保障法制の将来構想（一）——規範的視点からの一試論」民商法雑誌135巻2号（2006年）。また同「社会保障法理論の系譜と展開可能性——とりわけ個人基底的理論の見地から」民商法雑誌127巻4・5号（2003年）。

18) 櫻井常喜「社会福祉の制度体系上の位置と構造」『社会福祉の思想と制度・方法——桑原洋子教授古希記念論文集』（永田文昌堂，2002年）3頁，7頁。

19) 橋本宏子「福祉をめぐる状況と展望」日本社会保障法学会『講座社会保障法3巻　社会福祉サービス法』（法律文化社，2001年）所収；同「新たな時代における社会保障の法理念」社会福祉研究100号（2007年）。

20) 秋元美世『福祉政策と権利保障——社会福祉学と法律学との接点』（法律文化社，2007年）；同『社会福祉の利用者と人権——利用関係の多様化と権利保障』（有斐閣，2010年）。同書の書評として山田晋「秋元美世著『社会福祉の利用者と人権——利用関係の多様化と権利保障』」社会福祉研究109号（2010年）。

I　社会法の基本理念

戦後社会福祉法研究文献史

文　　献	法　令　等
	46　9　旧・生活保護法 47　12　児童福祉法 48　7　民生委員法 49　12　身体障害者福祉法 50　　生活保護法　精神衛生法 　　　社会保障制度審議会「社会保障制度に関する勧告」 51　　社会福祉事業法
昭和28（1953）年 　　清水金二郎『社会保障法』有斐閣 　6　小山進二郎『社会保障関係法』	
昭和31（1956）年 　10　吾妻光俊「社会保障と労働法」学会誌・労働法9号	
昭和32（1957）年，吾妻光俊『社会保障法』有斐閣	
昭和35（1960）年	3　精神薄弱者福祉法
昭和37（1962）年	社会保障制度審議会「社会保障制度の総合調整および推進」勧告
昭和38（1963）年	7　老人福祉法
昭和39（1964）年 　　小川政亮『社会事業法概説』誠信書房 　　佐藤進「労働法と社会保障法との関連性」学会誌・労働法24号 　　菊池勇夫「社会保障の理念と現実」ジュリスト5月15日号 　4　小川政亮『権利としての社会保障』勁草書房	6　母子福祉法
昭和40（1965）年 　8　小川政亮・蓼沼謙一編『岩波現代法講座10・現代法と労働法』 　　・角田豊「社会保障法の形成と機能」 　　・佐藤進「社会保障法の体系と構造」 　　・西原道雄「社会保険法における問題点」 　　・小川政亮「公的扶助と社会福祉の法における問題点」	

菊池勇夫「社会保障の法体系」健康保険組合連合会編『社会保障年鑑』東洋経済新報社 12 荒木誠之「社会保障の法的構造――その法体系試論（一）」熊本法学5号	
昭和41（1966）年 　佐藤進「社会保障法の現実と課題」週刊・社会保障374号 12 佐藤進「日本社会保障法制の現状と分析」季刊・労働法62号 　荒木誠之「社会保障の法的構造――その法体系試論（二・完）」熊本法学6号 　荒木誠之『日本の社会保障』同文館出版	
昭和42（1967）年 　3 菊池勇夫「法制面からみた社会保障」季刊・社会保障研究2巻4号 　3 角田豊「法制面からみた社会保障」季刊・社会保障研究2巻4号	
昭和43（1968）年 　菊池勇夫「社会保障の権利」健康保険組合連合会編『社会保障年鑑』東洋経済新報社 10 角田豊『社会保障法の課題と展望』法律文化社 10 林迪廣・古賀昭典編『現代社会保障法論』法律文化社	
昭和44（1969）年 　佐藤進『社会保障の法体系・上』勁草書房	
昭和45（1970）年 　荒木誠之『社会保障法』ミネルヴァ書房 　菊池勇夫『社会保障法の形成』有斐閣	心身障害者対策基本法
昭和47（1972）年 　荒木誠之「社会保障の法体系と社会福祉」社会福祉研究10号 　籾井常喜『社会保障法（労働法実務大系）』総合労働研究所 　西原道雄『社会保障法』有斐閣 　佐藤進・中川善之助『社会福祉』第一法規出版 　佐藤進「社会保障の法的価値」ジュリスト502号	
昭和48（1973）年 　小川政亮『社会事業法制』ミネルヴァ書房	老人福祉法一部改正（老人医療の無料化）

Ⅰ　社会法の基本理念

小川政亮「福祉をめぐる法制の仕組と動向」ジュリスト537号 佐藤進「社会福祉関係法の給付別による分類」小倉襄二・小松源助・高島進編『社会福祉の基礎知識』有斐閣 佐藤進「福祉政策の新しい論点」日本労働協会雑誌15巻3号	
昭和49（1974）年 小川政亮『社会保障権と福祉行政』ミネルヴァ書房 佐藤進「社会保障（社会福祉）法制研究史への基本覚書――文献研究を通して」賃金と社会保障642号	
昭和50（1975）年 荒木誠之・古賀昭典編『現代社会福祉の課題』法律文化社 　・荒木誠之「社会保障法における社会福祉――その理論と課題」	
昭和51（1976）年 小川政亮「社会保障法の意義と概観」『社会保障事典』大月書店	
昭和52（1977）年 佐藤進・小島美都子編『社会福祉の法律入門』有斐閣 佐藤進「社会保障の法体系化と問題点　上・下」週刊・社会保障923号，924号 柳澤旭「労働法と社会保障法――政策論的アプローチによる同異性」大憲論叢17巻1号 10 北村圭文『社会福祉法の研究』成文堂	
昭和53（1978）年 荒木誠之「社会福祉事業法制――社会福祉半世紀の回顧と展望」月刊・福祉61巻12号 小川政亮『扶助と福祉の法学』一粒社 　・橋本宏子「法と施策」 角田豊『社会保障法』青林書院新社 桑原洋子『社会福祉法制論』仏教大学通信教育部	
昭和54（1979）年 佐藤進『労働法と社会保障法との交錯』勁草書房 河野正輝「社会福祉サービスの法的性質」季刊・労働法114号 10 遠藤昇三「社会保障の範囲論」島大法学23巻1号	

昭和55（1980）年 　佐藤進『社会福祉の法と行財政』勁草書房 　河野正輝「社会福祉」園部逸夫・田中館照橘・石本忠義編『社会保障行政法』有斐閣，所収	
昭和56（1981）年 　橋本宏子『老齢保障の研究』総合労働研究所 　坂本重雄「労働法と社会保障法——史的発展と交錯」日本労働法学会編『現代労働法講座1』総合労働研究所	6　母子及び寡婦福祉法
昭和57（1982）年 　佐藤進・右田紀久恵編『社会福祉の法と行財政（講座社会福祉6）』有斐閣 　　・荒木誠之「社会福祉法制の展開・発展の歴史」 　　・佐藤進「社会福祉の概念と法制の対象と範囲」 　　・河野正輝「研究の課題と展望」 　河野正輝「社会福祉権の形成過程と現代的課題」社会福祉研究30号 　林迪廣・久塚純一『社会福祉法』光生館 　佐藤進「社会変化と社会福祉法体系整備の課題」（座談会）月刊・福祉65巻6号 　4　佐藤進「社会福祉法体系の整備」社会福祉研究30号	8　老人保健法
昭和58（1983）年 　河野正輝「社会福祉サービスの権利構造試案——カール・ウェルマンの福祉権論を手掛かりに」季刊・社会保障研究19巻3号 　荒木誠之「社会保障法における社会福祉・福祉立法の特質と地位」法政研究50巻1号 　9　北村圭文『社会福祉法要説』成文堂 　荒木誠之『社会保障の法的構造』有斐閣 　荒木誠之『社会保障法読本』有斐閣	
昭和59（1984）年 　佐藤進「社会福祉の方法論をめぐって」（日本女子大）社会福祉24号	
昭和60（1985）年 　佐藤進『社会福祉行財政論』誠信書房 　佐藤進「法的研究の側面を中心に」季刊・社会保障研究21巻1号 　佐藤進「社会福祉六法を現代的に問い直す」（座談会）月刊・福祉68巻8号	

Ⅰ　社会法の基本理念

昭和61（1986）年 　5　荒木誠之「社会保障改革の法的課題」学会誌・社会保障法創刊号 　5　佐藤進「日本社会保障法学会の歩み（一）」学会誌・社会保障法創刊号 窪田隼人・佐藤進編『現代社会保障法入門』法律文化社	地方公共団体の執行機関が国の機関として行う事務の整理及び合理化に関する法律→福祉5法の措置権が地方公共団体への団体委任事務化
昭和62（1987）年 河野正輝「社会福祉権の再構成と福祉立法の見直し」季刊・社会保障研究23巻2号	5　社会福祉士及び介護福祉士法 9　精神保健福祉法（精神衛生法改正）
昭和63（1988）年 河野正輝「社会福祉における最低基準保障の構造と法理」『片岡曻先生還暦記念・労働法学の理論と課題』有斐閣 佐藤進「日本における社会福祉の展開」仲村優一・小山路男編『明日の福祉1』中央法規出版	
昭和64・平成元（1989）年 佐藤進「社会福祉の国際的動向とその展望」週刊・社会保障1520号 佐藤進「社会保障・社会福祉の明日を考える」賃金と社会保障1003号 籾井常喜「社会保障法の歴史的展開と今日的問題状況」渡辺洋三編『現代日本の法構造』法律文化社，所収 佐藤進編『現代社会福祉法入門』法律文化社	12　高齢者保健福祉推進10カ年計画（ゴールドプラン） 国連・児童の権利条約
平成2（1990）年 河野正輝「21世紀へ向けての社会福祉法の整備と課題」社会福祉研究47号 佐藤進『社会保障の法体系（全）』勁草書房	老人福祉法塔福祉8法改正→都道府県に留保されていた措置が市町村に一元化
平成3（1991）年 河野正輝『社会福祉の権利構造』有斐閣 遠藤昇三『「人間の尊厳の原理」と社会保障法』法律文化社	
平成4（1992）年 　4　佐藤進「私の学びについて」日本女子大・社会福祉32号 　5　佐藤進「日本社会保障法学会創設一〇年を迎えて」学会誌・社会保障法7号	

5 荒木誠之「社会保障と社会保障法学の軌跡」学会誌・社会保障法7号 5 秋元美世「社会福祉サービスと社会保障法学の課題——社会福祉関係八法改正をめぐって」学会誌・社会保障法7号 5 星野信也「中央集権とセクショナリズムの社会福祉改革——福祉国家中流階層化の現段階」学会誌・社会保障法7号 5 堀勝洋「社会福祉改革と公私の役割」学会誌・社会保障法7号	
平成5（1993）年 河野正輝「介護保険法の選択肢」週刊・社会保障1754号 橋本宏子『住民参加と法』日本評論社	11 障害者基本法（心身障害者対策基本法改正）
平成6（1994）年	地域保健法（保健所法改正）
平成7（1995）年 佐藤進「社会福祉法制」ジュリスト1073号 河野正輝「介護保障基本法の提唱」週刊・社会保障1864号 橋本宏子『福祉行政と法』尚学社	5 精神保健・精神障害者福祉法 7 社会保障制度審議会「社会保障体制の再構築」
平成8（1996）年 佐藤進「社会変化と法制度政策の転換とその原点——社会法学の現実と展望」立正法学論集29巻3・4号 菊池馨実「社会保障の法体系——法制度の展開と法体系論」刊行委員会『社会保障・社会福祉判例大系 第1巻 社会保障制度・生存権』労働旬報社 木下秀雄「介護保障の権利論」学会誌・社会保障法11号 本沢巳代子『公的介護保険——ドイツの先例に学ぶ』日本評論社	
平成9（1997）年 5 籾井常喜「社会保障法の理念と制度体系」学会誌・社会保障法12号 5 秋元美世「福祉給付における権利と決定——措置制度と公的介護保険制度」学会誌・社会保障法12号 10 橋本宏子「生存権を問い直す——福祉における人間の尊厳を考える」社会福祉研究70号 佐藤進・河野正輝編『介護保険法』法律文化社 高藤昭『社会保障法制概論』龍星出版社	11 介護保険法
平成10（1998）年	3 NPO法

Ⅰ 社会法の基本理念

平成11（1999）年 佐藤進「日本の20世紀末の社会福祉」社会事業史研究27号 荒木誠之『生活保障法理の展開』法律文化社	7 地方分権一括法 12 民法改正（成年後見法）
平成12（2000）年 大曽根寛『成年後見と社会福祉法制——高齢者・障害者の権利擁護と社会的後見』法律文化社 窪田隼人・佐藤進・河野正輝編『新現代社会保障法入門』法律文化社	6 社会福祉の増進のための社会福祉事業法等の一部を改正する等の法律（社会福祉基礎構造改革法）→利用契約制度，権利擁護，地域福祉活性化） 児童虐待防止法
平成13（2001）年 佐藤進「座談会 社会福祉研究・実践のあゆみを語る」社会福祉研究80号 河野正輝「社会保障法の目的理念と法体系」日本社会保障法学会『学会講座 社会保障法1 21世紀の社会保障法』法律文化社，所収 7 橋本宏子「福祉の権利——その課題と展望」社会福祉研究81号 本沢巳代子「介護保険法の体系と構造——権利論の視点から」日本社会保障法学会『学会講座 社会保障法4 医療保障法・介護保障法』法律文化社 3「シンポジウム 社会福祉の「大転換」と生活保障の法理」社会関係研究7巻2号 荒木誠之「社会保障の半世紀—制度展開と研究の課題」社会関係研究7巻2号 日本社会保障法学会『学会講座 社会保障法1 21世紀の社会保障法』法律文化社 日本社会保障法学会『学会講座 社会保障法3 社会福祉サービス法』法律文化社 ・橋本宏子「福祉をめぐる状況と展望」 ・品田充儀「福祉サービスの利用方法」 ・瀧澤仁唱「福祉サービスの基準と質の保障」 ・増田雅暢「福祉サービスの供給」 ・矢嶋里絵「福祉サービスの紛争解決」 ・秋元美世「福祉サービスの利用者と福祉の権利」 高藤昭『社会保障法制概論（第2版）』龍星出版 倉田聡『これからの社会福祉と法』創成社	

平成14（2002）年 佐藤進「私の実践・研究を振り返って57」社会福祉研究84号 5 佐藤進「私と社会保障法学への開眼と歩み」学会誌・社会保障法17号 籾井常喜「社会福祉の制度体系上の位置と構造」『社会福祉の思想と制度・方法――桑原洋子教授古希記念論文集』永田文昌堂，所収 荒木誠之「形成期の社会保障――制度と研究の軌跡」佐藤進・斎藤修編『現代民事法学の理論（下）――西原道雄先生古希記念』信山社，所収	
平成15（2003）年 「座談会・社会保障法学の軌跡と展望 荒木誠之・河野正輝・西村健一郎・良永彌太郎・岩村正彦・菊池馨実」民商法雑誌127巻4・5号 河野正輝「戦後社会福祉法制の展開」三浦文夫・高橋紘一・田端光世・古川孝順編『戦後社会福祉の総括と21世紀への展望 Ⅲ政策と制度』ドメス出版，所収 菊池馨実「社会保障法理論の系譜と展開可能性――とりわけ個人基底的理論の見地から」民商法雑誌127巻4・5号 河野正輝「社会保障の法体系と権利構造」社会関係研究9巻2号 西村健一郎『社会保障法』有斐閣	支援費支給制度導入
平成16（2004）年 3 山田晋「福祉契約論についての社会法的瞥見」社会学・社会福祉学研究117号 河野正輝・増田雅暢・倉田聡編『社会福祉法入門』有斐閣	11 発達障害者支援法
平成17（2005）年 石橋敏郎・山田晋編著『やさしい社会福祉法制』嵯峨野書院	10 障害者自立支援法 11 高齢者虐待防止法
平成18（2006）年 菊池馨実「社会保障法制の将来構想（一）（二完）――規範的視点からの一試論」民商法雑誌135巻2号，3号 倉田聡「社会保障法学に求められるもの」週刊・社会保障2409号 新井誠・秋元美世・本沢巳代子編著『福祉契約と利用者の権利擁護』日本加除式出版	国連・障害者権利条約

I　社会法の基本理念

河野正輝『社会福祉法の新展開』有斐閣	
平成19（2007）年 10 橋本宏子「新たな時代における社会保障の法理念」社会福祉研究100号 山田耕造編『テキストブック社会福祉法制』法律文化社 秋元美世『福祉政策と権利保障　社会福祉学と法律学との接点』法律文化社	
平成20（2008）年 佐藤進「先輩からの序言6」社会事業史研究35号 大曽根寛『ライフステージ社会福祉法――いまの福祉を批判的に考える』法律文化社	
平成21（2009）年 関ふ佐子「普遍的介護保障システムの確立」駒村康平・菊池馨実編『希望の社会保障改革　お年寄りに安心を　若者に仕事を　子どもに未来を』旬報社，所収	
平成22（2010）年 7 荒木誠之・桑原洋子編『社会保障法・福祉と労働法の新展開』信山社 　・品田充儀「社会保障法学の視座と方法」 　・山田晋「所得保障法の体系と構造・試論」 秋元美世『社会福祉の利用者と人権　利用関係の多様化と権利保障』有斐閣 河野正輝・良永彌太郎・阿部和光・石橋敏郎編『社会保険改革の法理と将来像』法律文化社 　・河野正輝「社会保険の概念」 　・石橋敏郎「介護給付」 　・阿部和光「福祉サービスにおける社会保険の将来像」	

労働法における労働権論の現代的展開
―― 包括的基本権としての労働権（試論）――

有田　謙司

1　はじめに

　わが国の憲法は，その第27条1項において，労働権（勤労の権利）を国民に対して保障している。この規定を根拠として，これまで様々な立法がなされ，国民の労働権の実現を図ってきたとされているが，それら立法が労働市場の変化とともに大きく変わるときどきにおいて，労働権をめぐり学説においてさまざまな議論が展開されてきた。[1)]

　経済のグローバル化，人口構造の変化等を要因とする労働市場の構造的変化の中で，労働市場の「市場」としての機能をより発揮させようとする労働市場政策が展開され，それを支える労働立法が展開されている。こうした政策，立法の動きをどのように評価し，方向付けて行くべきか。それは，現在の労働法学に突きつけられている課題といってよいであろう。

　本稿は，この課題に応えるための手がかりを労働権論の展開の中に見いだせるのではないかと考え，まず，わが国における労働権論の展開を概観し（1），次に，近年の諸外国および国際機関において展開されている労働権論を概観して（2），それらをつきあわせて検討することを通じて，労働権論の再構築を試みようとするものである（3）。

2 わが国における労働権論の展開

1 憲法上の法的効果論としての労働権論

(1) プログラム規定としての労働権論　わが国の学説における労働権をめぐる議論は，まずは憲法上の法的効果論として展開される。

　憲法27条1項に定める労働権は，国家の「政治上の責務」であることを宣言したものであるとして，これを「プログラム規定」とする見解が，戦後すぐの時期に石井により主張される[2]。この見解は，ドイツなどの議論を参考に，労働権の概念には，①「一般に労働の意思と能力があるものは，自己の属する社会において労働の機会の提供を要求する権利がある」とするもの（「完全な労働権」の概念）と，②「労働の意思と能力をもつものが，私企業等のもとでは就業しえないときに，国に対して労働の機会の提供を要求し，それが不可能なときには，相当の生活費の支払いを請求しうる権利がある」とするもの（「限定的な労働権」の概念）の2つの概念があるとの理解の下に，わが国の憲法27条1項は，後者の限定的な労働権の概念の上に成り立つものと理解した上で，これを具体的な権利とみるには，その権利の実現に必要な法律上の保障規定を欠いていること等，その根拠を欠いているとして，憲法の定める労働権を国家の「政治上の責務」であることを宣言したものである，と解するのである。

　労働権を国家の「政治上の責務」であることを宣言したものであると解するプログラム規定としての労働権論は，労働権の憲法上の法的効果として，①国が労働権の実現に努力すべき責務に違反して労働権の実現に障害となるような行為をするときは，その立法は無効となり，その処分も違法であるというべきであること，②労働権に対する積極的な侵害となるような個人間の契約や団体内の行為も無効と解すべきであること，③労働権に対する積極的な侵害を違法・無効とする意味において，その限りにおいて，いわば新しい「公序」的なものを確立したものであることを認める[3]。しかし，プログラム規定としての労働権論は，労働権は国と国民との面に関するものであるから，この労働権の保障を理由に使用者の解雇の自由を制約することは，法律論としては無理である，

と主張する[4]。

　このようなプログラム規定としての労働権論が示す労働権についての理解は，国家と国民との関係に関する限り，今日の労働法学においてもほぼ共通の理解になっているといってよかろう[5]。すなわち，労働権は，単に国民の勤労が国または第三者によって妨げられてはならないというだけではないが，労働を与えよという国民の具体的な請求権を根拠づけるものでもなく，国に対して，労働権保障のために一定の措置をとることを義務づける規定である。そして，国は，①労働者が自己の能力と適性を活かした労働の機会を得られるように労働市場の体制を整える義務，②そのような労働の機会を得られない労働者に対し生活を保障する義務といった２つの政策義務を負うものとされる[6]。

　しかし，次にみるように，労働権が，対使用者との関係においても憲法規範として規範的要請をなしうるものかという点に関して，これを否定するプログラム規定としての労働権論とは異なり，これを肯定する見解が，やはり戦後早い時期から主張されている。

(2)　就労状態における労働権論　　プログラム規定としての労働権論に対して，憲法27条１項の労働権が，その主張するところの限定的な労働権であることを原則として認めながらも，私企業における就労は全く私的自治の世界に属しており，ここでは労働権を主張する余地がなく，私的自治から放り出された失業状態にあるもののみが国家に対して限定的労働権を政治的には（具体的権利としてではなく）主張しうるのだとは考えない。労働権は，失業という状態から発する権利であるというだけではなく，就労という状態からも発するものでなければならないとする，就労状態における労働権論が，沼田により主張される[7]。この見解によれば，就労状態における労働権を認めるべきは，それが支配的な規範意識に支えられたものだからというばかりでなく，憲法そのものが同条第２項において，「賃金，就業時間，休息その他の勤労条件に関する基準は法律でこれを定める」と規定していることにもよるのであり，労働権は就労状態については，人間らしい生活（生存権）を人間らしい労働の持続（労働権）によって確保するという観点から構成せられるといえるのであって，労働権はまず就労状態に関して労働保護法として具現化されるのだといわねばならない。

I 社会法の基本理念

このような就労状態における労働権論は，今日の労働法学説においても，これを継承したものが有力に主張されている。西谷は，できるだけ多くの労働者および求職者に雇用の機会を保障しようとする労働権の理念からして，労働者を雇用する使用者も労働権の実現に協力することを要請されるのであり，とりわけ，使用者はいったん雇用した労働者をできるだけその意に反して離職させないよう努力することが求められるとし，和田は，労働すること自体が労働者の人格的利益につながるのであるから，失業状態の生活保障以前に，失業に至らせないことが憲法的価値を有しているとして，解雇規制の規範的根拠を労働権保障に求める。また，西谷は，労働権を保障する憲法27条１項は，労働を単なる生活の手段としてではなく，それ自体価値があるものと捉えたうえでその権利を保障していると解されるとして，労働権は，労働者が就労請求権をもつと解すべきことを理念的に基礎づける，とも主張する。

このように，憲法27条１項が定める労働権の憲法上の法的効果は，国と国民との間に限られるものと解すべきか，それとも，対使用者との関係においても憲法規範としてなにがしか要請しうるものとして，解雇規制等の規範的根拠となりうるものと解すべきかが，労働権論における重要なひとつの対立点となっているといえよう。

2 労働法体系論としての労働権論

以上にみたような，労働権の憲法上の法的効果の観点からする労働権論とは異なるものとして，労働法を体系的にいかに理解するかという労働法体系論の中から，雇用保障権・労働基準権としての労働権論が，清正により主張される。

この見解によれば，労働法は，権利の体系として構想されるべきであるから，労働法の規範的基礎となる労働者の基本権の構造にそくして体系化されるべきことになる。その労働者の基本権は，広義の団結権と労働権から構成される。そして，憲法27条が定める労働権は，雇用保障権と労働基準保障権という法理念上それぞれ別個の対象領域を有する２つの権利により構成されているものと解される。そこで，労働権を規範的基礎とする法領域は，かかる２つの権利に基づいて法理念を異にする２つの法領域すなわち雇用保障法と労働基準保障法

に区分されるべきこととなる。労働法は，これら雇用保障法と労働基準保障法に加えて，団結権に基づく団結保障法の3体系から構成される，と解される。

　労働権は，労働契約に基づく個別的労働関係での労働条件が人たるに値する生活を営むための必要を満たすべきものでなければならないということを規範的に要請する。そして，雇用保障権は，就労状態＝雇用関係を維持する権利と失業者の国家に対する権利とからなる。

　労働権のもっとも中心となるべき内容である「雇用選択の自由」の概念から，労働権の規範的内容として，適職選択の自由ないし適職選択権が措定される。この労働権のうちに含まれる適職選択権は，国家および事業主に対して適職確保の義務を設定するとともに，とくに失業補償の領域においては適職でない職業紹介あるいは職業訓練受講の拒否を失業給付の給付制限の理由となしえない，すなわち，労働者はそれらの非適職の拒否を理由に雇用保障法上不利益を受けないという法的意味を有するものとなる。

3　近年の新たな労働権論

(1)　**キャリア権論**　　20世紀末になると，企業の場で今ある雇用をできるだけ保障しようとする「雇用は財産」戦略は，19世紀の「職務は財産」という戦略と同様に，変化の時代において，これを維持することができるのか，またそれが適当か，という鋭い問いを突きつけられている（雇用の流動化論）との認識のもとに，これに応えるものとして，外部労働市場を考慮した「キャリアは財産」という戦略を基礎づけるものとして，キャリア権という概念を定立する見解が，諏訪により主張されている。[12]

　この見解によれば，キャリア権は，労働権を中心において，職業選択の自由と教育権とを統合した性格の権利とされる。キャリアの形成と展開を抜きにした労働概念は貧困で魅力に乏しい内容となってしまうことから，キャリア権は労働権の実質的な内容として読み込まれることが適当である。[13] 労働権が保障すべきものは，たんに量的に確保されるべき就労機会であってはならず，労働者の能力，適性，意欲を考慮した質的要素を含む就労機会でなければならない。[14] キャリア権の法的効果ということでは，キャリア権論は，基準としてのキャリ

ア権の具体化を図って行くべきとされる。例えば，変化の時代の雇用リスクヘッジの手段としては，労働者の「財産」（人的資本）であるキャリアの蓄積を軽視することはできないのであるから，組織の都合ばかりを優先して，労働者個人のキャリアを著しくないがしろにする人事政策は，場合によっては，人事権の濫用という判断に至ることも考えられる。教育訓練，配置，配置転換，出向，昇格昇進，労働者による就労請求などをめぐっては，従来とは異なった視角からの検討も必要とされる。[15]

(2) **ミクロ・マクロの勤労権論**　これまでの労働権論の展開をみる中で，勤労権（労働権）は，①労働者個人の良好な雇用機会の保障を要請する「ミクロの勤労権」と，②労働者全体，社会全体にとっての良好な雇用機会の保障を要請する「マクロの勤労権」の2つのものから成るとする見解が，荒木により主張されている。[16] この見解によれば，国家政策の観点から産業構造の変化に伴い労働力移動の方向付けが行われる場合，ミクロの勤労権との緊張関係が生じることとなるから，国家の労働力移動の方向付けも，誘導的な手法により，個人の勤労権（労働権）実現を侵害しない形での政策が要請される。

この見解は，伝統的な労働法が集団としての労働者の保護のために，市場に一律に介入を行う傾向にあったのに対して，人口構造の変化，労働者の多様化・個別化，経済成長率の鈍化，企業活動のグローバル化等の雇用・労働市場を取り巻く環境変化の中で，新たな労働法は，必要な法の介入と個別労働者の自己選択の調和を模索しなければならず，労働者の多様化に対応して，労働市場機能を適切にコントロールし，効率的に利用可能な場合には，これを利用する仕組みを取り込むものでなければならない，という労働法規制についての基本的な考え方をその基礎にしているものと思われる。[17]

(3) **ディーセント・ワーク保障としての労働権論**　労働権保障の質の問題を重視して，その規範的内容は，憲法13条，14条1項，25条の要素を具備したものでなければならず，ILO が提案している「ディーセント・ワーク（decent work）」，つまり適職就労，社会保障の整備，能力開発，社会的対話・参画，男女平等を内容とした労働という考え方に近いとする，[18] 労働権をディーセント・ワーク保障として捉える労働権論が，和田により主張されている。[19] この見

解によれば，ディーセント・ワークとは，伝統的な労働法や社会保障法がモデルとしてきた労働関係（すべての労働法と社会保障法が適用され，期間の定めがなく雇用の存続保護があり，フルタイム労働であり，定型的労働時間制であり，月給制であるもの）を理念モデルとして，多様な雇用形態が架橋され，平等取扱い・均等待遇原則と「相互に」移行が可能になるような方策が講ぜられた「標準的労働関係とその放射された状態」を意味しており，労働権はこれを保障するものとされる。

これに対して，同じく労働権をディーセント・ワーク保障として捉える見解であるが，ディーセント・ワークに対する権利を上位規範概念として措定し，その下にディーセント・ワークを保障するものとしての労働権を位置づける西谷の見解がある[20]。この見解によれば，自由権とさまざまな社会権をともに保障する憲法は，「働きがいのある人間らしい仕事」と訳されるディーセント・ワークに対する権利を基本的人権としてすべての国民に保障していると考え，労働権はそれを具体化するものの一つと理解されているのである。

4 小　括

以上にみてきたわが国の労働権論の展開をまとめれば，次のようになろう。

わが国の労働権論はまず，労働権の法的効果論として展開され，それがプログラム規定であるとの理解については，国家と国民との関係に関する限り，今日の労働法学においてもほぼ共通の理解となった。しかし，労働権が，対使用者との関係においても憲法規範としてなにがしか要請しうるものか，例えば，解雇規制等の規範的根拠となりうるものと解すべきかとうことは，労働権論における重要な対立点となっている。こうした労働権の法的効果論を論じるものに対して，労働法体系論として，雇用保障法の法領域を根拠づけるための労働権論が展開され，そこでは労働権の規範的内容として適職選択権が含まれると主張され，労働権の保障する労働の質の問題を論ずべきとする問題意識が示されるところとなった。この問題意識は，その後，近年におけるディーセント・ワークの保障としての労働権論につながっていったものと思われる。それは，労働権保障の質の問題を重視して，労働権の規範的内容は，憲法13条，14条1

項，25条の要素を具備したものでなければならず，適職就労，社会保障の整備，能力開発，社会的対話・参画，男女平等を内容とした労働というILOが提案している「ディーセント・ワーク」とするものである。

　これらの労働権論に対して，労働市場の機能を積極的に利用しようとの基本的考え方に基づく労働権論が，近年において展開されるところとなる。今日における雇用の流動化を前提に，外部労働市場を考慮した「キャリアは財産」という戦略を基礎づけるものとしてのキャリア権という概念を定立するものや，労働市場での労働者個人の良好な雇用機会の保障を要請する「ミクロの勤労権」と労働者全体，社会全体にとっての良好な雇用機会の保障を要請する「マクロの勤労権」との間の緊張関係を問題とするものが主張されるところとなっている。

3　近年における諸外国の学説および国際機関の労働権論

1　諸外国の学説における労働権論

(1)　**労働権の意義**　労働権（right to work）を保障することの背景にあるニーズとその意義について，Collinsによる次のような指摘がみられる。すなわち，「仕事（jobs）は，生存のための手段を提供するため，そして社会的包摂（social inclusion）や個々人の達成感を可能とするために，市民にとって決定的に必要なのである。労働権は，個人の尊厳を確保するために必要なものと考えられ得る」という。[21] このように，労働権が個人の尊厳の確保にとって不可欠であるとの認識は，既述のように，すでにわが国の学説における労働権論の展開の中においてもみられるものであり，共通の理解があるものといえよう。

(2)　**労働権の法的効果**　労働権の効果については，労働権には垂直的効果（vertical direct effect）と水平的効果（horizontal direct effect）の2つの効果が認められるとするVigneauの見解がある。[22] Vigneauによれば，前者の垂直的効果とは，労働権が，国家に対して，積極的雇用政策（active employment policy）を展開し，労働の自由を保障し，自由な労働市場を機能させるよう組織化し，雇用への統合と雇用の安定を促進するよう政治的に義務づけることをいう。こ

の労働権の垂直的効果は，わが国の労働権論におけるプログラム規定としての労働権論の捉えるところに類するものといえよう。後者の水平的効果とは，私人間においても法的関連を有するものとして，例えば，労働関係に入るに際しての差別や不合理な制限といった状況において，裁判所によってその根拠付けに労働権が援用されるということである。この労働権の水平的効果は，労働権が明文の規定としては存在していないイギリスのような国においても認められる。

この点，Collins によれば，イギリスでは，労働権という理念は，雇用契約の解釈に影響し得るとされ，専門的な技能の行使と発達を含む雇用契約においては，労働市場での被用者のエンプロイアビリティを維持するために，裁判所は，被用者が職場で仕事を行うことあるいは競業行為を行うことを認めるよう使用者に求めうるものとされ[23]，演劇を行うために雇用される俳優あるいは特別な任務のために雇用されるジャーナリストを含むそのようなケースでは，労働権の理念は，雇用契約の解釈が使用者と被用者の間における利益の公正なバランスを確保するのを確実にするために修辞的に用いられると理解されているのである[24]。この労働権の水平的効果は，わが国の労働権論における就労状態における労働権論の捉えるところに類するものといえよう。

また，労働権は，不当に解雇されない権利のような他の社会的権利に対してその基礎をなす正当化根拠を提供するものであるとする見解が，幾人かの論者によって主張されている[25]。Vigneau によれば，労働権は，有期契約労働の法規制，解雇規制法制，企業再編法制（労働契約の承継ルール等），職業訓練法制，労働時間の削減等を基礎づける，背後にある原則あるいは概念であると理解されている[26]。さらには，Harvey によれば，労働権は，広く他の経済的権利も含めてその保障を支える効果を有するものと理解される[27]。この労働権の他の経済的および社会的権利の保障を支える効果は，ひとつには労働権自体の広がりに由来するものであり，もうひとつには社会における満たされていない社会的ニーズのレベルとそうしたニーズを満たすために利用できる資源のレベルの両者に対する労働権の効果に由来するとされる（労働権の「二重の効果（dual effect）」）。すなわち，満たされていないニーズを減らすと同時に社会的資源を増

やすという，この二重の効果の故に，労働権を保障することに成功している社会は，十分な水準の衣食住，医療，教育，所得保障に対する権利といった世界人権宣言（Universal Declaration of Human Rights）で承認された他の経済的および社会的権利を容易に保障できることになるのである。このような理解からすれば，労働権は，経済的権利および社会的権利の中において，中心的な位置を占めるものと理解することができよう。

(3) **労働権の規範的内容**　労働権の規範的内容については，論者による労働権の構造分析によって，次のような構成要素（側面）を有するものと理解されている。

まず，Mundlakによる労働権の構造分析では，労働権は3つの構成要素からなるものとされる[28]。それらは，からみ合っており，分離できないものである。その第1は，自由の要素である。労働の自由の裏面は，労働を強制されない自由ということになる。第2は，仕事を有する権利，およびそれと対応する国家あるいは使用者が個々人に仕事を提供する義務である。この権利・義務については，それが，裁判所で強制できるようなものではないと考えられ，仕事を得る機会に対する権利（the right to an opportunity to gain work）と定式化されているが，この権利は，それが道徳的要求から訴求可能な個人の権利までの連続するものの中でどこに位置づけられるべきかという難問を解決するものとはなっていない，と指摘されている。第3は，労働権は品位のある労働（dignified work）に対する権利でなければならない。この要素の内容としては，公正な労働条件，報酬，休暇，安全衛生，児童労働の禁止，利益分配制，共同決定制等が考えられるとされている。さらには，これら3つの構成要素を超えて，労働権は，平等権，自由な芸術的な表現及び創作の権利，社会保障の権利，人間の尊厳に対する権利といったいくつかの他の諸権利と不可分のものであるともされている。

次に，Harveyによる労働権の構造分析によれば，労働権は多面的な権利であると捉えられ，4つの面を有する[29]。その第1は，労働権の量的な面である。労働権のこの面は，自由に選択した仕事（freely chosen job）に現実に雇用される求職者の権利を保護することを意図されており，労働市場においていわゆる

完全雇用（full employment）が達成されている状況を求めるものである。第2は，労働権の質的な面である。労働権のこの面は，当該仕事が，ILO が使っている意味における「ディーセント・ワーク（decent work）」とみなせるか否かを判断する諸要素を含む。それら諸要素には，賃金，付加給付，労働時間，就労条件，職場統治，雇用の安定等を含むものとされる。労働権が保障されているといえるためには，仕事の数が求職者の数を超えて入手可能となっているだけでは十分ではなく，それらの仕事が「ディーセント・ワーク」を提供するものでなければならない。労働権の保障は，世界人権宣言が規定する社会のすべての構成員に自由にその個性（personhood）を発展させる機会を保障するという目標にとっての手段であるから，労働権を保障するために社会が提供する雇用機会は，その目標を達成するために十分に多様な種類と形態のものでなければならない。したがって，労働権を充足するために雇用機会が有していなければならない質的特性は，絶対的な質の要求とともに人々の発達上のニーズによって決まるとされる。第3は，労働権の分配的な面である。労働権は，すべての人の平等の価値と平等の権利という世界人権宣言の中の全体に関わる誓約を反映すべきであるから，すべての人に対する平等な雇用機会と雇用条件の達成が，労働権の保障にとって不可欠となる。それ故，これは，雇用に対する「構造的（structural）」障壁を克服し除去する政策の適切な目標である。そして第4は，労働権の範囲の面である。労働権は，世界人権宣言等では，賃金雇用に限りその対象とするものとして起草されたが，その文言からして賃金雇用に限られるものではない。また，現在多くの人々が賃金雇用以外の労働に従事していることからしても，賃金雇用以外の労働にどのようにして労働権を適用するのか，ということが問題となる。[30]

これらの労働権の概念と規範内容を大きな枠組みで捉えて議論する労働権の構造分析論とは異なり，積極的労働市場政策が有するワークフェア（workfare）の方向に傾く性向のもたらす問題に対応すべきとの問題認識から，労働市場の規制と社会保障立法とを架橋し，社会保障給付にマイナスの結果を被ることなく正当な理由で提供される仕事を拒否するという消極的権利に由来する，狭い意味での労働権について，Freedland らは議論を展開する。[31] この見解によれば，

Ⅰ 社会法の基本理念

　まず，民主的で基本権を守る国家であれば，労働権の内容として最低限，ディーセントな雇用を選択できる権利（right to choose a 'decent' employment）を求職者に与え，その結果，安全衛生，基本的人権，および良心的拒否（conscientious objection）という少なくとも3つの権利と価値を守る仕事を意味する「ディーセントな」仕事の定義にかなわない仕事を提供された場合には，社会保障給付の受給資格を失うことなく，それを拒否する権利をも求職者に与える。[32]しかし，そのような基本的人権や自由の尊重は，民主的法システムが労働市場を規制する際の唯一の関心事ではあり得ない。社会的及び経済的性質を有する他の諸権利や要求も，社会保障給付の領域において，労働関係における労働の自由を労働の義務に対してバランスさせるに際して考慮されるべきである。そこで次に，ディーセントな仕事を選択する権利を有することに加えて，「適した」仕事（'suitable' work）を選択する権利を求職者は有すべきであるとされる。[33]このような適職選択の権利が認められるとき，国家は，提供された仕事が労働者の獲得してきた職業上，人格上，および家庭上の生活を危険にさらすであろう場合には，求職者から社会保障給付の受給資格を奪うといって脅かすべきではないとされるのである。

　だが，Freedlandらは，労働権の規範的内容はこれでも十分なものではないという。かつてのような，雇用契約に基づく，標準的で，フルタイム，期間の定めのない契約の雇用関係が，労働市場における典型であるときには，キャリアの発展はその雇用関係の範囲内で行われるが，しかし，そのモデルがより流動的なものに取って代わられるにつれ，労働市場の規制は，異なった連続する職の間でキャリアの前進を労働者に提供すべき，ということが適切なものになるとの認識から，Freedlandらは，現在では，労働権の規範的内容は，（ディーセントで，適職で）「価値ある」仕事を選択する権利（right to choose (decent, suitable) 'rewarding' work）であるべきであり，その結果，労働者は，自己のキャリアの発展，仕事の見込みの改善，自己の技能や才能を高めることに寄与しない仕事の提供を拒否することができる，とする見解を主張する。[34]

2 国連における近年の労働権論

 国際機関である国連においても，労働権の規範的内容等について近年その見解が示されている。わが国も批准している国連の経済的，社会的及び文化的権利に関する規約（以下，「社会権規約」と略す）は，その第 6 条に，労働権を規定しているが，この労働権に関して，社会経済理事会の下にある経済的，社会的及び文化的権利委員会（Committee on Economic, Social and Cultural Rights）（以下，「社会権委員会」と略す）は，2005年11月に開催された第35回の総会でその検討した内容を「概説18号（General Comment No. 18）」として公表している。この概説18号では，労働権の規範的内容，社会権規約を批准した締約国の労働権に関する義務，同義務の違反，国内レベルでの履行，締約国以外のアクターの義務について検討している。

(1) **労働権の意義と基本構造**　概説18号は，基本的前提として，まず，労働権が，他の人権の実現にとって不可欠のものであり，人間の尊厳（human dignity）の不可分で本来固有の部分であると，その意義を確認する。次に，概説18号は，社会権規約が，その第 6 条で包括的な意味での労働権を宣言し，その第 7 条で公正かつ良好な労働条件の享受に対する個人の権利を通して，労働権の個別的側面を展開しており，第 8 条ですべての者の労働組合を結成し，自己の選択する労働組合に加入する権利，労働組合の自由に活動する権利を明確に述べて，労働権の集団的側面を扱っているとして，労働権が個別的側面と集団的側面を有するとの構造把握を示している。

(2) **労働権の規範的内容**　概説 8 号は，労働権の規範的内容として，次のようなものを挙げ，これについて述べている。①労働権は，独立労働であるか従属賃金労働であるかに関わらない，あらゆる形態の労働を含むものである。②労働権は，仕事を自由に承諾しあるいは選択するすべての人の権利を含むものであり，それは，仕事に就くことを強制されないこと，および各労働者に雇用へのアクセスを保障する保護システムにアクセスする権利含む。そして，労働権は，不公正に雇用を奪われない権利をも含む。③労働権は，ディーセント・ワーク，すなわち，安全衛生および報酬に関する労働者の権利はもちろん基本的人権も守る労働に対する権利である。ディーセント・ワークは，社会権規約

第7条で強調されている自己とのその家族の生活を支えることができる所得をも提供するものであり，基本権は雇用に就いている労働者の肉体的および精神的な健全さの尊重を含む。社会権規約の第6条，第7条および第8条は，相互依存の関係にあるから，労働をディーセントだとする解釈は，労働者の基本的人権の尊重を前提としている。

(3) **労働権保障の義務とその履行**　概説8号は，社会権規約締約国の一般的義務は，労働権行使の漸進的実現（progressive realization）を保証することであるとするが[39]，労働権を保護する義務の問題として，労働市場の柔軟性（flexibility of labour markets）を増す措置は労働を不安定にし，あるいは労働者の社会的保護を弱めてはならない，ということを強調する[40]。

概説18号は，労働権保障義務の履行に関わって，締約国が，自由に選択し承諾した雇用に対する権利の実現へ向けての前進をモニターし，労働権保障義務の履行の程度に影響する要因や障害を突きとめるための仕組みを開発し，それを維持すべきことを指摘する[41]。また，概説18号は，労働権の侵害を受けた者が司法救済その他適切な救済を利用できるべきであるとし，その際，裁判官その他の法の強制機関は，その権限の行使に際し労働権の侵害に十分留意するよう求められる，と指摘する[42]。

(4) **国以外のアクター**　概説18号は，社会権規約締約国以外のアクター，すなわち，社会のすべての構成員も労働権の実現に関し責任を有することを指摘する。とりわけ，企業は，政府と社会の間で合意された，労働権の尊重を促進する立法，行政施策，行為準則その他の適切な措置に基づき，活動すべきであるとされ，労働組合は，労働権の尊重を確固たるものとし，労働権保障の義務を果たすように国を助力するという重要な役割を果たすものとされている[43]。

4　包括的基本権としての労働権（試論）——むすびに代えて

ここまでにおいてみてきた，わが国の労働権論の展開と近年における諸外国および国際機関の労働権論の展開をつきあわせながら，その意義と問題点を検討し，労働権についての試論を示し，本稿のむすびとしたい。

労働権の法的効果について、プログラム規定としてのそれと理解されているところは、近年における諸外国および国際機関の労働権論も同じである。ただ、わが国における議論では、対使用者との関係においても憲法規範としてなにがしか要請しうるものとして、解雇規制等の規範的根拠となりうるものと解すべきかが、労働権論における重要なひとつの対立点となっている点については、近年における諸外国および国際機関の労働権論の展開の中では、前述のように、そうした効果が労働権には認められるとするのが一般的であるように思われる。また、近年における諸外国および国際機関の労働権論では、労働権は、他の社会的権利に対してその基礎をなす正当化根拠を提供するものであるとする理解も共有されているように思われる。そして、労働権の構造分析の中から労働権の質の問題が議論され、諸外国および国際機関における労働権論では、労働権の保障が対象とする労働は、公正な労働条件、報酬、休暇、安全衛生、児童労働の禁止、雇用の安定、労働者の団結権（広義）、平等権その他の基本的人権が保障される労働である、「ディーセント・ワーク」であるとする認識も共有されているように思われるが、わが国の労働権論の中にもそうした理解がみられる。

こうした議論状況の中にみられる共通項を抽出してみると、労働権は労働法規制の包括的な規範的根拠になるとする、「包括的基本権としての労働権」と呼ぶことができるものを措定することができるように思われる。ディーセント・ワークに対する権利としての労働権の保障を実現するために、労働法規制が求められるといってよいであろう。このように労働権を「包括的基本権としての労働権」として再構築することによって、今日の複雑化し多元化する労働法規制を全体として整合的に体系化することを可能とする規範的根拠が与えられるものと考えられるのである[44]。例えば、今日の労働法規制において差別禁止法の領域が拡大している状況についても、包括的基本権としての労働権が要請するものとして、それを労働法の規制体系の中に整合的に位置づけることを可能にするように思われる。こうした労働権の理解は、わが国の憲法規範の理解としても十分に成り立ちうるものと考える。

さて、近年において労働権論が展開してきた要因である労働市場の柔軟化

（流動化・不安定化）と労働市場の労働法による規制のあり方という問題について、Joseph が概説18号に対して指摘した、次のような検討課題がある[45]。すなわち、概説18号は、労働権を定める第6条と、公正かつ良好な労働条件を享受する権利を定める第7条、広義の団結権を定める第8条とが、相互依存の関係にあると述べるだけで、それら相互間における衝突が生じる可能性について触れるところがない。経済のグローバル化が進む中で、国は、その国の労働市場が、過度に費用のかかるあるいは柔軟性を欠く場合には、国外競争が原因で雇用を喪失する可能性がある。概説18号は、こうした状況について、具体的に何ら触れるところはなく、国は、完全雇用を達成するべく努力するだけではなく、ディーセントな雇用を目指して努力しなければならない、と述べるだけである。

試論的に上述したような労働権の把握によれば、Joseph の指摘するこの問題は、包括的基本権としての労働権の構成要素である、労働権、公正かつ良好な労働条件を享受する権利と、広義の団結権との間の調整の問題ということになる。これは、換言すれば、国は完全雇用の責務とディーセントな雇用の責務との間でどのようにバランスをとるべきか（例えば、雇用を得られるよう促進するために、どの程度労働条件を「低く」することができるか）、という問題である。それについて、Joseph が、例えば、低い労働条件は、低い生産性とその結果としての事業の失敗をもたらし、より多くの失業へと至らしめ得る、と指摘できるだろうと述べているのは、ひとつの指針を提供するものであろう[46]。

最後に、ミクロ・マクロの勤労権論が指摘する、国家政策の観点から産業構造の変化に伴い労働力移動の方向付けが行われる場合、ミクロの勤労権との緊張関係が生じうる、という視点から、積極的雇用政策に伴う労働力の流動化の問題について、考えておきたい。この問題について、ひとつの考え方を示しているのは、キャリア権論であろう。キャリア権論は、雇用の流動化を前提にして、そのうえで、最終的な支えとなるところをキャリアの保障に求めるものであるといえよう。しかし、そのようなキャリア権の考え方に対しては、雇用の流動化を前提にして推進されてきた政策が雇用自体を、そしてそれによって支えられる人間の尊厳や自己決定を破壊しているのではないかとの指摘が、和田によりなされている[47]。この点、同じくキャリアの保障を重視する Freedland

らの見解では，労働権の規範的内容は，「(ディーセントで，適職で)『価値ある』仕事を選択する権利」であり，その結果，労働者は，失業給付等の受給資格との関係で，自己のキャリアの発展，仕事の見込みの改善，自己の技能や才能を高めることに寄与しない仕事の提供を，正当な理由として拒否することができる，とされる。包括的基本権としての労働権の構成要素である労働権の構造を，Freedland らのように重層的に捉えることによって，この問題に対応すべきものと考える[48]。

　以上に述べた，労働権の「包括的基本権としての労働権」に再構成するという試論は，その骨格について，しかも粗っぽく示したに過ぎない。紙幅もつきたので，これで本稿を閉じることにするが，その理論的根拠，具体的な意義，労働法の体系論との関わりといったことについての詳細は，今後において各論的な研究もあわせ進める中で示していきたいと考えている。

1) これまでの労働権論の展開を検討したものとして，野村晃「労働権論」籾井常喜編『戦後労働法学説史』(1996年，労働旬報社) 594頁以下がある。
2) 石井照久『労働基本権』(1957年，有信堂) 45頁以下 (初出1948年)。
3) 石井照久『労働法総論〔増補版〕』(1979年，有斐閣) 288-301頁。
4) 石井・前掲注 (3) 302頁。
5) 西谷敏『人権としてのディーセント・ワーク』(2011年，旬報社) 44頁。
6) 菅野和夫『労働法 (第9版)』(2010年・弘文堂) 16-17頁。
7) 沼田稲次郎『沼田稲次郎著作集第7巻』(1976年，労働旬報社) (初出・『団結権擁護論上』1952年) 23-24頁。
8) 西谷・前掲注 (5) 44頁。
9) 和田肇『人権保障と労働法』(2008年，日本評論社) 206頁。
10) 西谷・前掲注 (5) 226頁，同『労働法』(2008年，日本評論社) 26頁。
11) 清正寛『雇用保障法の研究』(1987年，法律文化社) 20-27頁。
12) 諏訪康雄「キャリア権の構想をめぐる一試論」日本労働研究雑誌468号 (1999年) 54頁以下。
13) このキャリア権を読み込んだ労働権の法的性質も，プログラム規定としての社会権という基本的性格に変化はない，とされている (諏訪・前掲注 (12) 58頁)。
14) 諏訪・前掲注 (12) 57-58頁。
15) 諏訪・前掲注 (12) 61頁。

I 社会法の基本理念

16) 荒木尚志「労働市場と労働法」日本労働法学会誌97号（2001年）55頁以下, 73頁。
17) 荒木・前掲注（16）79-82頁。
18) ILOのディーセント・ワークの考え方については, 堀内光子「ディーセント・ワーク」生活協同組合研究309号（2001年）5頁以下, 世界の労働2008年2月号18頁以下等を参照。
19) 和田・前掲注（9）282-283頁。
20) 西谷・前掲注（5）42頁以下。
21) H. Collins, Employment Law 2nd ed., 2010, Oxford University Press, p. 253.
22) C. Vigneau, 'Freedom to choose an occupation and right to engage in work（Article 15）in' B. Bercusson ed., European Labour Law and the EU Charter of Fundamental Rights, 2006, Nomos, pp. 175-177.
23) そうしたイギリスの裁判例として, William Hill Organisation Ltd v Tucker [1999] ICR 291, CA.
24) H. Collins, supra note 21, pp. 254-255.
25) B. Hepple, 'A Right to Work'（1981）10 ILJ 65, p. 82; H. Collins, supra note 21, pp. 253-254.
26) C. Vigneau, supra note 22, pp. 177-178, 182, 184.
27) P. Harvey, 'Benchmarking the Right to Work' in S. Hertl and L. Minkler eds., Economic Rights, 2007, Cambridge University Press, p. 118.
28) G. Mundlak, 'The right to work: Linking human rights and employment policy' International Labour Review, Vol. 146 (2007), No. 3-4, pp. 192-194.
29) P. Harvey, supra note 27, pp. 123-125.
30) これは, ベーシック・インカム（basic income）論とも関わるものであり, 十分な検討を要する重要な問題であるが（P. Harvey, supra note 27, pp. 124-125.）, 紙幅の関係もあり, 別稿において改めて検討することとしたい。
31) M. Freedland et al., Public Employment Services and European Law, 2007, Oxford University Press, p. 225.
32) Ibid., p. 227.
33) Ibid., pp. 228-229.
34) Ibid., pp. 229-230.
35) Committee on Economic, Social and Cultural Rights, General Comment No. 18: Article 6 of the International Convention on Economic, Social and Cultural Rights, E/C. 12/GC/18, 6 February 2006（以下, General Commentと略す。）.
36) General Comment, para. 1.
37) Ibid., pata. 2.
38) Ibid., para. 6-18.

39) Ibid., para. 19-22.
40) Ibid., para. 25.
41) Ibid., para. 45.
42) Ibid., para. 48, 50.
43) Ibid., para. 52, 54.
44) 労働法の多元的規制の根拠を憲法の各条項が定める基本権に求める議論を展開するものとして，唐津博「労働法パラダイム論の現況と労働法規制の多元性」労働法律旬報1700号（2009年）6頁以下。
45) S. Joseph, 'UN Covenants and Labour Rights' in C. Fenwick and T. Novitz eds., Human Rights at Work, 2010, Hart Publishing, pp. 340-341.
46) Ibid., p. 341.
47) 和田・前掲注（9）282頁。
48) 有田謙司「労働市場の流動化とキャリア形成の法政策」法律時報75巻5号（2003年）30頁以下も参照。

社会保障財政の法学的考察

伊奈川　秀和

1　社会保障における財政の重要性

　社会保障給付費は年々増加し，2008年度で94兆円となっている。この金額は，国の一般歳出のみならず一般会計歳出総額をも凌ぐ規模である。また，一般歳出に占める社会保障関係費も2010年度予算で27兆円を超え，全体の51％となっている。
　その点で社会保障における財政問題の重要性は，自ずと高まることになる。しかし，社会保障にあって給付と負担は密接不可分な関係にある以上，財政法は給付法と並ぶ本来的な社会保障法の構成分野となるはずである[1]。そこで，本稿では，社会保障財政について，法学的な考察を試みることとしたい。ただし，紙幅の関係から，考察の範囲は，社会保険の財政調整等による制度間調整を中心としたものとなっている。

2　社会保障の基本原理としての連帯と財政

1　社会保障の基本構造

　社会保障財政の問題の捉え方は，社会保障の基本原理を何に求めるかによって影響を受ける。例えば，生存権の観点からは，保障の責任主体としての国と

給付等の権利主体としての国民という基本構造からして,財政問題は社会保障の給付の背後に隠れ見えにくくなる。それに対して,社会保障の基本原理として連帯を位置付けるなら,連帯の双務的な法律関係からして,給付と負担という形で財政問題が顕在化することになる。

具体的には,連帯は社会保険と社会扶助において,次の形で現れる[2]。
①社会保険方式≒保険原理(貢献による連帯)≒職域連帯／地域連帯／国民連帯
②社会扶助方式≒(狭義の)連帯原理(帰属による連帯)≒国民連帯

つまり,社会保険を基礎付ける保険原理の場合には,職域・地域・国民レベルの連帯に基づき給付と負担が構成され,連帯によって修正を受けるものの,給付と負担の牽連性が何らかの形で権利に結び付けられる。これに対して社会扶助を基礎付ける扶助原理の場合には,国民連帯に基づく給付と負担の関係において,財源は租税等の公費を媒介として調達されることになる。このため,給付と負担は一旦切断され,その権利関係は,社会保険のような牽連性で説明することは困難となり,国民レベルの連帯によって根拠付けられることになる。

なお,社会保険の牽連性といった場合にも,給付反対給付均等の原則のような意味での等価交換的な対価性は成立せず,社会政策的な配慮から保険原理に一定の修正が加えられる。敢えて言えば,河野正輝氏が指摘するように,「被保険者の保険料拠出を要件として保険給付の受給権が発生するところに,一応の対価性(または牽連性)が維持される」に止まる[3]。

このような連帯による等価交換的な保険原理の修正は,収支相等の原則を実現する上で民間保険にない財源補塡の仕組みを必然化する[4]。その点で,連帯は,負担面における等価交換原則の修正を内包しており,権利付与的な側面のみならず義務創設的な側面を有する概念でもあることになる。

2 連帯から派生する社会保障の機能

社会保障の機能の一つは,連帯による所得再分配にある。その発現形態の典型が給付面でのニーズ原則と負担面での応能原則であり,これにより水平的又は垂直的な所得再分配が実現することになる。

ところが,このような所得再分配は,個人の給付と負担というミクロレベル

での所得再分配機能である。ところが，実際には，国庫負担や財政調整等を通じた制度間・保険者間の所得再分配が存在しており，最終的に個人に帰着することから，これはマクロレベルでの間接的な所得再分配と捉えることができる。したがって，社会保障の機能である所得再分配は，次の形で実現していくことになる。

［ミクロレベル（制度内）］
①拠出・負担段階での応能負担（応能保険料，累進税制等）
②給付段階での応能負担（所得段階別の利用者負担・軽減等）
［マクロレベル（制度間）］
①調整交付金等の国庫負担等（国保，後期高齢者医療等）
②財政調整等の制度間調整，共同負担事業等

3　財政調整等の仕組み

1　歴史・背景

マクロレベルでの所得再分配に関連する財政調整等の議論は，医療保険の分野で古くから存在してきた[5]。ただ，財政調整等は医療保険分野に限られない。年金においても然りである。考えてみるに，様々な財政調整等の議論が登場する根本原因は制度の分立にある。このため財政調整等は，制度の一元化論とも密接な関係を有しており，被用者年金の制度間調整を始めとして一元化の議論の過程で財政調整等が導入されてきた。

その制度の一元化論であるが，これは給付と負担の公平性の確保に主眼がある[6]。このため一元化とは，必ずしも制度の一本化を意味するわけではなく，①制度一本化，②財政調整，③公費投入を含めた概念と捉えるべきであろう。そして，このうち②，③は制度の分立を前提とした仕組みであり，実際には①の制度一本化が進まない中で導入される仕組みという面もある。

2　財政調整等の意義

財政調整及びその類似制度（以下「財政調整等」という。）は，次のように分類

することができる。[7]

　a．制度の分立を前提として

　①制度間の財政力の格差等を是正する財政調整（例えば，前期高齢者医療制度，被用者年金制度間調整）

　②何らかの受益に着目した各制度からの拠出金等による調整（例えば，基礎年金制度，老健制度，退職者医療制度，後期高齢者医療制度）

　b．同一制度内の保険者等の財政力の格差等を前提として

　①格差等の是正を目的とする公費投入（例えば，国保等の調整交付金，国保の保険基盤安定制度，国保の保険財政共同安定化事業・高額医療費共同事業）

　②格差等の是正等を目的とする財政調整又は共同事業（再保険）等による調整（例えば，協会健保の都道府県単位保険料率の調整，国保の都区間調整，国保の保険財政共同安定化事業・高額医療費共同事業）

　ここで社会保障の基本原理が連帯にあると理解するならば，財政調整等は制度・保険者の分立を与件とする制度間・保険者間の連帯の発現と理解することができる。極言すれば，財政調整等の本質は連帯にあるということになる。[8]

　その上で議論を財政調整等の根拠論に進める。まず保険者拠出を受益者負担と位置付け，拠出には某かの受益が必要と立論すると，保険者にとって受益が認められない拠出は許されないことになる。[9] 敷衍するなら，受益者負担論の根底には，保険者拠出の財源である保険料の対価性の問題が潜んでおり，拠出金の受益性の欠如が保険料の対価性の欠如に繋がり，そのような保険者拠出は是認できないことになる。これに対して，連帯は異なる視座を提供することになる。つまり，連帯の観点からは，受益性の強い保険者拠出であれば保険集団単位の職域・地域連帯によって，また，受益性の弱い保険者拠出であれば国民連帯によって説明されることになり，違いは連帯の範囲ということになる。もちろん，保険者拠出について，国民連帯の色彩が強まるほど保険者拠出の受益性，更には拠出財源としての保険料の対価性は弱くなる。その結果，拠出財源となる保険料を巡る租税法律主義の議論がより顕在化することは避けられないが，それと財政調整等の根拠論とは位相を異にする議論である。従って，受益性の欠如故に保険者拠出が根拠を失うわけではなく，様々な連帯によって根拠付け

られることになる。

　ここで視点を憲法規範に移すと，財政調整等は平等原則（憲法14条）と密接な関係を有することが指摘できる。つまり，制度間・保険者間の保険料格差が存在する場合に，不合理な極端な格差の存在は違憲の可能性を秘めており，財政調整等は結果的に保険料格差を緩和し，ひいては平等原則への適合性を高めることになる。

　さらに，このような財政調整が社会保障に対して如何なる効果をもたらすかであるが，良永彌太郎氏は，財政調整を「保険団体を超えて資金を移動させる制度」と捉えた上で，「社会保険給付が保険集団内の成員に限られた給付と負担の関係という閉鎖性を打ち破って，高齢者を多く抱え給付費用の確保が困難な保険団体を現役就業者が加入する保険団体が支えるという法的仕組みが導入された」と評価している[10]。

　以上を要約すれば，財政調整等は，国民連帯，世代間連帯等の連帯に着目して，保険者や制度を超える財源の移動をもたらし，保険者や制度の内部に止まっていた連帯を拡大し制度間・保険者間の公平性を高めることによって，制度の持続性を強化する効果を有すると考えられる。

3　財政調整等の調整対象と手法

　財政調整等は，それが調整の仕組みである以上は調整対象が何かが問題となる。まず，財政調整等を通じて給付と負担の公平を実現するという点では，財政調整等の対象となるのは，①給付費の格差と②負担能力の格差の両面である。具体的には，加入者の属性や年齢構成に起因する給付費の差，あるいは所得水準等に起因する負担能力の差を対象として調整するのが財政調整等である。

　次に手法という点では，財政調整等は，①各制度・保険者の負担能力の違いを捨象して，それぞれが同じ負担能力を有するという前提に立つ頭数（人数）調整と，各制度・保険者の負担能力の差を調整に反映させる所得調整（例えば総報酬割）に分かれる。このうち②所得調整には，各制度・保険者の加入者の所得捕捉が十分であることが必要になる。このため，自営業者と被用者との間の財政調整等は，国民の所得捕捉意識を反映して①頭数調整に止まる傾向にあ

る。
　まとめるなら，財政調整等は，制度・保険者間の給付費や負担能力の差を各制度・保険者の加入者の構成や負担能力に応じて調整する仕組みということになる。

4　フランスの財政調整制度

　以上のような財政調整等の理解が普遍性を持つのか，フランスの財政調整制度を参考に検討を加えることにしたい。

　フランスにおいては，戦後，社会保障の一般化の流れの中で制度の統合が試みられるが実現しなかった。このため，制度の分立とともに制度間格差が残存する中で，1950年代末から財政調整が始まるが，1974年には一般化された財政調整が導入された。これが現在の制度の基本となっている。

　そのフランスの財政調整制度も，連帯によって説明されている[11]。さらに，その場合の連帯の性格は，公費投入が国民連帯（solidarité nationale）であるのに対して，財政調整による財源移転は職際間連帯（solidarité interprofessionnelle）として理解される。また，制度の仕組みとしては，財政調整は，大きく2種類に分かれる[12]。

　①個別制度間調整（compensations bilatérales）

　医療給付に関する一般制度と被用者関係の6の特別制度について，一般制度の保険料と給付を前提に計算した財源の過不足分を調整するものである。これは，結果的に特別制度の一般制度への財政的統合の意義を有する。

　②一般化された人口に係る財政調整（compensation démographique généralisée）

　医療の現物給付と年金の本人給付について，一定規模以上の制度を対象に年齢構成の偏りによる財政格差を是正するものである。具体的には，

　・最も給付水準の低い制度を仮想基準制度（régime fictif de référence）として，その給付水準で計算した財源の過不足を調整するとともに，

　・調整に当たっては，被用者制度間の調整と被用者・自営業者制度間の調整の2段階で実施することになる（2段階調整）。

このようなフランスの財政調整制度は，制度間の連帯を強化した面があったが，同時に以下のような問題も孕んでいた。[13]

①公費投入の代替としての側面

財政力が弱い保険者への支援を財政調整を通じて行うことは，国民連帯の表れである公費負担の責任を職際間連帯を通じて特定の保険者が代替することにつながる面がある。

②高齢化に起因する負担の代替

就業構造の変化に伴う加入者の偏りを是正することは財政調整に馴染むものの，年金が典型であるが，高齢化による受給者に対する被保険者の減少を是正することは財政調整の域を超えている可能性がある。

つまり，一般化された財政調整の主眼が就業構造の変化に伴う被保険者構成の偏りを是正することにあったとすれば，財政窮迫保険者の救済や高齢化による給付費増を目的とする財政調整は制度本来の目的を逸脱するのではないかという疑問である。その点では，現実の適用可能性は別として，理念的には，
・制度間の財政力格差のように，保険者に帰責する格差は財政調整が馴染むが，
・制度全体の財政力の欠如のように，保険者に帰責できない格差は財政調整ではなく，むしろ公費投入により対処すべきことになる。

4 財政調整等の諸相（財政調整類似制度も含めた比較検討）

1 考察の視座

制度間・保険者間の財政力格差の是正が財政調整等の本質だとすれば，財政調整等と公費投入の関係は，次のように整理することができる。

①財政調整等……制度間・保険者間の財政力格差の是正

②公費投入……制度・保険者全体の財政力の欠如

しかし，我が国の現実制度をみた場合には，財政調整等と公費投入は必ずしも截然と区分されているわけでないのは，フランスと同様である。例えば，保険者の財政力等に応じた公費投入により，実際上は財政調整等と同様の効果を果たす仕組みが存在している。その典型が，医療保険の国庫負担等であり，国

保50％，協会健保16.4％，組合健保０％と傾斜配分されている。さらに，国保の場合には，調整交付金により保険者間の財政力格差を補正している。

以下，財政調整等について，各制度を概観し，それぞれの特徴を抽出することにする。

2 国保制度

国民健康保険（国保）は，被用者保険加入者以外を包含する国民皆保険体制の最後の砦ともいうべき重要な制度である。しかし，国保は加入者構成（低所得者，高齢者等）から脆弱な財政基盤を有しており，極論すれば，医療保険の財政対策の背後には常に国保問題が存在すると言っても過言ではない。

このため国保については，これまでも次のような制度内の対策が講じられてきた。

①調整交付金

普通調整交付金と特別調整交付金から成る。このうち普通調整交付金は，保険者間の財政力の不均衡を是正するため，調整対象需要額に対して調整対象収入額が不足する場合に，不足額を交付している。これに対して特別調整交付金は，災害等の特別の事情に対して交付するものである。

②保険基盤安定制度

財政力格差の問題が低所得者の存在（それによる保険料収入の減少）にあるとするなら，低所得者に対する保険料補助が対応の一案である。国保では，低所得者の保険料の応益部分を負担軽減するとともに，当該軽減分に公費を投入することで結果的に保険料補助を実現している。

3 老健制度と退職者医療制度

老人保健制度（老健制度）と退職者医療制度は，似て非なる仕組みである。まず，退職者医療制度であるが，退職被保険者はあくまで国保の被保険者であり，国保から給付を受けるものの，財政的には他の国保被保険者とは区分され，実質的には，被用者保険が被用者OBを退職者拠出金を通じて支援する仕組みである。その点では，いわゆる突き抜け方式に近く，被用者保険内部で所得調

I 社会法の基本理念

整が行われる。

これに対して老健制度は，各保険者の共同事業としての性格を有しており，その受益に着目して老健拠出金を通じて各保険者が費用を分担する仕組みである。そして，老健拠出金は老人加入率により各保険者間で按分される。その点で，老健制度はいわゆる別建て・保険者拠出方式ということになる[14]。更に言えば，老健制度は分立する保険者の存在を前提とした保険者の共同事業としての性格を有しており，老健拠出金はそのための受益者負担的な性格を有していることになる[15]。

4 高齢者医療制度

高齢者医療制度のうち前期高齢者医療制度は，前期高齢者がそれぞれの医療保険制度に加入したまま，前期高齢者の制度間の偏在に起因する負担の不均衡を加入者按分により調整する仕組み（財政調整等）である点では，老健制度に類似している。ただし，医療給付は市町村ではなく前期高齢者が加入する各保険者が実施する点では老健制度と相違している。

これに対して後期高齢者医療制度は，いわゆる独立型である点で老健制度と相違している。このため，高齢者と若年者の負担が混じり合った老健拠出金（過剰調整問題）と異なり，後期高齢者の保険料と前期高齢者・若年者からの後期高齢者支援金とが財政上区分されるのが特徴である[16]。

5 介護保険

介護保険の場合も，国保と同様に調整交付金（普通調整交付金＋特別調整交付金）が存在している。ただし，普通調整交付金の算定方法は，調整対象需要額と調整対象収入額の差を交付するのではなく，後期高齢者割合及び所得段階別被保険者数の分布に応じて平均的な調整交付金割合（5％）を増減することで，第1号保険料が全国平均の水準に近付くように調整される。

6 年金制度

年金の場合には，基礎年金という共通制度の下で被用者も取り込むとともに，

そこに公費を集約することにより，結果的に財政基盤の脆弱な国民年金（国年）制度の持続可能性を確保している[17]。

この基礎年金の財源となる基礎年金拠出金は，給付に必要な額（特別国庫負担を除く）を各制度が被保険者数（ただし，1号被保険者の場合は保険料納付済者数であるのに対して，2・3号被保険者の場合は加入者数。3号被保険者は各扶養者の制度の加入者にカウント）に応じて年金特会の基礎年金勘定に拠出する仕組みである。いわば被保険者数の頭割りで各制度が基礎年金に要する費用を負担する仕組みとも言える[18]。

さらに年金制度の場合には，三共済統合に伴う被用者年金制度による支援措置が興味深い事例として存在する。その仕組みは，次のとおりである。

・旧三公社（JR, NTT, JT）の共済組合については，1990年以降，被用者年金制度間の給付と費用負担の調整措置が被用者年金制度間調整法により時限的に導入された。同法は，年金一元化が完了するまでの当面の措置として，被用者年金制度間の負担面の不均衡の是正を図るため，以下の特別措置を実施した[19]。

　a．厚生年金（厚年）及び共済組合（共済）の老齢・退職給付のうちの共通部分を対象として，政府が管掌し制度間調整事業を実施。この場合の共通部分とは，①厚年並水準，②60歳以降の者に支給されるもの，③1961年4月以降の期間に係るもののことであり，各制度独自の給付増要因は調整対象外。

　b．政府は，各被用者年金保険者に対し調整交付金を交付

　c．調整交付金の財源に充てるため，各被用者年金保険者は，その標準報酬総額に応じて，政府に対し調整拠出金を拠出

　d．制度は1992年度までの間に見直し

・1997年の厚年への統合に当たり，統合後の期間は厚年の被保険者として厚年制度全体で財政運営することになった。これに対して，統合前の期間については，給付（債務）確定部分は必要な額の積立金の厚年への移管と公経済負担で対応できるが，物価スライド・再評価部分（世代間扶養部分）は債務が未確定であるため，各制度からの厚年へ拠出を行う仕組みが導入された。この支援措置の負担は，旧JR・JTの共済加入者が厚年保険料への上乗せのほか，被用者年金制度全体で公平に負担する分がある。

I 社会法の基本理念

この他年金の関係では，国家公務員共済と地方公務員共済との間で長期給付に関する財政調整が存在している。

7 財政調整等の現状

以上の各制度の財政調整等をみる限り，被用者保険にあって制度間の所得調整（標準報酬）がみられるものの，調整が地域保険に跨る場合には，頭数調整のみが実施されている。また，地域保険のみの調整の場合には，公費の傾斜配分による所得調整が調整交付金等の仕組みを通じて実現している。

このような財政調整等の現状をまとめると，次の図のようになる。

財政調整等の現状

	地域保険（被用者保険以外）	被用者保険
頭数調整	基礎年金拠出金	
	介護保険第2号被保険者に係る医療保険者納付金	
	旧・老人保健制度の老人保健拠出金	
	前期高齢者医療の財政調整	
	後期高齢者医療の後期高齢者支援金	
所得調整	後期高齢者医療の調整交付金	＊被用者保険内で1/3を総報酬で按分
	後期高齢者医療の保険料軽減分の公費補填	
	国保の調整交付金	退職者医療の被用者保険拠出金
	国保の保険基盤安定制度	
	介護保険の調整交付金	旧・被用者年金制度間調整事業

5 財政調整等の基本原理

1 財政調整等を通じた連帯の実現

財政調整等については，給付と負担それぞれの調整の限界が問題となる。このことは，財政調整等の本質である連帯と各制度・保険者の自己責任（自助努

力）との境界なり限界点をどう画するかの問題に置き換えることができる。

　自然人であれば，自己の責によらない事由で責任を問われないのが原則であるが，制度や保険者の場合も然りである。いくら財政調整等が平等原則の実現に関連するとはいえ，各制度・保険者に帰責事由のない格差についてまで責任を問うことは困難であろう。そこで，財政調整等は保険者の責に帰することができない要因を調整する考え方に立つなら，調整すべき要素は，典型的には以下の事由となる。

　①負担面……被保険者の所得水準の差（例えば，低所得者の割合）
　②給付面……加入者の属性の差（例えば，年齢構成，性別，被扶養者数，有病率・疾病構造，寿命）[20]

　ここでは医療保険を例にとり，年齢構成及び財政力の格差を完全調整することで同一所得・同一保険料を実現するとした場合（年齢構成以外の事由による医療費格差は存在しないと仮定），各保険者の拠出金（−の場合）又は交付金（＋の場合）は，次のとおりとなる。

　　Σ（全国平均の年齢階級別医療費×当該保険者の年齢階級別受給権者数）
　　　　−Σ（全国の総医療費／全国の総所得×当該保険者の各被保険者の所得）

　これに対して，仮に年齢構成の格差のみを調整する（年齢構成の歪みを補正した基準医療費で算定する）としたら，各保険者の拠出金・交付金は次のとおりとなる。

　　Σ（全国平均の年齢階級別医療費×当該保険者の年齢階級別受給権者数）
　　　　−（全国平均の医療費×当該保険者の受給権者数）

　前述の各制度を見る限り，完全調整には至ってはおらず，不完全（部分）調整に止まるのが現実である。とはいえ，そこには財政調整を基礎付ける何らかの原理・原則がある可能性がある。以下，その点について検討を加える。

2　財政調整を領導する原理

　各制度の財政調整等の現実を踏まえると，調整を領導する原理として，次の

点が挙げられる。ただし、現実の制度は多様であり、常にこれらの原理が貫徹するわけではないことには留意する必要があろう。

①無帰責性

財政調整等は、各制度・保険者の無帰責性（責によらない給付増等）に着目した調整に限定される。例えば、国保の調整交付金の場合、一部負担金の軽減等の地方単独事業による給付への波及増分のカット措置がとられる。また、かつての被用者年金制度間調整法の場合には、調整対象を厚年並の水準の給付等に限定されていた。このような考え方は、要は各制度・保険者の責に起因する給付費増まで他の制度・保険者が負担する所以はないということである。

②比例性

財政調整等は、給付費の増嵩要素のような極端な部分を除いた最大公約数的な調整に止まる。例えば、前期高齢者医療の財政調整の場合、著しく高い給付費部分は調整の対象外とし、保険者自らが負担する。その一方、前期高齢者加入率が著しく低い保険者については、前期高齢者加入率の下限を設け過大な負担を抑制している。また、国保の調整交付金の場合には、調整対象需要額から基準を上回る著しく高い給付費部分（安定化計画の対象となる基準超過費用額）を控除した上で算定している。このような最大公約数的な調整は、制度間・保険者間の連帯にも一定の限界があることを示唆する。年金の場合も、かつての被用者年金の制度間調整事業にあっては、各老齢・退職年金制度の共通給付部分を仮想的に設定した上で調整交付金が算定されていた。

③部分性

財政調整等は、完全な調整に至らない程度の不完全な部分的な調整に止まる。例えば、老健法の施行当初、拠出金の加入者按分率50％とされており、残り50％は各制度の老人加入者に係る費用をそれぞれが負担していた。また、前述の被用者年金調整事業の場合には、調整の効果を緊急度・必要度の高い制度に集中的・効率的に働かせるため、緊急度が高いとはいえない保険者について調整交付金を減額する調整措置等が設けられていたが、その裏腹で出し側の保険者の調整拠出金が減額されることから、これもある意味での調整の部分性を意味する[21]。なお、前記の比例性が調整範囲の問題であるのに対して、この部分性は

調整の程度の問題であり，両者相俟って財政調整等の限界を画することになる。

④段階性

財政調整等に当たっては，一挙ではなく段階的な実施による調整が多用される。例えば，老健制度の施行当初50％であった加入者按分率の引上げは段階的に100％まで引き上げられた。また，協会健保の都道府県単位保険料率への移行に当たり，保険料率の大幅な上昇を回避するため，従前の政管健保の保険料率との差が一定の基準を超える場合に，当該超過分の一部（調整幅）を5年間に限り保険者全体で負担する激変緩和措置が実施された。このような対応は，各制度の既得権を尊重するための経過措置的な性格を有すると理解することができる。

3 財政調整等の限界

前述の財政調整等を領導する4つの原理は，ある意味で財政調整等に関する限界を画する。しかし，財政調整等の量的な限界を画する規範という点では，十分でないかもしれない。言い換えれば，それは，連帯に根差した財政調整等も無限定に行いうるかという原理的な問題である[22]。

この問題の検討に当たっては，まず財政調整等が一種のゼロサムゲームであることを認識する必要がある。つまり，財政調整等なかりせば，特定の制度や保険者の負担が増大するのに対し，財政調整等の実施により，今度は別の制度や保険者に負担が転嫁され，その負担が増大する点では，財政調整等は常に貰い側と出し側の負担の均衡が前提となる制度である。従って，財政調整等の問題は，必然的に貰い側と出し側という当事者関係における権利・義務関係に関わることになる。

ここでは，紙幅の関係で財産権を採り上げて検討する。まず，財政調整等は当然ながら出し側の財産権侵害の問題を惹起するが，それがなければ，今度は貰い側の負担能力を超える負担を誘発し，この面でも財産権の問題を惹起することになる[23]。その点では，財政調整等は貰い側と出し側の財産権の均衡が図られる限りにおいて是認されることになる。

より具体的に考えてみると，財産権は公共の福祉による制約に服することか

59

ら，出し側から見た場合，貰い側の保険料負担等を財政調整等により抑制することの方が出し側の財産権の保護より公益性が強いことが求められることになる。その場合の考え方は，前述の受益性と連帯に関する議論を踏まえると，大きく2種類に分かれる。

　第一は，利己的な動機としての受益性である。すなわち，拠出金等の負担により出し側にとっても，何らかの受益が発生する場合には拠出が是認されることになる。典型的には，老健拠出金や基礎年金拠出金であり，この場合には，当該拠出により制度加入者への給付が老人医療や基礎年金によって代替される点で拠出側の受益性は比較的明確である。[24)]

　第二は，利他的な動機としての連帯である。すなわち，国民連帯や世代間連帯に基づき拠出金の負担を求めるものであって，出し側にとって理念的な受益がないわけでもないとしても，その点よりも連帯に直接的な根拠を求めることが適当な拠出金等である。具体的には，世代間連帯に根差した後期高齢者医療の支援金や，被用者における世代間連帯に根差した退職者医療のような制度である。なお，これらの制度の場合には，出し側の制度と貰い側の制度は一応切断されており直接的な受益性は乏しい。

　いずれにせよ，財政調整等の憲法29条2項適合性（公共の福祉による財産権の制約）を考える場合には，広範な立法裁量による壁が存在する。もちろん，立法府の合理的な裁量を逸脱するような財産権侵害が拠出金等により発生すれば格別，そうでない限りは受益性や連帯の有無に関しては，憲法解釈上の限界を見出すことは難しいであろう。

　それだけに，実際の財政調整等を画する原理としては，前記の公平性，比例性，部分性及び段階性が実際上の意味を持つことになると考える。

6　社会保障における連帯の諸相

1　財政調整等の本質

　社会保険における財政調整等の評価は，社会保険が一定の保険集団を前提とし（集団性），保険料設定を始めとして集団内部での当事者自治が一定範囲で尊

重される（自律性）ことと密接に関係する。仮に保険者の集団性・自律性を尊重するならば，財政調整等は限定的となるのも是認されるであろう。もちろん極端な保険料等の格差が発生するならば，それは生存権，平等権等の憲法規範との抵触の問題を惹起する可能性があり，保険者の集団性・自律性にも限界があるであろう。

財政調整等をより根源的に考えてみると，そこには保険集団の拠り所である連帯が有する排他性の問題が潜んでいることに気付く。すなわち，連帯は一定の集団を前提とする概念であることから，その集団から外れる部外者との関係では排他的となる可能性がある。この連帯の排他性を緩和し，他の保険集団との間での連帯を強化するのが財政調整等の仕組みということになる。換言すれば，当事者自治による連帯と財政調整等による連帯の関係を巡って議論が展開することになる。

このように捉えるとき，財政調整等は，社会保険の集団性・自律性と排他性との調整の問題に帰着することになる。そして，調整のための規範が前述の無帰責性，比例性，部分性及び段階性であることになる。

2 まとめ

本稿では，社会保障財政を社会保障法の柱として捉え，特にその中でも財政調整等に焦点を当てて論じた。また，検討に当たっては，連帯を給付と負担を貫く鍵概念として位置付け，財政調整等も連帯から導出される規範の存在を抽出することに努めた。

このような意図が十分達成されているか疑問なしとしないが，社会保障財政に関する法学的考察に些かでも貢献することができるのであればと願い，敢えて拙文を認めた次第である

1) 社会保障において，給付の背後には必ず負担が存在している。保険料と給付の牽連性から負担が明確に意識される社会保険のみならず，社会扶助の場合にも，給付の背後には財政を媒介とした税負担が存在している。
2) 拙著『フランス社会保障法の権利構造』（信山社，2010年）151頁。
3) 河野正輝「社会保険の概念」河野正輝他編『社会保険改革の法理と将来像』（法律文

I　社会法の基本理念

化社，2010年）3頁。
4）　河野・前掲注（2）7-13頁では，社会保険における「社会性」の観点から国庫負担の投入・拡大による保険原理の修正等を説明している。
5）　具体的には，1995年の7人委員会，1962年の社会保障審議会勧告（社会保障制度の総合調整に関する勧告），1969年の国民保険制度改革要綱試案，1972年の厚生省による医療保険各法改正案。
6）　山崎泰彦「医療保険制度改革に関する覚書」三田商学研究，第46巻第3号45頁（2003年）は，一元化の方法として制度の統合一本化と制度分立を前提にした財政調整の2種類に分類。完全財政調整であれば一元化といえるが，不完全調整の場合には同一給付・同一負担ではないことから，一元化に関連する制度として3分類とした。
7）　碓井光明氏は，保険者間の財政調整制度を①垂直的調整（政府が財政力の調整のために，財政力の弱い保険者に対して一定の基準に基づいて資金を交付する方式）と②制度間調整（同一の目的により複数の保険制度が設けられている場合に，その制度間の調整を行う方式）に分類している（『社会保障財政法講義』（信山社，2009年）73頁）。また，堀勝洋氏は，「財政調整は，高齢者に支給する給付の費用を各保険者が共同で負担するというものが多く，拠出金・交付金のやり取りの形で負担の公平を図っている」と述べており，財政調整の中に基礎年金や老健制度のような拠出金制度を含めている（『社会保障法総論［第2版］』（東京大学出版会，2004年）305頁）。同様に，西村健一郎氏も，財政調整を「社会保障が対象とするリスクに関して財政的に独立した複数の運営主体の間に存在する財政格差を調整する仕組み」と定義した上で，老健拠出金及び基礎年金拠出金を財政調整に包含している（『社会保障法』（有斐閣，2003年）145-147頁）。これに対して江口隆裕氏は，「制度の基本的枠組みはそのままに，分立した制度間の負担の公平を図るため，制度間で保険料財源の調整を図ろうとするもの」を制度間調整と定義し，その中に老健制度（二重加入方式），退職者医療制度（形式と実質の乖離），基礎年金制度（制度の一元化による制度間調整），被用者年金制度間調整（純粋な制度間調整）を含めている（「社会保障の財政」日本社会保障法学会編『講座社会保障法第1巻　21世紀の社会保障』（法律文化社，2001年）157-161頁）。
8）　実際，財政調整等の本質が連帯にあることは，様々な形で指摘されてきている。例えば，
　a．「後期高齢者支援金は後期高齢者の医療費について国民全体で公平に負担すべきという『社会連帯』の理念の下に，国保及び被用者保険の保険者が法律の規定に基づき負担する負担金と位置づけられる。」（栄畑潤『医療保険の構造改革』（法研，2007年）127-128頁）
　b．「老人保健事業への参加もその（制度全体の不公正の是正＝筆者注）ひとつであり，ここでも保険者レベルでの『連帯』とこれに基づいた相互扶助が期待される。」（倉田聡『社会保険の構造分析』（北海道大学出版会，2009年）277頁）／「現行の老人保健制度は，

被保険者の『連帯』とい点からも保険者間の『連帯』という点からも大きな問題を抱えているといわざるを得ない。」（同278頁）
9) 受益性を重視するのは，例えば堤修三『社会保障の構造転換』（社会保険研究所，2004年）179-193頁。なお，1981年10月22日の衆・社会労働委員会で吉原政府委員は，老健拠出金を「保険料に近い性格を持った賦課金」と答弁している。
10) 良永彌太郎「費用負担と財政」河野正輝他編『社会保障改革の法理と将来像』（法律文化社，2010年5月）130頁，137頁。
11) J.-L. Matt, *La sécurité sociale : organisation et financement*, LGDJ, 2001, p. 147.
12) このほか，特定制度のみを対象とした付加的財政調整（surcompensation）があるが，将来に向けて廃止予定である。
13) Rapport d'information fait au nom de la mission d'évaluation et de contrôle de la sécurité sociale (Mecss) de la commission des affaires sociales sur les mécanismes de compensation démographique vieillesse par MM Claude DOMEIZEL et Dominique LECLERC, No 131, Sénat, Session ordinaire de 2006-2007.
14) 「小沢・橋本両構想の利害，得失を検討の上，両者の要素を採り入れた別建て・保険者拠出方式による第三の道を探るしかないのではないかとの判断があった」（渡邉芳樹「老人保健　法制定の立法過程」北大法学論集42巻（1992年）4号217頁（1175頁））。「しかも金があるからよこせという考え方ではなく，あくまで老人加入率に基づく方法であるので，財政調整ではないという説明となった」（同225頁（1183頁））。
15) 良永・前掲注（10）138頁は，「保険団体が負担する医療費拠出金制度は保険者間財政調整制度としての性格を有していた」と評価している。
16) 後期高齢者支援金の性格に関しては，諸説が存在する。例えば，良永氏前掲注10）は，「支援金は，後期高齢者医療の被保険者資格をもたない現役就業等が加入する保険団体からいわば一方的に支払われるという点で，老人保健上の老人医療における拠出金と明確に区分される」（129頁）とも，「現役世代が加入する医療保険団体からの片面的負担であり，社会保険の構造からすればかなり異質の制度ということになる」（138頁）とも述べている。
17) 基礎年金拠出金が財政調整でないことを吉原政府委員は1986年3月20日の衆議院・社会労働委員会での国会答弁で次のように述べている。
　「財政調整というお話でございましたけれども，私どもの考え方はそうじゃございませんで，年金の基礎的部分，基礎年金部分について各制度が公平に負担をしていこう，そのために一定の基準でもって拠出金を出していただくということで，結果として，先ほどお話申し上げましたような，制度によって出入りの差はございますけれども，あくまでも一定の基準で各制度が公平に負担をして年金制度全体を安定したものにしていこう，こういうことでございます。」
18) 社会保険庁運営部年金管理課『国民年金三十年のあゆみ』（ぎょうせい，1990年）285

Ⅰ　社会法の基本理念

頁。なお，基礎年金の給付費は20.5兆円に対して，各制度の拠出金の単価は13,969円（2009年度）となっている。この結果，各制度の拠出金は，国年3.7兆円，厚年14.8兆円，国共済0.5兆円，地共済1.3兆円，私学共済0.2兆円である。

19)　足利聖治「国民年金法等の一部改正及び被用者年金制度間の費用負担調整法」法律のひろば（43巻3号）36-42頁。

20)　医師誘発需要等を考慮すると，医療提供体制や受療行動の扱いが問題となる。後期高齢者医療制度においては，特定検診等の実施状況や目標の達成状況を勘案して±10％後期高齢者交付金が増減することが予定されている（平成25年度〜）。

21)　厚生省年金局年金課他監修『厚生年金保険法解説』（法研，1996年）1049-1051頁。

22)　財政調整等に関する論点としては，各種拠出金等の対価性（牽連性）の有無から派生する租税法律主義の適用の問題がある（江口隆裕「社会保障における給付と負担の関連性」国立社会保障・人口問題研究所編『社会保障財源の制度分析』（東京大学出版会，2009年）120-131頁参照）。確かに各種拠出金等の租税的性格が強まれば租税法律主義適用の問題が発生するが，逆に租税法律主義に則れば各種拠出金等が無限定に是認されるかといえば，そうではなかろう。そこで，本稿では，手続き法的な意味での租税法律主義の問題はひとまず横に置くこととし，各種拠出金の実体法的な限界に焦点を当てる。

23)　良永・前掲注(10) 135頁は，「必要な財源を被保険者の保険料のみによって賄うとすれば，それは被保険者の負担能力を超えた負担をしかも強制的に課することになり，それは財産権と生存権の侵害行為となり得る」と述べている。この財産権及び生存権の観点からの議論は，保険料のみならず拠出金や目的税化された税負担にも当てはまるであろう。

24)　受益性を追求すると，老健拠出金の法案審議で議論を呼んだ拠出金増大の限界に関する青天井論の問題に行き着く（例えば，1981年10月22日の衆・社会労働委員会，1982年4月20日の参・社会労働委員会）。受益性を厳格に追求するならば，後期高齢者医療支援金や退職者医療の拠出金の場合には，自らの制度との関連性が切断された別制度への拠出であることから，財産権侵害を是認するほどの受益が見出しがたいことになる。これに対して，受益をこのような保険内という狭い意味で理解するのでなければ，何れの拠出金も公共の福祉に適合するということになる（堀勝洋『社会保障・社会福祉の原理・法・政策』（ミネルヴァ書房，2009年）196-197頁参照）。

福祉サービス給付と所得保障給付との制度間調整
――障害のある児童に着目して――

平部　康子

1　はじめに

　わが国では，障害のある児童[1]に関する社会保障法上の給付として，福祉サービス給付と所得保障給付を用意している。所得保障には，年金・公的扶助・社会手当といった形式があり，児童の障害を直接の理由とする給付を設けることによって，あるいは他の目的で支給される給付に特別の加算をすることによって，障害のある児童がいる世帯の生活水準の維持を図る。一方，福祉サービスは，児童本人を対象とした日常生活上の障害の除去または軽減を目的とする給付である。その形式は従来措置による現物給付であったが，社会福祉基礎構造改革を経て，金銭給付が中心となっている。加えて，その目的についても，所得保障が恒常的に必要となる前に，就労や日常生活の自立を支援する積極的な役割が重視されるようになっている。
　両制度はそれぞれに独自性があるとはいえ，近接する役割や他制度への補完的機能も多く見られる。しかし，福祉サービス制度が急速に展開したために，従来から設けられていた所得保障制度との間で整合性を検討すべき事項も増えている[2]。例えば，所得保障給付の所得制限の基準や福祉サービス給付の費用負担について，児童の養育に対する私的責任と公的責任の範囲について共通した理念やそれに基づく役割分担があるのだろうか。また，同一の事由で，あるい

は複数の事由で受給権者が両給付をうけられるときに，いずれかの給付の支給を停止したり額を減額したりすることにより重複を防ぐ支給調整は，共通の目的に沿って効果的に設けられているのだろうか。[3]

　児童福祉法は，児童に関わるすべての法の原理として，障害の有無にかかわらずすべての児童が心身ともに健やかに育成されるよう，児童に関わる国民に求め（児童福祉法1条1項，2条），児童の権利として「ひとしくその生活を保障され，愛護される」（児童福祉法1条2項）ことを確認している。ただし，行政解釈では，児童の権利に関する規定は，憲法25条の一態様としてプログラム的に規定したものであり，この請求のためには，個々の事項につき具体的な法令の定めが必要であるとしている。[4] 児童育成の責任は，保護者とともに，国および地方公共団体も負う（児童福祉法2条）と定められているが，この責任の分担については，第一義的には民法で親権を行うことが定められている父母などの保護者にあり，保護者がその責任を果たすことができないとき，国や地方公共団体が保護者を援助し，そのような活動でもうまくいかないとき保護者に代わって国や地方公共団体が児童の保護にあたることとされている。[5] したがって，助産施設および母子寮への入所といったごく限られた給付を除き，福祉サービス給付の対象は児童であり，児童の養育者が給付の直接の対象者とはなっていなかった。しかし，2005年の児童福祉法改正で，子育て支援事業の実施が市町村の努力義務として定められた（児童福祉法21条の8，21条の9）。児童福祉法で定める子育て支援事業は，事業かつ努力義務という形式をとるため，対象者にとっては権利といえるものではないが，養育者への直接的支援という新たなニーズが認められたことを示しているといえよう。

　本稿では，制度間調整の理念および具体的な方法について検討したい。そのため，障害のある児童に対する社会保障制度の展開およびその基本理念について国内外の基準を検討した後，「障害」という要保障事由の中でも，個別制度はどの部分に着目し給付要件を設けているのか，またどのような方法で他制度との調整を行っているのかを考察する。

2 障害のある児童のニーズと権利

現在，わが国では約22.3万人の身体・知的障害児（18歳以上）および16.4万人の20歳未満の精神障害者がいる。そのうち，95.6%が在宅で生活している[6]。障害のある児童は，保護者の下で人格の基盤をつくる発達期を過ごし，その前提たる経済的環境や諸条件の設定については，本人の選択もさることながら，現実には保護者が大きく関わっている。この点で，障害のある児童は，「児童」として健全に発達できるよう支援が必要であり，それに加えて「障害という特別なニーズ」があることから，主体となる児童自身とともに，児童を養育する者にもそれに対応する援助が必要となる。従来の社会保障法体系の枠組みでは，主体としての児童自身に対する支援として社会福祉サービスを，児童を養育する者に対する支援として所得保障給付を行ってきた。加えて，近年では，子育て支援という観点から，養育する者に対する福祉サービスも拡充されてきている[7]。

わが国では，2004年に障害者基本法が改正され，国や地方公共団体の責務として「権利の擁護」，「差別の防止」，「障害者の自立及び社会参加」（4条）が挙げられ，国際的に推進されている人権アプローチの理念を障害者・児施策の方針とすることには合致をみている。しかし，新たな理念が既存の立法および施策に浸透するためには，なお根本的な見直しが必要であろう。障害者自立支援法が当初予定していた施行後3年の見直しの中には，「障害児支援」が検討項目として明記されている。これに対応して2008年には社会保障審議会の下に設置された検討会が障害児支援に関して新たな提言を示した[8]。この中では，①子どもの将来の自立に向けた発達支援，②子どものライフステージに応じた一貫した支援，③家族を含めたトータルな支援，④できるだけ子ども・家族にとって身近な地域における支援，が基本的な視点となっており，前述した国際条約の要請に沿うものとなっている。ただし，報告書の具体的提案は，障害者自立支援法および児童福祉法の改正を念頭に福祉サービスを中心にしたものであり，障害児のいる家族への経済的負担についてはサービスの利用料の軽減より

I 社会法の基本理念

踏み込んだ提案はなされていない。

国際的には,「子どもの権利条約[9]」が,児童としての権利を実現するために,特に障害のある児童に対しどのような権利を認めるべきか言及している。まず,第2条で「差別禁止」を定めているが,禁止される差別の理由の中に「心身の障害」を明示している。さらに23条では,障害のある児童が尊厳を確保し,自立を促進し及び社会への積極的な参加を容易にする条件の下で十分かつ相応な生活を享受すること(1項),障害のある児童対して特別の養護についての権利があること,これにもとづいて児童および父母など児童を養護する者に,利用可能で事情に適した援助が与えられるよう促し確保すること(2項),前項の援助は,父母・養護者の資力を考慮して可能な限り無償で与えられること,障害を有する児童が可能な限り社会への統合及び個人の発達を達成することに資する方法で必要な治療・リハビリや教育訓練が行われること(3項)が定められている。

障害者権利条約[10]は,年齢にかかわらず障害のある人の基本的人権の保護について定めるものであるが,この中には障害のある児童に関し特別に項目を設けている部分もある。まず,一般原則として「障害のある児童の発達しつつある能力を尊重し,及び障害のある児童がその同一性を保持する権利を尊重すること」(3条(h)),他のこどもとの平等を基礎とし全ての人権と基本的自由を享受することを確保すること(7条)が定められている。障害のある児童に対して特別の枠組みを設けているのは,「家庭および家族の尊重」(23条)の項目であり,基本的には障害のない者と平等の権利があるとしながら,この権利を実現することおよび家庭内の虐待防止のために,障害のある児童および家族に包括的な情報・サービス・支援を行うとし(同3項),児童は,自分に障害があることまたは父母に障害があることを理由に父母から分離されないこと(同4項),家族が障害のある児童を監護できない場合,より広い範囲での家族,それが不可能な場合地域社会での家庭的な代替的監護を提供する努力を求めること(同5項)が定められている。

これらの条約は,具体的な社会保障給付の内容や水準を定めているわけではない。しかし,以下の要請を見出すことができるだろう。第1に,児童への援

助を行う社会保障の給付は，障害のある児童の尊厳，発達，自立，社会への積極的な参加を促進することを目的とすること。第2に，給付の方法について，援助は家族の統合を促進する条件のもとにあること，また，本人だけでなく，養護者の事情を考慮したものであること，家族の統合の促進は障害児の尊厳・自立を妨げてはならないこと，第3に，援助の負担について，援助は家族の資力を考慮し，利用可能な条件のもとにあること，である。わが国の障害のある児童にかかる福祉サービスおよび所得保障もこの要請を踏まえて構築される必要がある。[11]

国連の子どもの権利委員会は，日本政府が条約の履行状況を報告する報告書に対して「最終見解」を提示し，あわせて勧告を行っている[12]。この中では，障害のある児童についてなお差別が深く根付いており，必要な便宜や設備がないために障害児の教育へのアクセスが制約されている現状を指摘している。その上で，生活の質の向上や社会への参加・包摂のために「地域に社会を基盤とするサービスを提供すること」を日本に求めている。

3 障害のある児童に対応する給付

障害のある児童のために行われる所得保障および福祉サービス給付には，様々な形式がある。まず，所得保障では，児童の障害にかかる費用の補填を直接の目的として行われる給付と，他の目的で行われる給付に障害のある児童のための費用が考慮されるものとがある。同様に，福祉サービス給付でも，障害のある児童のみを対象とした給付と，一般の児童福祉サービスに障害のある児童が利用できるよう特別の措置を設けたものとがある。

また，給付の名宛人および給付制限等の考慮範囲は，その制度により異なる扱いがみられる。以下，それぞれの制度の特徴を確認する。

1 特別児童扶養手当

特別児童扶養手当は「特別児童扶養手当等の支給に関する法律」にもとづき，障害を有する児童の「福祉の増進」を図ることを目的とする給付である（特別

児童扶養手当法1条)。ただし、本法が促進するのは特定の形の「福祉の増進」である。本法のもとになる昭和39年「重度精神薄弱児扶養手当法」制定時には、知的障害児への福祉は、施設対策および児童相談所による指導が先行していた。このため、旧法は、家庭にあって介護されている知的障害児を対象とした在宅対策強化の一環として設けられた[13]。この目的のため、給付の対象者は、「障害児の父もしくは母がその障害児を監護するときは父もしくは母、父母以外の者が障害児を養育するときはその養育者」(特別児童扶養手当法3条1項)となっている。児童が福祉施設に入所しているときは、父母の監護または養育者の養育は行われていないとみなされ手当は支給されない。

「特別児童扶養手当等の支給に関する法律」でいう障害児とは、20歳未満であって法に定める障害の状態(国民年金法1級及び2級に相当する)にある者である。20歳という区切りは、昭和34年に制定された国民年金法上に20歳以上の障害者を対象とする無拠出制の障害福祉年金制度が創設されたが、20歳未満の障害児にも社会保障給付を用意し、両者の均衡を図るねらいがあったからである。障害の範囲については、制定当初は手当の支給対象とされたのは重度の知的障害児のみであったが、昭和41年には重度知的障害児と同様の状態にある「身体に重度の障害を有する児童(国民年金法1級、身体障害者福祉法の1級および2級に相当)」が支給対象に加えられた。さらに、昭和47年には、内部障害、精神障害、精神障害および身体障害との併合障害を有する児童が支給対象に加えられ、程度が重度であることを条件に障害の種類が広げられ、さらに昭和50年には国民年金2級に相当する障害まで拡大されている。

特別児童扶養手当の額は、障害の程度により異なり、児童一人あたり1級で月額50,550円、2級で月額33,670円(2011年4月)となっている[14]。年金への加算や児童扶養手当と異なり、対象児童が複数人いる場合に第二子以降の手当額に差を設けていない。これは、手当に介護料としての性格を認めていたためである[15]。

特別児童扶養手当は、制度発足以降公的年金との併給が認められていなかったが、昭和48年の法改正により、公的年金と併給が可能となった。ただし、障害児が障害を事由とする年金給付を受けることができるときは、手当を支給し

ない（特別児童扶養手当法3条3項第2号）。児童扶養手当，児童手当，福祉手当とも併給される。

特別児童扶養手当には，所得制限が設けられている。制度発足時，その理由は「所得の高い者に対してまで手当を支給する必要性は乏しいと考えられる」と説明されている[16]。所得制限の額，方法等は児童扶養手当制度にならっている。

2 障害児福祉手当

障害児福祉手当は，特別児童扶養手当等に関する法律にもとづき，特に重度の障害によって生じる特別の負担の一助として設けられた。もともとは昭和49年に設けられた重度知的障害と重度身体障害の重複者の監護者等に対する「特別福祉手当」から派生したもので，翌年に「福祉手当」として重複障害以外にも範囲を拡大して設けられた制度が，昭和60年の基礎年金の創設に伴い，20歳未満の障害児に対する「障害児福祉手当」および20歳以上の障害者に対する「特別障害者手当」に分かれた。特別児童扶養手当あるいは障害福祉年金に加えて「福祉手当」が設けられた背景には，既存の在宅サービスでは，在宅の重度障害者に対する支援が不十分であるとの認識があり，これらの者への福祉の措置の一環として開始した[17]。

障害児福祉手当の対象者は，20歳未満であって，法が定める程度の障害の状態にあるため，日常生活上において常時の介護を必要とする程度の状態にある在宅の障害者である。特別児童扶養手当と異なり，本人が受給資格者となる[18]。

障害児福祉手当の額は，児童1人につき14,380円（2011年4月）である。受給資格者が，障害を支給事由とする年金給付を受けるときは，手当を支給しない（特別児童扶養手当法17条第1号）。障害を事由とする公的給付であっても特別児童扶養手当とは併給される。

障害児福祉手当は，その前身の福祉手当の時から，全額が公費で賄われる福祉施策であり，特別児童扶養手当，障害福祉年金その他関連諸制度においても所得制限が設けられていることを考慮し，所得制限が設けられている[19]。ただし，障害児福祉手当の受給資格者は児童本人であって，父母等ではないため，所得制限額も特別児童扶養手当と一致していない。

3　年金給付における障害児の扱い

一定の障害がある児童が20歳に達すると，自分自身が国民年金法による障害基礎年金の受給者となるほか，さらに事前の拠出や障害の理由によっては，厚生年金や労働者災害補償保険給付を受給することができる。しかし，未成年である限り，本人の障害を事由とする給付は，特別児童扶養手当および障害児福祉手当しかない。

一方，障害のある児童を扶養する家族が公的年金を受給している場合，扶養にかかる負担を考慮した措置が設けられている。障害基礎年金および遺族基礎年金の受給者は，扶養する児童をもつ場合，その数に応じた加算がある。遺族基礎年金は，生計維持者の死亡のために所得が喪失あるいは減少しても，就労が困難な母子世帯あるいは児童に対して一定の所得を保障するものであるので，「子」に着目し，その費用を考慮することが給付の目的と一致する。しかし，老齢基礎年金および遺族基礎年金の前身であった昭和34年の国民年金法上の「老齢年金」や「障害年金」には，子の加算は設けられていなかった[20]。このうち障害基礎年金には，基礎年金の制度改正が行われた1986年になってから子の加算が創設された[21]。

加算の額については児童の障害の有無による違いはない。しかし，加算の対象とある子の年齢については，障害の有無による違いがあり，通常18歳未満までが加算の対象となるところ，児童が国民年金法の障害等級1級または2級の障害の状態にある場合は，20歳未満までが加算の対象となる（国民年金法33条，33条の2，38条～39条の2）。厚生年金給付は，老齢・障害・遺族年金すべてに，子の加算が設けられている[22]。子の障害の有無は加算額に影響せず，加算対象となる児童の年齢に関して子の障害による延長が行われている点は，国民年金（障害基礎年金および遺族基礎年金）と同様である。

4　生活保護給付における障害児の扱い

生活保護の給付は，要保護者の年齢，性別，世帯構成など必要な事情を考慮して設定された基準にもとづいて行われ，「必要な事情」がある場合，各扶助に特別の基準や加算を設けられる（生活保護法8条）。生活保護制度が設けられ

た当初，人工栄養をとる乳児，妊婦，在宅結核患者と並んで障害者の介護者は，一般生活費に特別の加算が必要な者として基準に上げられていたが，障害者あるいは障害児自身は挙げられていなかったので，一般には特別の必要があるカテゴリーと捉えられていなかったことになろう。現在では，各扶助において障害による特別の加算が認められている。まず，生活扶助において，世帯員に障害がある場合，基準生活費に「障害者加算」が加えられる。[23] 年齢にかかわらず，障害の程度によって額が異なり（2区分），さらに日常生活において常時の介護を必要とする重度障害に対しては，さらに上乗せがある。障害児が児童福祉法または障害者自立支援法による福祉サービスを利用した介護ではなく，介護人をつけた場合，障害者加算に家族介護料または他人介護料が算定される。

また，児童の養育にあたる者に対して「児童養育加算」が設けられている。ただし，対象となる児童の年齢については障害の有無に関わらず同じである。[24] また，児童が児童福祉施設に入所している場合は支給されない。

このほか，障害児が学校や特別支援学校等に通学する場合に付添が必要であれば，教育扶助（小・中学校）や生業扶助（高等学校）の交通費に含めることが認められている。[25]

5　障害のある児童に対する福祉サービスとその費用負担

児童福祉法は，障害のある児童に対する措置として，機能障害自体の除去または軽減を目的とした療育・育成医療（児童福祉法19条〜21条の9）と，障害に起因する生活上の支援としての在宅福祉サービスおよび施設入所サービスを定めている。在宅福祉サービス（児童福祉法21条の10）は，療育・育成医療からの一連のプロセスとして位置づけられているが，施設入所サービス（児童福祉法27条1項3号，同条2項）は児童を家庭から引き離して新しい環境に入れるという点で専門的な判断を要することから，「要保護児童の保護措置」の中に位置づけられている。このうち，在宅サービスについては，虐待など契約になじまない事案を除き，2006年の障害者自立支援法に基づき，市町村を実施主体とし，事業者と利用者との契約・応益負担といった枠組みでサービスが提供されることとなった。一方，通所サービスおよび施設入所サービスは，サービスの内容

Ⅰ　社会法の基本理念

表1　障害児に対する福祉サービスの利用者負担上限月額

(2011年4月)

区分	世帯の収入状況		負担上限月額
生活保護	生活保護受給世帯		0円
低所得	市町村民税非課税世帯		0円
一般1	市町村民税課税世帯 (所得割28万円未満)	通所施設，居宅介護利用の場合	4,600円
		入所施設利用の場合	9,300円
一般2	上記以外		37,200円

から障害種別による区分を外すことは困難であると判断され，児童福祉法に残したまま2006年10月より措置から「給付費制度」に改められ[26]，都道府県から利用者が障害児施設給付費の支給決定を受け，利用者は事業者と契約を締結し障害者自立支援制度と同じく原則1割の利用者負担を支払う仕組みとなった。

　障害者自立支援法にもとづいて行われる居宅介護・児童デイサービスの場合，原則は保護者が利用したサービスの費用の1割を負担することとなっている。ただし，保護者の属する世帯の所得に応じて4区分の負担上限額が設定され，これを超えると一月に利用したサービス量にかかわらず費用の負担は求められない（表1）。この負担上限の額および基準は20歳以上の障害者のものと同一のものである。

　児童福祉法の給付費制度によって行われる福祉サービスの利用者負担の体系は，知的障害児通園施設などの通所サービスと，重症心身障害児施設や知的障害児施設などの施設入所サービスでは別の体系となっている。まず，通所サービスの場合，利用したサービスの費用の9割が「障害児施設給付費」として支給される。保護者はサービス費用の1割を負担する必要があるが，障害者自立支援制度と同じ基準で，所得に応じた負担上限額が設定されている（表1）。この上限負担額は，在宅・通所サービスと施設入所サービスで異なり，後者が高く設定されている。また，通所施設を利用する場合，保護者は食費・光熱費を負担しなければならないが，一般の子育て世帯との均衡を図るために保育所の保育料程度の負担水準に抑えることを目的として，所得に応じて通所施設の食費を軽減する措置が設けられている（表2）。

入所施設サービスの場合も，保護者は福祉サービス費用の1割に加え，食費・光熱費・生活費を負担しなければならない。ただし，肢体不自由児施設，重症心身障害児施設など医療（療養を含む）を併せて行う施設の場合は医療および食費・光熱費について，知的障害児施設や盲児・ろうあ児施設など福祉サービスのみを行う施設の場合は食費・光熱費について，所得に応じて補足給付が支給され，保護者の負担が軽減される。補足給付は，子どもを養育する一般世帯との均衡を図ることを目的とし，「家計における平均的な一人当たりの支出額」（所得に応じて2つの額が設定されている）[27]と入所にかかる前費用との差額として算定される。

表2　通所施設の食費の軽減措置
（2011年4月）

所得階層	食　費
低所得	1,540円
一般 1	5,060円
一般 2	14,300円※軽減なし

保育所や放課後児童健全育成事業（放課後児童クラブ）といった一般の児童福祉サービスについては，1974年から職員の配置数を増やし障害児を受け入れる仕組みを設けている。保育所の場合，2006年までは特別扶養手当が支給される重度・中度の障害児4人につき保育士1人の配置とされていたが，2007年からは発達障害児を含め軽度であっても特別な支援が必要な児童であれば国から支給される地方交付税の算定対象となるよう拡充された。障害児に対する職員配置基準は障害の程度に応じ市町村が設定しており，多くの場合障害児3人に対し保育士1人（全体の31.4%）[28]となっている。

4　制度間調整の課題

1　所得保障給付における調整の方法と課題

成人であるか児童であるかの年齢を問わず，障害の重い者ほど生活費用や福祉サービスの自己負担がかかる。これを補う所得保障給付上の措置は，障害基礎年金や障害厚生年金1級の割増措置や，生活保護の生活扶助に障害者加算に認められる。これらは，給付対象者の稼得能力の喪失・減少とその需要を対応させる給付であり，支援への理念が「保護」から「社会への平等な参加支援」や「自立支援」に転換するとき，需要という概念を通じてその内容が給付内容

および水準に反映される。一方、児童の障害を給付要件とする所得保障給付には特別扶養手当および障害児福祉手当があるが、障害により様々な対応を要する児童のための現実の出費は考慮されない。ただし、児童の障害の程度によって給付内容が区分されている点で需要に対する考慮を見ることができる。[29]

加えて、特別児童扶養手当の給付要件には、父母や養育者等が障害児を監護養育し児童福祉施設を利用しないという消極的要件を、障害児福祉手当の給付要件には、児童に重度障害があり児童福祉施設を利用しないという要素を設けることによって、児童福祉施設サービス給付との重複が行われないようにし、児童が家庭で養育されるためのインセンティブを与えている。ただし、父母および養育者等の監護養育という条件については、一定の介護時間を求めるわけでもなく、また就労時間あるいは在宅児童福祉サービスの利用時間などの制約もない。加えて、障害児にかかる福祉サービスの出費の多寡も給付額には影響がない。つまり、家族介護か社会的介護かという在宅介護の方法の選択については中立的であり、社会的介護の利用の「支援」とはなっていないといえよう。

2 福祉サービス保障給付における調整の方法と課題

障害児への福祉サービスは措置制度から契約にもとづく提供方式に移行し、同時に費用負担も扶養義務者の所得に応じた応能負担から利用したサービスの費用に応じた応益負担に変わった。ただし、現行の障害児福祉サービスに採用された応益負担は、受益者負担の考えにもとづく応益負担の原則的な枠組みを、第一に定率負担に対する所得により区別した利用者負担額上限、第二に施設入所にかかる食費光熱費に対する補足給付という方法で大きく修正している。軽減の程度の基準は、地域で障害のない子どもを育てるために通常な必要な費用とされ、例えば通所サービスの利用者負担額上限は保育所利用料と同程度となるよう設定されている。つまり、障害のある児童の福祉サービスの利用は、親が本来行うべき児童の世話を代替するものであり、「利益」は児童だけでなくおよび児童が属する世帯に帰属するととらえていることが分かる。そして、費用負担の面では、福祉サービスを利用した者としていない者との均衡よりも、障害のない児童をもつ親と障害のある児童をもつ親との間の経済的負担の平等

が志向されている。

　しかしながら，障害児福祉サービスの費用負担における「親の間の経済的負担の平等」は，障害児の福祉サービス法制が沿うべき基本理念と合致しないことも多い。例えば，障害児が一般の保育園と療育サービスを併用して利用する場合など，分離・隔離ではなく統合に向けた生活様式を選択するとき，保護者の負担は増大する。また，特に重度障害のある児童が地域生活を送るにあたって，通所施設・特別支援学校の終了後の介護は不可欠となるが，重度障害児に対してこのような機能を果たす児童福祉サービスは量的に不足しているため[30]，保護者の就労は障害をもたない児童のいる世帯より長期にわたって事実上制限され，就労機会に不平等が存在する。

　障害児福祉サービスの特徴を成人障害者と比較する場合，将来の自立および社会参加に向けた発達期における早期療育・支援の重要性が指摘される[31]。この障害児福祉サービスの利用により，本人の生活上の障害が軽減され就労可能性が高まるため，将来の福祉サービス給付および所得保障給付の必要性は減少することになろう。この意味で，障害児福祉サービスは所得保障給付に「優先」されるべきであり，サービスの不足は親への介護手当で補塡されるべきではない。現在まで，児童福祉法は親の子に対する扶養義務を第一義的なものとし，障害児福祉サービスの費用負担のあり方もこの原則を強く打ち出すものであった。しかし，児童の養育に対する私的／公的責任の優先順位は変わらないとしても，児童福祉に包含される他の理念——児童の平等な健全育成——を考えるとき，むしろ積極的な利用を導く負担方式を考えるべきではないだろうか。障害児福祉サービスの場合，福祉サービス給付の支給時に着目するだけでなく，医療や介護給付に見られる予防給付のように，一定期間後に生じる給個人および社会に対する給付の効果も視野にいれる必要があるだろう。

5　おわりに

　以上，障害のある児童への所得保障サービスと福祉サービスの調整について，現行制度の特徴とあるべき方向性を論じてきた。子育て支援という意味では，

Ⅰ　社会法の基本理念

　障害のある児童にかかる所得保障制度は，保護者の休業補償制度，養育にかかる費用を考慮する税法上の制度なども含まれるが，本論では検討の対象とすることができなかった。これらにも，障害のある児童の育成という観点から，個別制度間を越えた調整原則（優先順位づけ）が必要であろう。これらは，今後の検討課題としたい。

1) 障害のある児童の年齢についての定義は制度により異なるが，本稿では所得保障制度と福祉サービス保障の両方が受給可能な者を論じるため，特に断りのない場合は18歳未満とする。
2) 給付別体系論は，保障ニーズの内容・性質とそれに対応すべき保障給付の分析が，諸制度を法的体系に位置づけ批判的検討を行うために必要であると述べている。特に，形成段階にあった社会福祉各法においては，所得保障給付と生活障害保障給付の生存権実現における相互独自性と法理的共通性を具体的に検討することが法理的把握のために重要であると指摘していた。荒木誠之『社会保障の法的構造』（有斐閣，1983年）17頁-20頁，319頁-323頁。さらに，少子高齢化，家族・雇用形態などの社会経済的条件の変化から，従来の伝統的な社会保障法学が用いてきた道具概念（人的適用範囲，保障事由，給付の方法，費用負担，社会保険と社会扶助の峻別）の再検討が必要であると指摘されている。河野正輝『社会福祉法の新展開』（有斐閣，2006年）10頁-25頁。
3) 社会保険給付の併給調整の特質を明らかにしたものとして，岩村正彦『社会保障法Ⅰ』（弘文堂，2001年）93頁-105頁。
4) 厚生省児童家庭局編『改定・児童福祉法，母子及び寡婦福祉法，母子保健法，精神薄弱者福祉法の解説』（時事通信社，1991年）35頁。
5) 同上，38頁。
6) 内閣府『障害者白書　平成22年度版』（日経印刷，2010年）。データは，厚生労働省「身体障害児・者実態調査」（平成18年），「知的障害児（者）基礎調査」（平成17年），「社会福祉施設等調査」（平成17年）等（高齢者関係施設は除く），「患者調査」（平成20年）による。
7) 社会保障法学における「育児支援」の位置づけを検討したものに，山田晋「育児支援の社会保障法学的検討の視角」社会保障法23号（2008年）93頁-99頁，菊池嘉実『社会保障法制の将来構想』（有斐閣，2010年）167頁-170頁，がある。障害のある児童の育児支援について法的な分析を行ったものとして，矢嶋里恵「障がいのある子どもの育児と家族支援」社会保障法23号（2008年）115頁以下。
8) 厚生労働省障害児支援の見直しに関する検討会「障害児支援の見直しに関する検討会報告書」（2008.7）。

9) 同条約では，18歳未満の者を児童としている。1989年に国連で採択され翌年発効し，わが国は1994年に批准した。
10) 2006年に国連で採択され，2008年に発効した。わが国は，2007年に署名をしているが，まだ批准していない。なお，同条約上には「障害のある児童」の年齢に関する定義はない。
11) 児童養育にかかる社会的リスクについて，角田は，児童養育が家計に与える圧迫およびその負担がもたらす児童の成長への不平等に着目し，「生活負担給付」と性格づけている。角田豊『社会保障法の現代的課題』（法律文化社，1977年）15頁。菊池は，この議論が着目した児童の成長発達の観点を重視し，「自由」基底的社会保障法論からは，差異のある個人の基本的潜在能力の発揮に向けた社会的援助の要請が導き出されるとする。菊池嘉実『社会保障法制の将来構想』（有斐閣，2010年）167頁-170頁。
12) 国際連合児童の権利委員会第54会期「条約第44条に基づき締約国から提出された報告の審査　最終見解：日本」CRC/C/JPN/CO/3（2010.6.20）。
13) 金田一郎『児童扶養手当法・特別児童手当法等の支給に関する法律の解釈と運用』（中央法規出版，1980年）159-160頁。
14) 制度創設当時，無拠出の障害福祉年金と同額が設定されていたが，現在では20歳以上の障害者が受け取る障害基礎年金の額（1級・月額換算で82510円，2級・月額換算66000円）とは大きな差が生じている。金田・前掲注（13）162頁。
15) 金田・前掲注（13）162頁。
16) 金田・前掲注（13）162頁。
17) 金田・前掲注（13）161頁。
18) 障害児福祉手当の認定請求は単に権利の認定を受けるためのものであるから，未成年であっても意思能力を有する限り親権者の同意を必要とせず単独でなしうると解釈されている。坂本龍彦『児童扶養手当法・特別児童手当法等の支給に関する法律の解釈と運用』（中央法規出版，1987年）247頁。
19) 坂本・前掲注（18）255頁。
20) 有泉亨・中野徹雄編『全訂社会保障関係法2　国民年金法』（日本評論社，1983年），64頁，96頁。
21) 障害年金加算改善法（2010年4月公布）により，2011年4月からは障害基礎年金の加算の対象となる「子」は，受給権発生前だけでなく，受給権発生後に生計維持関係をもつ「子」にも拡大されることになった。
22) ただし，基礎年金給付に子の加算がある場合は，厚生年金給付に加算はつかない。
23) 生活保護法による保護の基準（昭和38年4月1日厚生省告示158号）別表第1第2章-2。
24) 児童が15歳に達する日以降の3月31日までとされる。
25) 生活保護手帳編集委員会『生活保護手帳2010年度版』（中央法規出版，2010年），218

Ⅰ 社会法の基本理念

　頁，239頁。
26) 給付費制度でも，虐待など契約によりがたい事案は，都道府県（指定市・児童相談所設置市）の措置による入所が行われる。
27) 2011年度は，生活保護・低所得・一般1の世帯で5万円，一般2の世帯で7.9万円とされている。
28) 内閣府『障害者白書　平成22年度版』（2010年）。
29) 児童のための社会手当（child benefits）が一般に出費に応じていない費用補償の給付であることは，他の社会保障給付と比較すると特異的であると指摘されている。ダニー・ピーテルス（河野正輝監訳）『社会保障の基本原則』（法律文化社，2011年）108頁。
30) 障害者自立支援法上に児童デイサービスがあるが，利用時間に制限があり，一部の施設は法の枠外で放課後支援を行っていた。厚生労働省は，平成22年より就学児を対象とした児童デイサービスⅡ型に補助を与えるとともに，社会放課後支援事業を福祉設備補助金の対象とすることで拡充を図ることとしている。
31) 厚生労働省障害児支援の見直しに関する検討会・前掲注（8）4頁，5頁。

ジョン・ロック自然法論の再検討
——リバータリアニズムと現代社会法原理の展望に関連して——

柴 田　滋

1　序

　現代において近代的私的所有権とその行使としての自由な市場活動をたたえる自由主義は，自然法的法原理論に依拠して私的所有権が自由の体現法であると論じるネオ・リベラリズムなどのリバータリアリズムに代表される。その思想は，近年のグローバル市場原理主義政策に対して，自由論および配分的正義論の面からの論拠を与えている反面で，現代社会法と再配分を鋭く批判する内容を含んでいて，社会法分野における規制緩和や民営化路線を推進する主張を含むものである。議論の例としては，ロックの自然法論を踏襲して，現代においても近代的私的所有権法秩序が配分の正義であると主張するノージックの三権限理論や，私的所有権の行使の場における市場機能に人々が身を任せることこそが自由の実現であるとして，人格と私的所有権の保護以外の国家計画は自由を抑圧するものであると主張するハイエクの計画主義批判などが挙げられる。

　他方で，何らかの意味で私的所有権法と市場機能が公正な社会システムとして不十分であるということを前提にして，福祉国家とその社会法の役割を擁護する現代自由主義思想も存在する。その議論は，法の原理を理性人の合理的契約に求める契約主義的アプローチや最大多数の最大幸福に求める功利主義的アプローチに代表されるが，いずれも理想的な配分のパターンを前提にしながら，

その理想であることについての原理論に帰結主義的な弱点を抱えているといえる。

現代自由主義の対立は，根本的には，私的所有権と市民法がはたして自由の体現法であり，配分の正義の秩序であるかどうかをめぐる認識の対立である。それは同時に，社会法に基づく労働者保護や社会保障はどのような正当性根拠に基づくのか，万人平等の自由とどういう関係にあるのかということに関する議論の対立である。

この議論の中で，近年とくにリバータリアンの側から私的所有権と市場原理の正当性を擁護する基礎理論として，ジョン・ロックの自然法論が取り上げられるようになっている。その援用は，たとえば私的所有権取得の根源的権限をロックの自然法的所有論に求めるものであったり，あるいは自然法を認めず法は合理的合意であるという立場に立つ者の側では，私的所有権法が原初的な合意である根拠としてロックの所有権取得の原理を採用するものである。いずれにしても，資本主義的所有権取得の原理を正当化する基礎理論としてロックの所有論を援用するものである点は共通している。

リバータリアンの中でもロックの「但し書き」を援用して，現代私的所有権の制限を主張し，この制限原理をもって社会法の原理とする議論もあるが，私的所有権取得の近代的原理が根源的に正当なものであるとする前提に代わりはない。この論稿は，法の基礎は自由意志であり，法の原理は人間存在の本質に由来する抽象的な法であるとする抽象法論の立場から，ジョン・ロックの自然法的所有論を再検討し，私的所有権取得の近代的原理を再吟味するものであって，その取得原理との関係から社会法のあり方を展望するものである。

2　ジョン・ロックの自然法

1　人格と抽象法

実在の人間にまつわる具体的な性格，能力，欲求，傾向性，その具体的な活動，所有物，地位，役割など，それらすべての特殊なものを捨象して人間の存在性を考えるところに，特殊な偶有性にもかかわらず常に同一でかつ普遍的な

人間存在の抽象的本質が現れる。人間の本質すなわち抽象的な人格概念そのものに含まれるのは，ただ自己の同一を意識している空虚な自己意識としての人格そのものと，その人格が自己とは異なるものとして対立している外部の物件および他の人格に対するその抽象的な外面的関係のみである。空虚な自己意識は何ものにもとらわれない自由な意志であり，外部の物件に対する関係においても自己同一性を実現しようとする。これが人格が物件を「自己のもの」とする抽象的な所有の概念である[1]。人格はこの所有を実現できなければその存在すなわち生命を維持できない。しかも，人格はこの所有を人格の交互作用を媒介として実現しなければならない。

　人間社会の規範である法は，こうした人間の本質的存在性を前提として人格を存立させるものであるから，すべての人格について，その抽象的な所有を実現し，人格相互の同等な類的関係を実現することを本質とする。この法の本質をここではヘーゲルに習って抽象法という[2]。抽象法を論じる次元では，人格の空虚な同一性，人格にとっての差異性としての物件および他の人格に対する関係の三面の抽象的内容のみが問題であって，それ以外のすべての特殊性は問題にされない。したがって抽象法についていえることは，抽象的な所有の性格，対象，形態といった抽象的所有概念の分析によってえられるものと，自由意志相互の自由な類的関係についての抽象的内容に限られる。実在の人間にまつわる特殊な偶有性が所有と類的関係にどのような関係をもつか，またもつべきかといったことは，特殊法としての実定法の次元の問題であって，抽象法の次元では問題にならない。

　抽象的人格そのものは空虚な自己同一の意識であるが，このことは人格が何ものにも拘束されない絶対的な自由を本質とすることを意味し，また，人格が自己の空虚さを埋める特殊な内容を自己の外部から獲得しなければならない存在であることを意味する。すなわち人格は，自己の同一性と差異性の矛盾のうちに存在し，それに耐えて自己と世界の統一を自己のうちに実現する存在である。ヘーゲルはこれを人格の低さであるとともに，「人格の崇高（die Hoheit）」といっているが[3]，ここに人格の尊厳性がある。つまり個人の固有の尊厳は，自己同一性の意識を持つ人間が，あらゆる特殊な状況の中にあっても自己同一性

を保つ存在であるところにあるといえる。個人の尊厳を尊重する精神には，自分は自分であるところの外的なものを所有し，自分でないところのものは所有しない，ましてや他者のものであるところのものを自分のものと僭称はしない，という自己理由，自己所有，自己決定，自己存立などの高尚な精神が含まれている。

2　自然状態と自然法の二義性

　抽象法は，現実の自然と社会の特殊な事情を条件とし，その前提条件の下での人々の交互作用を媒介として具体的な実定法となる。そして，各人の現実的な生活状態は，能力や努力など各人に特殊個人的な条件と実定法の規律内容との輻輳的な作用の帰結として定まるものである。この実定法制定の原理として取り上げられる諸原則をここでは抽象法の特殊法化原理という。このような特殊法化原理は，一方で，人格の物件に対する関係すなわち所有の特殊化原理であり，この原理が他の人格の存在を媒介とする限りでは，所有の平等の原理である。他方で，特殊法化原理は人格相互の類的関係の特殊化原理である。これら二つの特殊化原理それ自体は，抽象法そのものには属さず，また特殊法である実定法は，抽象法をその本質とするものではあるが，抽象法そのものではありえず，特殊な偶有性と統合されて初めて実在しうるものである。

　直接的には人々によって採用されるものではあっても，特殊法化原理には，客観的な基礎が存在する。すなわち，抽象法が実定法に特殊化する過程は，人間の本質としての自由の抽象性と主観性が特殊具体的な客観世界との矛盾を克服して現実的な自由となる客観的な弁証法的過程である。これは，本質が現象する法則的な過程であり，可能性が現実となる必然的な推移であって，抽象法の特殊法化原理は，この客観的な法則および必然性に即するものでなければならない。

　しかしロックは，人格の本質が未開状態においては直接的に実現されていたとしてこれを自然状態と呼び，同じように抽象的な法が未開状態において無媒介的に実現されていたとしてこれを自然法として論じている。したがって，ロックの「自然状態」という言葉は，抽象的人格性という意味，およびロックに

よって人間本性が実現されていたと想定される歴史的未開状態という意味の二義において用いられ,「自然法」もそれに対応して,抽象的人格性にもとづく抽象法の意味,およびロックによって抽象法が直接実定法となっていたと想定されている未開状態の特殊法の意味の二義において用いられている。しかし,特殊化原理なくして抽象的所有が個別具体的な所有権とはなりえないので,ロックの自然法にはある特別の特殊法化原理が含まれている。抽象法論としては本来抽象法ではないものを含んでいる不完全なものといわれる所以である。ロックは,この特別の特殊法化原理を含む自然法論を前提にして,それを近代法に対して抽象法のように取り扱い,それが,いかにして近代法のなかに実現されるべきかに関して,近代法の特殊化原理を論じている。

3 抽象的な権利ないし法としての自然法

ロックは,抽象的人格性としての自然状態について,自然状態は完全に自由な状態で,そこで人々は自分の意志で行動を決定し,その財産と一身を処置して,他人の意志に依存すべくもない,また完全に平等な状態で,そこで人々は同じ能力を用い,同じ自然の利益を享受し,従属や服従があるべくもない,といっている。[4]ロックは,これを未開状態の人間の有様について述べる形式をとっているが,その真意は,それが人間本性についていうところにある。すなわち,人間の本性あるいは人格の本質が,自由・独立で物を所有する存在であり,人格相互はその点で同等・平等であることを言うものである。人間の本質についてのこの認識には,人間の普遍性,特殊性,個別性という人間概念の三つの側面が捉えられているといえる。すなわち,自由意志は人間存在の普遍性であり,所有はその特殊性であり,独立の存在性はその個別性を言うものである。このように抽象的な人間概念ないしは人間の本質を法の基礎とするところにロックの自然法思想の格調の高さがある。

ロックによれば自然法の内容は,「誰も他人の生命,健康,自由あるいは所有物を損ねるべきではない」ということとであり,そして,自然状態においては各人が自然法の執行権力を持つとされる。[5] 禁止の形式をとる自然法は,他方で,生命,自由,所有がすべての人の自然の権利すなわち直接人格の本質にも

とづく抽象的な権利であることをあらわしている。すなわち，生存の権利，行動決定の自由[6]，所有の権利であって，これは明らかに先述の人間の抽象的概念あるいは人間の本質を人の抽象的な権利として宣言するものであり，この抽象法が人間社会における法ないし権利の本質であることを言明するものである。これが抽象的であるのは，人間の自分自身との抽象的な同一性（自由）[7]，人間の自然に対する抽象的な結合（所有），および両契機の統一としての人間の抽象的実在性（生命）をいうものに過ぎないからである。

　ここで言われる所有権は，所有の特殊な要素を一切捨象して，ただ人間存在が自己とは異なるものとしてあるところの物件を自分のものとし，自然との自己同一性を実現することによってのみ存在するものであるというその存在性を権利とする抽象的な所有権である。したがって，その限りでそれは本来的に絶対的で私的な性格を有する権利である。また，抽象的所有権には所有の特殊な面すなわち誰が何をどれだけ所有するかということは属さないし，本来自然が共有物であるといったこともその概念には含まれない。

　「誰も他人の生命，健康，自由あるいは所有物を損ねるべきではない」という自然法の命題は，人格相互の平等という類的抽象法をいうものでもあるが，ロックの自然法では類的関係が人格にとって否定的に現れる消極的な面でしか取り上げられてはいない。ロックが類的な関係に関する積極的な面を自然法として明言することはないが，国家の形成という類的関係について契約によるべきことを論じ，労働契約も自然法に即するものとするロック自然法論においては，それが相互の自由意志に基づく契約関係であることが想定されていたといえる。しかしそれにしても，個別独立した人格の意志の偶然の合致である契約に限定されていることは，抽象法としての類的関係を捉えるものとしては，一面的で不十分である。これはロックの自然法思想の個人主義的限界を示しているとともに，近代法思想の一般的傾向性を表すものであって，近代を画するものである。

3 ジョン・ロックの特殊法化原理

1 労働所有論

　ロックが自然法の内容に含める特殊法化原理は，一方で積極的な原理として，私的所有権の取得の原理であり，誰が何をどれだけ所有するのかを決定する原理はいわゆる「労働所有論」として，「自然の物に自己の労働を投下した者が，自然から取り出したものを含めて，その労働の生産物を取得する」という内容で知られている。ロックでは，この意味の「労働所有論」は抽象法的に捉えられ，自然法に含めて考えられている。その上で，近代の特殊事情の下においては，他の特殊法化原理が加わりはするものの，同じ自然法が近代私法原則に実現されていると主張する。他方で，ロックの特殊法化原理は，「労働所有論」に基づく私的所有権が抽象法の平等原理に反しないための消極的原理であって，これも歴史的な特殊事情の違いに即して，未開状態と近代とで区別して論じられている。

　自己労働生産物の自己所有ということは，具体的所有権の取得において尊重されるべき重大な法的価値を持つことではあるが，これを普遍的な特殊法化原理とすることも，また，そもそも抽象法とすることも妥当ではない。ロックの所有論が抽象的所有の形態の一つ，すなわち労働ないしは生産するという形態のみを個別所有権取得の絶対的原理とするものである点は，一面的な議論であるといわざるをえない。抽象的な所有権における人格が物を所有する形態は，人格の意志を対象化することとして捉える限り多様である。

　ヘーゲルは抽象的な所有の形態を論理的に次の三つに区別している。すなわちヘーゲルによれば，抽象的所有は，人格の意志が自己を対象化する物としてその物の質を判断する関係であって，その物の現状を自己の意志を表現するものとして肯定的に判断を行う形態，その物の現状を自己の意志にそぐわないとして否定的に判断を下してその物を変形し廃棄し消費する形態，ある物から次の物へ自己の意志を移して無限判断を行う形態に区分される[8]。この三つの側面における所有の形態は，自然の物の直接占有，加工，利用，消費，保管，交換，

譲渡などきわめて多様である。もし，あえて抽象的所有の形態を特殊法化の原理とするなら，労働投下以外の形態も同じように私的所有権取得の論拠となりうるはずである。抽象的所有権の一つの形態が一般的原理となるとされていることは，ロックの特殊法化原理の一面性，特殊性，主観性を表している[9]。「労働生産物を所有する」といっても，「自然を使用のために所有する」といったことや「所有意志を投入した物を所有する」といった他の所有形態とも分かちがたく関連しているのである。

2 自然法的労働所有論

ロックは，自然状態は，人々が生存のために自然を直接使用し，または自己の労働を投下してその生産物を自己のために使用する状態であって，人間による自然の使用が自然の状態をほとんど変えない状態であるということを念頭においている。その上で，先述の「労働所有論」を自然状態における特殊法化の積極的原理（以下，「自然法的労働所有論」という）であるとしている。

その正当性の論拠として，「人は誰でも自分自身の一身については所有権を持っている。彼の身体の労働，彼の手の働きは，まさしく彼のものである。彼が自然から取り出すものは，彼が自分の労働を交えた物であり，彼自身の何ものかをそれに付け加えたのであって，このようにしてそれは彼の所有となるのである。この労働は，その労働を為したものの所有であることは疑いを入れないから，彼のみが，おのれの労働のひとたび加えられた物に対して，権利を持つのである[10]」と述べている。すなわち「自然法的労働所有論」が所有権取得の正当な根拠であるのは，自然のものの所有であると同時に自然のものに付け加えられた自己の人格的なものの所有（以下，「自己所有」という）であるからだとされるのである。そして，自然に付け加えられた人格的なものについて，後の箇所で，それは投下された労働すなわち増殖価値であるとしている。

これに加えてロックは，自己労働生産物の私有という特殊化原理が，他者の自然の権利を侵害してはならないという自然法に触れないための消極的原理として，自然の根源的共有を前提的原理とし，したがって「少なくとも，他に共有の物として，充分なだけが，また同じようによいものが，残されている[11]」べ

きことと,「物が損なわれないうちに生活の何かの便益のために人が利用できる限り[12]」の限界内であるべきことをあげている。ロックの「但し書き」(Lockean proviso) と呼ばれて, 現代所有論において中心的な議論のひとつとなっている原理である[13]。こうして, 協働と生産力の未発達な自然状態では,「自然は人間の労働の程度と生活の便宜とによって巧みに所有の限界を定めた[14]」のであって, 自然状態で人々の間の大きな所有の格差はないとされている。

3 近代的労働所有論

生産力の未発達な自然状態とは異なり, 近代の特殊法化原理を考察するに当たって, ロックは, 貨幣の使用, 商品取引の発達, 生産力の発達, 必要以上を所有したいという人間の欲望の増大という経済社会状況, および契約と共同体の成立という政治的状況を前提となる特殊事情として考慮して, 近代法の特殊法化原理に当たるものとして以下の原理を論じている。

第一に, 労働力譲渡の正当性原理である。ロックは, 労働契約について,「自由人は, 一定の期間を定めて労務を引き受け, 賃金と引き換えに相手方に売ることによって, その僕となる」ことができるとし, その正当性根拠として「主人が彼に対して有する権力は一時的なものにすぎず, 契約で定めた範囲を出ない」ことを[15], また別の箇所では,「絶対的恣意的専制的権力の下に置かれたのではなく, 主人は一定のときにその役務を免除解放する義務を負い, 勝手に殺す権力や不具にする権力を持っていない」ということをあげている[16]。すなわち労働契約は, 奴隷となる契約とは異なるものであることを主張するものである。一個人を物件と看做さないとはいえ, 労働力を物件と看做す原理である。これも近代法思想に共通の近代を画する原理である[17]。

第二に, 生産物の生産者専有原理である。労働力譲渡の正当性原理によって「労働所有論」は, 被用者の労働生産物の雇用主による所有権取得を含む内容に拡張される。労働契約は, 労働力の売買であり, 使用者は自分の意志で労働力を使用することができるのであって, その限りで契約された労働力は使用者の労働と同一視され, その生産物も当然使用者の所有権に帰属するとされる。ロックは, このことを明言してはいないが,「私も他人も共同で権利を持って

いる場所で，私の召使の刈った芝草，私の掘り出した鉱石は，誰の譲渡も同意もなしに私の所有物となる」と述べていて，誰かの同意や法の規定にもとづくまでもなく，召使の労働生産物が当然主人の所有に帰することを前提としていることがうかがえる。ここでは明らかにロックの「労働所有論」の意味は，「自己労働生産物の自己所有」という意味だけでなく，「労働契約にもとづき労働者を使用して生産された生産物の所有権は雇用主に帰属する」という産業資本主義的所有の意味を含む内容（以下，「近代的労働所有論」という）に拡大されているといえる。

　第三に，土地の専有の原理である。自然法的な平等原理であった土地の共有は排除され，「自然が充分に残されていること」はもはや必ずしも必須の条件ではないとされることである。これには，所有する物の現実的な変質が関係している。ロックは，生産のための土地の専有が自然法の土地の共有に優先する根拠として，次のように言っている。すなわち，「労働による所有が土地の共有に優越しうるのは，労働による改良が価値の大部分を作るからである。人間の生存に有用な土地の産物のうち，十分の九は労働の産物である。……これらの出費の百分の九十九までは，まったく労働に帰せられるであろう[19]」として，労働が新たに価値を生産するものであることを挙げている。生産力が発達した状況で生産される価値のほとんどが，自然が生み出したものではなく，労働が生み出したものであり，したがって生産者が所有する生産物は，自然の物であるよりもはるかに多くが生産者が生み出した物，すなわちもともと自己の物であるものに変わったことを根拠としているのである。しかしそれでも土地の専有は，他の者の同じような土地利用を制限するものであるので，それが平等原理に反しないとする正当性根拠が必要である。ロックは，生産のために土地を占有するものは，土地を共有のままにするよりはかえって多くの便益を人類に対してもたらすものであるとしてそれを正当化するのである。

　第四に，使用概念の拡張による蓄財の正当性原理である。ロックは，「自分の所有する物が無用に滅失しないように，譲渡し交換するのも利用したことであり，決して他人の権利を犯したことにならない。永続性のあるものと交換してそれを蓄積して差し支えない」として，使用形態の多様性と蓄財を認めてい

る。もともと使用形態は多様であり，ロックが考えたような，生存のために消費するという形態や物を加工するという形態に限らないのであるが，ここではロックは，人々が貨幣の使用に同意したことによって「自然を浪費してはならない」という平等原理が無用化されるとともに，「財産の蓄積を維持し拡大する基礎を作った」として貨幣による蓄財を容認し，それに伴って生じるであろう所有の格差についても「自分の正当な所有権の限界を超えているかどうかは，その財産の大きさのいかんにあるのではなく，何かが無用に滅失したか否かにある」として，それを容認している。[20]

こうしてロックの「近代的労働所有論」は，使用人の労働を自己の労働に含め，賃金労働による生産物の生産者への帰属とその限りない蓄積を正当化して，資本主義的所有の原理となる。このように変質した「近代的労働所有論」は，近代人権宣言と近代法原則として採用され，封建制に変わって成立した資本主義に法的承認を与えるとともに，資本主義のその後の発展に大いに貢献することとなったということができよう。日本国憲法第13条にもロックの自然法思想が継承され，戦後民法第1条に私権の社会性原則が置かれたものの，その基本構造はロック所有論の原理によっているといえる。こうして，ロック所有論は，その二義的不整合性にもかかわらず，根底的なところで現代のわれわれの生活をも規律しているものであり，特に近年は，現代リバータリアニズムの基礎理論として再興し，グローバル市場原理主義的な政策に大きな論拠を与えている。[21]

4 近代的労働所有論の矛盾と現代法

1 労働価値説と自己所有

ロックは，耕作されない土地の産物より，耕作された小麦から作られたパンの全部が価値があるのは，労働を加えられたからであり，農夫の勤労，打穀者の労働，パン屋の骨折り，その他パンを作るまでに用いられた道具を作った者の労働が，食するパンの中に勘定されなければならないからだとしている。[22]すなわち，ロックの生産物価値についての見解は，生産物の価値はその生産に投下された労働量の総和であり，最終生産物価値は移転価値と増殖価値から構成

されるという，いわゆる「労働価値説」である。そして，ロックの「労働所有論」の普遍的根拠としての「自己所有」は，このように人が労働を投入することによって価値を増殖させた場合，その増殖した価値はまさに彼の労働の結晶であるから，労働を投下した者がその増殖価値を私有することは自己を所有することに等しく，他者の物を私有するのではなく，他者の権利を侵害するものではないというものである。

　「近代的労働所有論」という特殊法化原理についても，ロックはそれがやはり「自己所有」原理に即すると主張して，次のように言うのである。すなわち「人間は，自分自身の主人であり，自分自身の一身の活動および労働の所有者であるので，依然として自分自身のうちに私的所有の偉大な基礎をもっている。彼が自分の生存の維持ないし慰安に用いた大部分をなすのは，発明および技術が生活の利便を改良するようになって以来は，完全に彼個人の物であり，決して他人と共有ではなかった[23]」と。自然法的労働所有の場合と賃金労働を使用した資本主義的生産による近代的労働所有の場合とでは，一方で，生産者の所有するものの意味に異なる点がある。前者は自己のものである自己の労働が生み出した価値であり，後者は自己のものである雇用労働者の労働が生み出した価値である。これは産業資本家による生産物取得を意味する。しかし他方で，いずれも労働が生み出した価値であり，自己のものが生み出した価値である点は共通していて，ロックが自然法的労働所有原理と近代的労働所有原理に共通の根拠として自己所有原理をもちだすのは，以上の二点の共通点によってであるといえる[24]。

　しかし，賃金労働者を使った資本主義的生産の場合を考えると，二つの労働所有原理の適用場面が重複することとなる。すなわち，「近代的労働所有論」によれば，生産物所有権は生産者たる産業資本家に帰属する。しかし，その場合でも個々の労働者は「自然法的労働所有論」にしたがって，それぞれの投下労働に応じた所有権を最終生産物に対して取得するはずである。たとえば打穀労働者の労働によって増殖する価値は，打穀労働を加える前の小麦の市場価格と打穀労働を加えた後の小麦粉の市場価格との差額で客観的に測られ，打穀者は，その客観的な増殖価値を誰の同意もなく当然に所有取得し，その部分につ

いて最終生産物に対する権利をもつはずである。この点について，二つの労働所有原理が矛盾するのかしないのか，どのように調整されるのかについてロックは何も述べていない。

2　近代的労働所有論の矛盾

「近代的的労働所有論」によれば，もしロックが，その有する財産を利用して労働者を雇用し，彼らにそれぞれの労働を命じてパンを製作させ，販売させるとしたら，自分は一切の労働をせずただ投資するだけだとしても，増殖価値を含めてその最終生産物はすべてロックの私有となる。確かに，被用者の労働を使用者の手足の活動と看做し，それを支配することを使用者が労働を投下したと看做すとすれば，「近代的労働所有論」は「自然法的労働所有論」の発展形態といえないこともない。しかし，人格の独立を前提とするロックの労働概念に従えば，少なくとも使用人も労働を投下したとみられなければならず，したがって最終生産物は当然に経営者と各労働者の共同所有となるはずであって，「近代的労働所有論」は「自然法労働所有論」の原理に矛盾するといわなければならない。

また，もしロックがその労働者に支払う賃金が，それぞれの労働が生み出したそれぞれの増殖価値相当であれば，最終生産物価値がすべてロックの私的所有に帰属するとすることは，ロックの「自然法的労働所有論」の原理に反するとは必ずしもいえない。しかし，それではロック自身の取り分すなわち雇用主の利潤が発生しない。価値の源泉が労働であるというロックの労働価値説の所論からすれば，利潤は生産に資本を投じた者の不労所得であり，かつその使用する労働者によって生み出された増殖価値を源泉とする不労所得である。こうして，利潤の存在は明らかにロックの「自然法的労働所有論」に反し，むしろ他者のものの専有を意味する。

そのことは反面で，労働者は，それぞれ賃金を取得しはするが，その労働によって生み出した増殖価値すなわち彼ら自身の全部ではなく一部しか所有していないことを意味する。一般的に賃金はそれを受け取る労働者が生み出したその増殖価値相当ではなく，たとえばアダム・スミスによれば，「彼が労働をし

ている間自分を維持し，教育費を支払い，そのビジネスに成功しなかったりする危険を償うのに充分なだけのもの」[25]であって，増殖価値とは無関係に労働力の再生産に必要な生活資料の価値を基準にして決定されるものである。こうして賃金の存在もまた明らかにロックの「自然法的労働所有論」の原理に反し，その原理に基づいて労働者が取得するべきである増殖価値の所有権が侵害される現象であることになる。利潤を集積して生産者の手元に形成される資本もその源泉は労働者の生み出した増殖価値の蓄積であって，「自然法的労働所有論」によれば，もともと労働者が集団で取得すべきものということになる。

3　矛盾が示唆する現代法原理のあり方

　ロックの「労働所有論」の統一的，普遍的な正当性根拠は「自己所有」の原理であるが，資本主義的所有と市民法がこの原理に内在する背理と矛盾を継承していることは明らかである。しかし，このことは単にロック所有論に対する法思想史的な評価の問題としてだけではなく，現代法を再吟味する上でも大きな意義を持っている。ロックの労働所有論における矛盾の顕現の過程を検討すると，それは，現代に承継されている近代市民法の原理・原則の発展の方向についての示唆を与えるものであるとともに，現代における社会法の本質的役割についても大きな示唆を与えるものであるといえる。

　すなわちロックの自然法思想は，人格の自由・平等を基礎とし，それを具体化する法原則として「自己所有」原理を掲げるものであり，その限りで抽象法論としての格調の高さをもつものであるが，これを具体化するものとしての「近代的労働所有論」とそれを実定している近代市民法が，ロック自身の意図とはまったく反対に，労働者について労働所有ないし自己所有の原理を廃止して，労働者を自然法の適用外におき，無権利状態にするものであるといえる。こうしてロックの自然法論における「近代的労働所有論」の内的矛盾は，第一に，人格の尊厳と人格の自由・平等の抽象法に立ち返って，労働力を物件視する近代法の法理とその法制を再検討することが，ポスト・モダンの中心となる課題であることを示すものである。ポスト・モダンの鍵は近代法を基礎付けたロックの自然法そのもののうちに存在していたといえるであろう。また第二に，

もとより資本主義の修正であり，市民法の補完であるといわれてきた現代社会法にとっても，その基本的法理念を発展的に継承する方向に示唆を与えるものであって，たとえば労働者の経営参加権など労働者の生産物に対する権利の強化や生産物価値からの直接的な社会保障基金の形成による社会的包摂の促進方策の開発など，人格の類的抽象法に立脚した方向性が考えられるべきであろう。

5 結　語

「近代的労働所有論」の意味は，まさに資本主義的所有を基礎付けるものであって，「労働所有論」がこの意味をもつことが，現代リバータリアンによって，ロックの所有論が資本主義的自由を擁護する原理であるとして援用される理由がある。しかしロックの「労働所有論」の根拠である自然法論に基づけば，ロックの自然法は決して，労働力を物件として扱うことの上に成り立っている資本主義的所有やその自由な活動を優先する市場原理主義を擁立するものではなく，近代市民法原則が人間本性にもとづく自由の秩序であることを証明するものでもない。むしろそれらの非人格性を明らかにして，かえって自由・平等の法理念を実現する上で，ポスト・モダンの法の確立の必要性と現代社会法の存在意義を明らかにするものであって，現代のように高度に発達した資本主義の状況にあっては，労働者や社会的に排除された者の人格の尊厳と自由・平等・所有を確保するための特別の法的配慮が必然的であることを物語るものである。

抽象法論は，空虚な自己同一性の意識であるという意味で絶対的に自由な人格が，外部の物件ならびに他の人格とただ対立しているという抽象的な人格とその自己関係を人間存在の本質と捉えて，そういう人間存在の抽象的概念に含まれる内容を明らかにするものである。抽象法自体はなんら特殊具体的な権利・義務をも示すものではなく，その意味ではつまらないものであるが，人間の本質と個人の尊厳性を明らかにし，それを法の原理として実定法を導き出す点では，時と所を越えて普遍的で崇高な内容を含む法思想であるといえる。ロックの自然法は，そのような抽象法の意味で論じられているものではあるが，特殊な条件の下でのみ確定される個別的所有権取得の原理を含むとする点では

Ⅰ　社会法の基本理念

抽象法の範囲を超えており，他方，人格の他の人格に対する関係の捕らえ方においては，物件の所有をめぐる契約関係を含むだけで人格相互の類的関係を含まない点で抽象法として不十分であるといえる。この点は近代の自然法思想や抽象法論に一般的に見られるその共通点であって，近代法の個人主義的傾向を示すものであるといえる。ロック自然法論のこうした二面の限界を克服するところに，人格の尊厳を旨として，人格の自由・平等を実現する現代の市民法と社会法の共通の展望があるといえるであろう。

1)　ヘーゲルの抽象法論における「自己のもの」Eigentum は，人格の意志の実在態という意味であるが，ロックが自然的な権利として言う property もほぼ同じ意味で用いられている。
2)　G. W. F. Hegel. Grundlinien der Philosophie des Rechts oder Naturrecht unt Staatswissenschft im Grundrisse. Suhrkamp Taschenbuch Wissenschft607 Erste Auflage 1986.§36. ヘーゲルの抽象法では，類的関係としては所有をめぐる契約が採りあげられているだけで，それ以外は人倫の圏に属するものとされている。この論稿は，類的抽象法としてヘーゲルよりは広い範囲の人間関係を含める立場をとるものである。
3)　G. W. F. Hegel. Ibid.§35. Zusatz.
4)　J. Locke. Two Treatises of Civil Government. an essay concerning the true original extent and end of civil government. Everyman`s Library edited by E. Khys J. M. Dent and Sons Ltd. 1924. Book Ⅱ (a)．§4.
5)　J. Locke. Ibid (a).§6,§7.
6)　ロックの経験論では，意志の目的は外部からの衝撃によって生じる欲望によって決せられ，何を意志するかの自由は意志にはなく，ただ心に従って行動するか差し控えるかの自由があるだけだとされる（J. Locke, An Essay concerning Human Understanding. Oxford University Press 1975 (b). Book2. Chapter21.）。
7)　ロックによれば，人格の同一性は，時間と場所を異にして自分を同じ自分自身と考えられる自己意識にある（J. Locke. Ibid (b) book2. chapter27.）。ヘーゲルの弁証法の考えでは，抽象的な人格の次元では，意志の自由は，こうした何ものにもとらわれず，また何でも自己のものとできる空虚な自己同一性の意識にあるが，前注のようにロックでは意志の自由は行動の決意の自由に限定されている。
8)　G. W. F. Hegel. Ibid.§53.
9)　この点は，多くの現代リバータリアンの所有権取得原理論にも共通している。ノージックの「価値の創造」，カーズナーの「発見」，ナーヴソンの「行動のかかわり」など，自己と物との様々な関係が取得原理として持ち出される。（森村進『ロック所有論の再

生』有斐閣, 1997年, 参照)
10) J. Locke. Ibid (a). §26.
11) J. Locke. Ibid (a). §26
12) J. Locke. Ibid (a). §30
13) 近代的私的所有権が道徳的, 自然法的な根拠に基づくことを前提にして, その現代的制限原理を考える現代リバータリアンに共通しているのは, 制限できることの論理的根拠としてロックの proviso の論理構成を採用することであり, 制限原理としては, 自然法的 (多くは「道徳的」という) な片務的権利の侵害に対する補償とすることである。すでに行使している自然法的権利の侵害に対する補償 (R. Nozick. Anarchy State, and Utopia. Basic Book Inc. 1974.) に始まり, 自然法的平等の権利を侵害して何らかの観点から生活の質を悪化させたことに対する補償として, 様々な観点が取り上げられている。
14) J. Locke. Ibid (a). §35
15) J. Locke. Ibid (a). §85.
16) J. Locke. Ibid (a). §23
17) 一例として, 1793年山岳派憲法第18条には, 「すべての人は, その奉仕, その時間の拘束を契約するできる。…法は奴隷の状態を認めない。労働するものおよびこれを使用するものの間には, 配慮および感謝の契約関係が存しうるのみである。」(高木八尺他編『人権宣言集』岩波書店, 1974年, 145頁参照) とある。
18) J. Locke. Ibid (a). §27
19) J. Locke. Ibid (a). §40
20) J. Locke. Ibid (a). §46, §48
21) たとえば, 魁となった1999年2月26日経済戦略会議答申は, 生活保障によるモラル・ハザードへの懸念を表明し, 「過度に平等・公平を重んじる日本型社会システム」から「市場原理を最大限働かせる」新しいシステムを構築することが必要であるとして, 民営化, グローバル・スタンダードの採用による市場開放などを提言していた。
22) J. Locke. Ibid (a). §43
23) J. Locke. Ibid (a). §44
24) 自己のものが生み出したものの所有権取得を原理とすることからいえば, 自己のものには自己の資本もあるのであるから, 産業資本主義的所有から投機的な資本主義的所有まではすぐ近い距離にあるといえる。ロックが, 投機的な資本主義的取得について論じていないのは, 一つには, それがまだ一般的でなかったからであり, 二つ目には, ロックの労働価値説があったからであるといえる。
25) 水田洋訳『法学講義』(岩波書店, 2005年)。p287. 底本は, Glasgow University Library, MS Gen. 109. Juris Prudence or Notes from the Lectures on Justice, Police, Revenue, and Arms delivered in the University of Glasgow by Adam Smith Professor of Moral Philosophy MDCCLXVI.

II　自治と規制の法政策

ドイツの操業短縮[1]

藤内　和公

1　はじめに

　2008年のリーマンショック以後，かつてない規模の雇用調整の波が世界を襲った。雇用調整の方法は各国で特色を有するが，ドイツでは操業短縮（Kurzarbeit）をひとつの有力な方法として，雇用調整を実施し，雇用危機のなかで失業率の上昇を比較的小規模に抑えたことは記憶に新しい。

　使用者は経営リスクを負っている。すなわち，使用者は経営技術的な理由により帰責事由のない労働者をもはや雇用できない場合，または注文不足ないし売上低下により事業所の存続がもはや不可能になる場合にも，使用者は労働契約を履行し，とくに賃金を支払わねばならない。このようなリスクは操業短縮の実施によっても緩和されうる。

　操業短縮の目的は，仕事不足（Arbeitsausfall）の期間中も職場および人材を確保するため，この方法で人件費を節約して経済的危機を乗り切ることである。それゆえ操業短縮は仕事不足のときに解雇の代替措置として選択される措置である。その目的は，社会法典第三編（雇用促進　Arbeitsförderung）に記されている。労働者にとってのこの措置のメリットは，雇用関係が維持されることである。他方で，デメリットは賃金減少である。すなわち，使用者は操業短縮で労働時間短縮に対応する賃金分を減額することができる。そのうえで，減額分

の多くにつき，労働者は操業短縮手当（Kurzarbeitergeld）を支給される。

操短は所定労働時間の一時的な短縮である。それは従業員代表（Betriebsrat）との共同決定に服する。それにはいろいろな形態があり，日々の時短，勤務日の短縮，まったく仕事がない（いわゆる操短ゼロ）などに分類される。

本稿は，ドイツの操業短縮につき，操業短縮および操業短縮手当の法律問題を取り扱うものである。

2　操業短縮実施の法的根拠

1　概　　論

使用者はこれを労働者に対する一方的な指揮命令によって行うことはできない。実施には何らかの法的根拠が必要である。それを欠く場合には，操短の実施には労働者に対する労働条件の変更を申し入れる変更解約告知の手続きをとることになる。その場合には解雇制限法の適用をうける。

従業員代表が存在する場合，従業員代表の関与なしに使用者が一方的に操短を実施しても，それには法的効力はなく，短縮した労働時間に対応する賃金を減額する効果をともなわず，使用者は単に受領遅滞になり，全額の賃金支払義務を免れない。

下記の方法による以外には，指揮命令権（Direktionsrecht）による実施は許されない。ただし，例外的に労働契約に操短実施の留保が含まれていることがあり，可能なことがある。これは，労働者の採用にあたりすでに操短が予測される場合である。

事業所に従業員代表が存在しない場合にも操短は可能であり，使用者は変更契約または変更解約告知という方法で労働者に操短の効力を生じさせる。ただし，従業員代表による規制が及ばない分だけ，操短手当支給の審査は慎重に行われる。

2　労働契約[2]

協約または事業所協定による定めがない場合には，個別の労働契約による操

業短縮に関する合意が必要である。それは書面の定めがなくても，使用者が操短を指示し労働者がそれに従った場合には合意があったものとして取り扱われる。

　上級管理職に対しては個別合意によって実施されることがある。なぜならば，彼らには事業所組織法が適用されず，その分だけ手続きが容易だからである。彼らに対しては管理職代表委員会（Sprecherausschuss）との協定によって実施することができる。ただし，操短が労働関係の内容規範に属する場合にかぎられる（管理職代表法28条）。

　操業短縮に関する合意につき，変更契約，変更解約告知による可能性もある。労働契約の内容を変更する変更契約は個別労働者との合意を必要とする。それゆえに小規模事業所で用いられるにとどまっている。労働者の労働時間を短縮する契約は民法145条以下にもとづいて締結される。変更契約は明示して，かつ確定的に締結される。労働者が操短実施に合意した旨の意思表示は厳格に審査される。

　その様式に制約はなく，契約自由の原則が妥当する。ただし，適用されている協約などが様式要件を定める場合（例，書面によること）には，その制約を受ける。変更契約では労働時間が短縮されるだけなのか，それとも賃金も減額されるのかが明記される必要がある。その点で疑わしい場合には，賃金減額が黙示に合意されていると解されている。

　操短の時期および期間につき，労働者の一部だけが変更契約に合意した場合には，合意しなかった他の労働者につき使用者は通常通りの労働時間で働くことを予定した対応をしなければならない。変更契約で実施期間が明記されている場合には，始期および終期はそれによる。その終期が明確でない場合，使用者が終期を一方的に決定することができるか否かは変更契約の定めまたは解釈による。

　変更解約告知による場合，解雇制限法が適用される。また，事業所組織法により従業員代表の意見聴取の対象となるので，使用者は解雇理由を通知しなければならない。これは上級管理職の場合でも従業員代表に通知が必要である（事業所組織法105条）。

3　事業所協定

　これが操短につき定める場合には，それは規範的効力を有し賃金請求権に効果を及ぼす。

　事業所協定により従業員代表が使用者に，操短の範囲および関係する労働者の人的範囲につき使用者に単独で決定することを認める授権は，違法な共同決定権の放棄であり，直ちには効力を生じさせない。この場合，操短の具体的な実施につき各労働者と個別に取り決める義務を負う。ただし，使用者の操短実施に対し労働者が沈黙するならば，それは同意したものとして取り扱われる。なお，それが同意として認められるためには，労働者が数カ月以内に複数回にわたり操短につき同意を求められていることが必要である（ArbG Marburg 17. 12. 1999）。また，労働者がさらなる操短に反対である場合には，それを使用者に明示する必要がある。

　公法上の団体である連邦雇用エージェンシー（Bundesagentur für Arbeit）が操短手当の支給を認めた場合には，使用者の賃金支払義務は停止する。雇用エージェンシーが支給を拒否すれば，使用者はその経済リスクの緩和のための行政による支援を得られないことになる。労働時間が事業所協定により有効に短縮されている場合には，使用者に対する報酬請求権（Vergütungsanspruch）は引き続き存在するが，操短手当の金額に限定される。すなわち，週1日分の操短であれば，当該1日分の賃金は通常賃金額の60％（または67％）まで減額される（BAG 11. 7. 1990）。

　協約が定める予告期間に事業所協定が反している場合には，その限りで協定は無効である。協約が確定的に操短条項を定める場合には，協約優位の原則からこれに関する事業所協定は締結できない。

　従業員代表が操短に同意するだけで，まだ事業所協定に定められていない場合または規制合意（Regelungsabrede）による場合には，労働契約上の労働者の権利は損なわれない。規制合意による操短は，さらに使用者が個別の労働契約または協約により操短実施の権限を得た場合に初めて有効に実施しうる。

4 労働協約[6]

(1) **概論**　協約の定めによっても操短は可能である。これを定める協約規定は多様である。協約のなかには実施に関する定めだけをおく場合もあれば，操短時の賃金取扱を定めるものもある。なかには操短につき何の定めもない協約もある。それでも通常，労働協約には操短に関する何らかの定めが含まれ，協約が操短の実施を明確に定めることはまれであるが，もし協約に定めがあれば，従業員代表の共同決定権は失われる。通常は使用者および従業員代表にその実施を授権することが多い。その際には事業所当事者（使用者と従業員代表）が遵守すべき手続きが定められる。つぎに，協約当事者の関与を定める協約規定もある。以前の協約には使用者単独で実施決定することを認める定めもあった。ただし，操短の実施と一時的な賃金減額の双方を使用者の単独決定に委ねる定めは解雇制限法に違反し無効と解されている（BAG 27. 1. 1994）[7]。また，操短実施の要件，範囲および上限期間の定めなしに使用者に一方的な指示を許すような協約規定も解雇制限法に違反し無効と解されている。

この協約規定は事業所規範（事業所の組織や編成を定め，事業所に属する全員に適用される）ではなく，組合員にのみ効力が及ぶ内容規範にあたる。したがって，使用者が当該協約に拘束されていても非組合員の労働者には拘束力は及ばず，非組合員に効力が及ぶには，協約の一般的拘束力が適用されるか，または個別契約における協約の援用（Bezugnahme 引用）が必要である。さもなければ，変更解約告知の手続きをとることになる。

協約規定が明確でない場合には，協約意思はつぎの基準で解釈されている。まず，協約規定の文言，前後の脈絡，その目的であり，つぎに，歴史，協約慣行，そして議事録などから推測される当事者の意思，さらには解釈が実際に実施可能で合理的な結果につながるかどうかである。

なお，協約に操短に関する定めがないからといって，協約当事者が操短実施を禁止しているとは解されない。シャウプ＝シンデレが調べたかぎりでは，操短を明確に禁止する協約はなかった。

協約が操短時の賃金取扱につき定めをしていない場合，労働契約の双務性の原則から労働時間短縮に対応した賃金分が減額されると解される。

Ⅱ　自治と規制の法政策

(2) 操短条項の協約内容

①要件

たいてい，その実施には，緊急な経営上の理由により，解雇を避けるため，事業所の経済的な状態が必要とする場合などの実施条件が付されている。

特に金属産業の協約では操短が行われる場合を限定し，事業所の事情が必要とする場合，事業所協定が締結されている場合，または事業所で操短が通知（Ankündigung）された場合と定められている。

②範囲

操短条項は時間的および人的範囲にも及ぶ。多くの協約は操短が許される範囲を定める。その場合には，整理解雇を避けるという利害と操短による賃金減を抑えたいという利害が対立する。操短による時間短縮の余地を狭めることは，一般的に経済的事由による解雇の可能性を大きくする。それを各産業分野の協約当事者が判断する。

人的な範囲では，たとえば職業訓練生の操短に限定することもある。

③手続き

いくつかの協約は従業員代表との合意によって操短を実施できる旨を明確に定める。

操短実施に先立ち使用者が休暇の残余および労働時間口座（Arbeitszeitkonto）の時間残高（Arbeitszeitguthaben, Plusstunden　貸し時間）を調整することを求める規定もある。

操短の場合，労働者による自己都合退職の予告期間が協約により法定基準よりも短縮されることがある。

④予告

予告（ないし通知）は一方的な受領を必要とする法律形成的な意思表示である。実際には使用者は従業員代表と協力して通知することが多い。通知は関係労働者に到達する必要がある。そのためにはたとえば掲示板に掲示するという方法で足りる。誰か休暇中や病気中という理由で事業所に不在である場合には，その労働者に対しては自宅に書面で通知するという方法がとられる。

協約が操短実施の予告期間を定めることがある。その場合には，操短は当該

予告期間経過後に初めてなしうることになる。ただし，これには「緊急な経営上の事由による場合」にこれを短縮できる旨定めることがある。

予告期間は，通常2週間ないし1ヵ月前である。予測不能な緊急時にはたいてい期間短縮を認めている。緊急時として自然現象が想定されている。たとえば，スモッグ警報，天候急変，火災または洪水による工場倒壊である。それに対し，仕事不足など経営上の困難は突発的ではなく徐々に進行するので通常の予告が可能である。

3　従業員代表の共同決定[8]

1　概　論

操業短縮の実施は使用者と従業員代表の共同決定に服する。共同決定の目的は2つあり，まず，労働者の賃金減少を保護することであり，つぎに，使用者に対し変更解約告知なしに労働時間を短縮することを可能にすることにある。他方で，共同決定により使用者は操短実施の法的根拠を得ることになる。

強行的な共同決定にかかわって，事業所内で事業変更に該当する人数の整理解雇が行われる場合には，それは操短ではなく事業変更の問題であり，従業員代表の共同決定は及ばない。整理解雇を避けるために従業員代表が操短の実施を提案する場合には共同決定の対象になる。

操短に類似したもので勤務帯（Schicht）変更がある。ここでは始業および終業時刻の変更をともなう場合には，その限りで，賃金変動の有無にかかわらず従業員代表の共同決定が及ぶ（事業所組織法87条1項2号）。個々の労働者の労働時間シフトの変更は従業員代表の関与対象外であり，それが事業所にかかわる集団的な性格を有する場合にのみ共同決定の対象になる。

操短実施に関する個別契約上または協約上の使用者への授権がある場合にも，従業員代表の共同決定権は存在する。

共同決定権は，社会法典にもとづく操短手当支給に関する規定の要件を満たしているか否かとは関係ない。それでも実際には雇用エージェンシーの確定した承認通知なしには，通常，従業員代表の考えでは，従業員代表はその実施に

同意しないであろう。雇用エージェンシーの手当支給通知の連絡の後に操短は事業所協定を通じて実施され,その通知が取り消されれば,労働者は操短手当の金額につき賃金を使用者に請求する権利を有する。ただし前述のように,操業短縮実施が事業所協定にもとづく場合には,賃金請求できる金額は減額される。

操短が管理職の利害とかかわる場合には管理職代表に遅滞なく通知しなければならない(管理職代表法2条1項2文)。管理職に対する操短は,管理職代表法28条1項にもとづいて実施することが可能である。

2 事業所組織法87条1項3号にもとづく共同決定権の内容[9]

本条により従業員代表は一時的な操短実施につき共同決定権を有する。共同決定権は,操短を実施するか否か,その範囲,各労働者の労働時間の配分を含む。「一時的」とは操短が長期には予定されていないことを意味する。終了時期は予め決められる必要はない。操短の理由がなくなったら元に戻すことで足りる。

使用者または従業員代表が操短に同意しない場合,各当事者は仲裁委員会[10]の設置を申し立てることができる。その場合には実施するか否かを仲裁委員会が決定する。ここで設置を発議する権利は双方が有する。ただし,協約が「操短には事業所協定を必要とする」と定める場合はまた別である。

従業員代表の発議権(提案権)は,通説によれば所定労働時間への復帰にも及ぶ[11]。ただし,この点につき連邦労働裁判所判決(BAG 21. 11. 1978)[12]によれば認められていない。

共同決定権は操短にともなう賃金減額の変更にも及ぶ。従業員代表が共同決定にあたり合意内容を,操短の実施を操短手当に対する追加補助支給の有無次第とすることも許される。この点では協約優位原則により,すでに協約が確定的に手当補助の支給を定めている場合には共同決定の対象から除外される。

3 労働時間の配分にあたっての共同決定[13]

(1) **労働時間の配分** 短縮の配分は,日々に分割されることもあれば,労働

日を減らす方法によることもある。この点でサービス業と製造業とでは，操業コスト，顧客のニーズで事情が異なる。これを考慮しながら各事業所で決定される。

交替制勤務の導入または廃止は強行的な共同決定権が及ぶ（87条2号）。デパートにおける回転式の5日勤務制の実施・廃止も同じである。

それに対し，高齢者パート勤務による時短は対象外である。それは事業所内の集団的性格を有せず，個別的合意による適用である。

(2) **労働時間の長さ**　従業員代表の共同決定が日々の労働時間の長さに及ぶか否かにつき，見解の対立がある。もし及ぶとなれば，労働時間の配置につき使用者には制約が生じる。この点で，連邦労働裁判所は及ばないという見解である（BAG 30. 10. 2001)[14]。これに対し学説の多くは，及ぶと主張する[15]。

4　事業所協定の内容

以下の事項を含む。目的の定め（例，解雇を避けるため），操短の始期および終期，労働時間短縮の範囲・程度，短縮された労働時間の週日ごとの配置，対象となる人的範囲（例，妊婦や近々父親になる男性。これは親手当が直前12カ月間の実収入を基礎に算定されることに配慮した扱いである。また，氏名の特定），受注状況改善時の操短早期終了の定め，操短期間延長の定め，操短期間中の時間外労働禁止の定め，個別の規制のサンプル（Vorgaben），操短期間中および終了後一定期間内の整理解雇禁止の定め，休暇の取扱い（残余休暇の清算 Abwicklung），休暇中の賃金（Urlaubsentgelt）および休暇手当算定の定め，操短手当に対する補助の定め，従業員代表との連絡および情報交換に関する定め，雇用エージェンシーとの協力に関する定め，資料および雇用エージェンシーに保管されている証書（Erklärung）の交付，事業所協定の解釈および適用につき見解の相違が生じた場合には仲裁委員会が判断すること，事業所協定の有効期間，解約，解約予告期間などの定めである。

4 操業短縮手当[16]

1 概　　論

　操短手当（Kurzarbeitergeld）は，以前は雇用促進法（Arbeitsförderungsgesetz）に定められていた。1997年の雇用促進改革法により社会法典第三編（雇用促進）に移し替えられた。改正により内容がより明確にされた。並行して労働時間の弾力化が進み，労働時間口座を優先的に活用し，賃金額の減額ないし実賃金額との開きの広がりとともに操短手当の算定を見直すことにつながる。

　操短手当の目的は，労働者側の賃金減を緩和し，使用者側では熟練労働者の雇用維持ないし確保につなげることである。売り上げまたは受注の不足により労働者を引き続いて雇用することが困難になり，賃金を引き続いて支払うことが難しくなるというリスクは，使用者側にいつでも生じうる。同様に仕事不足は，原材料やエネルギー供給の不足というやむを得ない理由によっても生じる。

　雇用エージェンシーが審査を担当する。その際に，当該操短が有効か否かに関しては判断しない。手当支給の要件を充足しているか否かを審査するのみである。その手続きは，以下の通りである。

　(1)使用者または従業員代表が仕事不足（Arbeitsausfall）であること，すなわち，支給要件である「重大な（erheblich）仕事不足」があることを疎明する。

　(2)雇用エージェンシーが要件を充足していることを通知する。

　(3)使用者または従業員代表が手当支給を申請する。人的要件の説明が求められる。

　(4)雇用エージェンシーから支給または不支給が通知される。

　なお，申請（Anzeige）は使用者または従業員代表（ないし公務員代表 Betriebsvertretung）のみがなしうる（173条1項）。(1)の手続きでは，仕事不足を疎明しなければならない。それは証明を求められるのではないので，仕事不足の高い蓋然性を示せば足りる。たとえば，操業短縮の事業所協定，賃金一覧表，受注状態に関する申告，休暇および勤務免除（Freischicht）に関する事業所協定である。使用者が申請する場合には，対応する従業員代表（ないし公務員代

表）の意見表明を添えなければならない。ここで申請にあたっては，所定の書類に，企業名，関係する事業所，仕事不足の始期，短縮された労働時間，事業所で実際に雇用されている労働者数，操業短縮に関係する労働者数，仕事不足の理由が記入される。

　事業所当事者による申請を受けて，労働官庁（Arbeitsamt）（正確にいえば，その監督下にある公法上の団体である雇用エージェンシー）は調査をして申請内容が事実であることを確認する義務がある。

2　要　件

　労働者はつぎの4つの要件を満たす場合に手当請求権を有する（社会法典第三編169条）。すなわち，(a)重大な仕事不足があり，(b)事業所面の要件が充足され，(c)人的要件が充足され，かつ，(d)仕事不足が雇用エージェンシーに届け出されている（anzeigen）ことである。

　(a)事業所における重大な仕事不足

　この規定では，つぎの場合に仕事不足は重大である（170条）。

　イ）経済的理由による場合（たとえば，受注不足）または防止不能な（unabwendbar）出来事（たとえば，異常な気象状態または官庁の命令）が発生する場合，

　ロ）それが一時的であり，

　ハ）それが回避不能であり，かつ，

　ニ）請求期間の各月で，事業所または一部門の労働者の10％（2009年改正以前は3分の1）以上に，賃金の10％以上の減額が生じること，である。

　イ）「経済的理由による」こと。この概念は包括的であり，操短手当の目的にかかわって規定されている。事業所の一部に生じても該当する。典型的には，景気変動，受注不足，売上げ減少，原材料または資本金不足，通貨上の原因，当該産業部門または地域の構造変動，労働争議の間接的な影響などの場合である。雇用エージェンシーは申請時点でその存否を判断する。また，仕事不足がほかの措置で回避できないかどうかも審査する。なお，この経済的原因のいくつかは使用者の通常の経済的リスクに含まれるので，それはここでいう経済的原因には含まれない。原因の競合が生じる場合には，ここでいう経済的原因が

本質的で主要であることが必要である。

「防止不能な出来事」とは，事案の特殊性から考慮される諸事情のもとで合理的な注意を払ってもなお生じる出来事と理解されている。それは法律条文に例示されていて，たとえば，通常の気候では生じない異常な天候不順による場合であり（170条3項1文），さらに，自然災害，火災および伝染病などである。季節的にみて異常な霜発生により操短を行う場合も該当する。天候に起因する仕事不足は，造船業，農林業，製材業およびレンガ製造業などの屋外作業でよく発生する。なお，それが仕事不足につながる必要がある。

また，官庁から指示ないし周知された措置で，使用者側から抗しようのない措置による仕事不足も防止不能な出来事に該当する（170条3項2文）。たとえば，官庁から事業縮小を命じられた場合，また，ガス，水道または電気の供給削減を命じられた場合である。

ロ）「一時的である」こと。これに該当するか否かは，全体的状況のなかで判断される。近いうちに（in absehbarer Zeit）通常勤務（Vollarbeit）に復帰する確実な見込みがある場合である。

この「近いうちに」という概念は，実務では操短手当受給期間内に，すなわち6カ月以内（長くても24カ月）に，通常勤務に復帰することを意味する。操短手当の支給目的が職場の維持であることに鑑み，それが一時的であるか否かは，支給期間から機械的に当てはめられるのではなく，当該事業所の事情を考慮して柔軟に判断されている。

実務では，近いうちに職場（Arbeitsplatz）の大部分が維持される，または作りだされることが計画から推測されるか否かが審査される。提出された計画から，仕事不足の期間と職場維持または創出のための措置との関連，ならびに通常勤務への復帰の時期が明らかでなければならない。

通常勤務への復帰に関しては，従来の雇用数が維持されることは必ずしも条件となってはいない。残った職場労働者で通常勤務に戻ることが重要である。この点で操短の実施は，事業所組織法111条の事業縮小に関連している。

仮に破産が差し迫っている，またはすでにその手続きが開始されていても，操短手当の支給は妨げられない。事業所の存続または譲渡の確かな見通しがあ

り，それを破産管財人または従業員代表が根拠をともなって示すならば，雇用エージェンシーは破産を理由に支給を除外することはできない。それでも再建の財政的な見通しを欠くような場合は，仕事不足は一時的ではないと理解され除外される。

仕事不足が一時的であることは支給期間全体を通じて求められ，その要件がなくなればその時点で支給停止の決定が下される。

ハ) 仕事不足が回避不能であること。事前に使用者と従業員代表の間で仕事不足を避けるための予防措置が講じられていて，それでも仕事不足が生じた場合には回避不能であったとみられる。仕事不足を回避する努力は支給期間中も求められ，支給期間中でも仕事不足が回避可能になれば，その時点で支給要件はなくなる。使用者がミスで回避のための措置を怠るならば，支給は停止される。怠った例として，経営技術上可能であるにもかかわらず倉庫や原材料の保管業務で必要な片付けや修理を怠ること，労働法上可能な場合に操短労働者を配置換えしないことがある。

雇用エージェンシー側からは，この要件を充足しているか否かにつき，不正防止のために厳密に審査される。その調査のために雇用エージェンシーは権限と義務を有する。それでも，操短回避のために求められる措置が具体的に可能であり，経済的に合理的で，かつ資金的に可能であったかどうかが考慮される。さもなければ，職場保持のために操短を行うという本来の目的が損なわれかねない。配置換えも，その労働者に対し個別法的および集団法的に可能であり，時間外労働が行われている部門があるような場合のことである。

操短が実施されている部門で時間外労働が操短開始前からある，また他の部門でそれがある場合には，回避が可能であると判断される。この場合，時間外労働があるにもかかわらず操短手当を申請するには，申請者はその時間外労働がやむを得ない理由（たとえば，少人数の組立工だけが組み立てまたは修理の能力を有し，その者が時間外労働をすることが操短の規模を抑えることにつながることなど）を示さなければならない。

(b) 事業所の要件（171条）

操短手当の取扱いでは，常時少なくとも1人が雇用されている事業所であれ

ば，事業所要件は満たされる。その際に，事業所の一部も「事業所」として扱われる（同2文）。したがって，事業所の一部で操短の必要性があれば足りる。「常時」とは，たいてい人を雇っていれば充足される。

このように適用事業所は，「企業」ではなく，かつすべての事業所であり，雇用エージェンシーが適用対象事業所に該当するか否かの判断で悩むことはさほどない。操短手当の目的が職場の確保であることから，これは緩やかに解されている。それは必ずしも経済的目的の施設だけでなく，官庁，学校，公共交通機関，病院など非営利的施設を広く含む。したがって，仕事不足の原因も経済的原因に限定されない。

(c) 人的要件（172条）

人的要件は，以下の場合に満たされる。すなわち，

イ）仕事不足の発生以来，労働者が社会保険加入義務のある雇用を継続し，やむを得ない理由により受け入れ（aufnehmen）られている，もしくは職業訓練（実習）関係の終了後に続けて採用されていること，

ロ）労働関係が解約されていない，または合意解約により解消されていないこと，かつ，

ハ）労働者が操短手当受給から除外されていないこと（たとえば，失業手当の受給期間中はこの対象から除外される），である。

以下の労働者は，対象外である。すなわち，職業訓練に参加していて扶養費または移行手当（Übergangsgeld）を支給されている労働者[17]，病気手当受給期間中の労働者，劇場，コンサート企業または興業事業の労働者である（172条2項）。また，申請手続で雇用エージェンシーから要請ないし命令された方法に協力しなかった労働者なども対象外である（172条3項）。

3 手当額（178条）

操短手当額は，喪失した実質賃金額（いわゆる実質賃金格差）の60％であり，扶養児童をかかえる労働者ではその67％である。

操短手当受給中，労働者はほかで雇用されたり，自営的活動をして収入を得ることを禁じられている。

4 受給期間

いわゆる景気変動的操短では法律条文上は上限6カ月であり（177条），それに対し独立した事業組織上の単位における操短，いわゆる転職操短手当（Transferkurzarbeitergeld）では上限12カ月である。

この6カ月原則は，その後時限立法で繰り返し延長され，2006年までは15カ月まで延長された。2008年リーマンショック以後の経済危機でも同様であり，2009年以来上限24カ月に延長され，2010年以後に始められる操業短縮は18カ月が上限とされている。

5 手当財源

操短手当の財源は，労働者側が50%，使用者側が50%を負担する。それぞれが賃金の3.25%分を負担する（341条2項）。それでもなお財源が不足する場合には，税金が投入される。

5 むすびに

1 ドイツ法の特色

操業短縮に関し，従業員代表の参加に関する事業所組織法で明記されている。そのうえで，具体的な実施のためには労働者に操業短縮にともなう賃金減額の法的効力が及ぶために法的根拠が必要とされる。

また，操業短縮手当に関しては，「重大な仕事不足」によるものであり，労働者の3分の1以上に，賃金の10%以上の減額が生じることが必要であること，などの支給要件が社会法典第三編に詳しく定められている。要件に該当するか否かは雇用エージェンシーで審査される。操短手当額は，喪失した実質賃金額の60%であり，扶養児童をかかえる労働者ではその67%である。操短手当の財源は，労働者側が50%，使用者側が50%を負担する。それでもなお財源が不足する場合には，税金が投入される。整理解雇を回避するために，転職操短手当という特別な種類の手当もある。

そして，ドイツでは操業短縮実施には従業員代表との共同決定，すなわちそ

の同意が必要である。共同決定の目的は，労働者の賃金減少を保護すること，および，使用者に対し変更解約告知なしに労働時間を短縮することを可能にすることである。

このように，ドイツでは操業短縮および操短手当は法的に整備されたものになっており，実際に頻繁に活用されている。

2　日本との相違点

これに対応する日本の制度は，労働基準法26条にもとづく休業手当と使用者に対する雇用調整助成金制度である。

日本では休業手当の金額は法律で喪失する賃金の60％以上とされていることにほぼ相当する。ただし，財源負担で大きく異なり，ドイツでは失業保険とセットにして取り扱われ，労使折半であるのに対し，日本では使用者側のみが負担する。これは手当支給の回路が異なり，ドイツでは操業短縮手当は労働官庁から労働者に支給されるのに対し，日本では休業手当を使用者が労働者に支給し，そのうえで労働官庁が使用者に助成金を支給するという手続きをとることと深くかかわる。

1） Vgl. Michael Kittner/Bertram Zwanziger (Hrsg.), Arbeitsrecht, 4. Aufl., 2007, S. 722ff. (Christian Schoof)；Günter Schaub/Friedrich Schindele, Kurzarbeit-Massenentlassung-Sozialplan, 2. Aufl., 2005；皆川宏之「雇用危機と労働法制」法律時報81巻12号（2009年）29頁以下。
2） Schaub/Schindele, a. a. O. (N. 1), S. 2, 5
3） DB 2001, S. 1152
4） Arbeitsrecht im Betrieb 1991, S. 94；Kittner/Zwanziger (Hrsg.), a. a. O. (N. 1), S. 726ff.
5） 藤内和公『ドイツの従業員代表制と法』（法律文化社，2009年）87頁。
6） Schaub/Schindele, a. a. O. (N. 1), S. 8, 10, 19
7） AP BAT-O §199 Nr. 1
8） Kittner/Zwanziger (Hrsg.), a. a. O. (N. 1), S. 728
9） 藤内・前掲注（5）112頁。
10） 藤内・前掲注（5）198頁。

11) Fitting/Engels/Schmidt/Trebinger/Linsenmaier, Betriebsverfassungsgesetz, 23. Aufl., 2006, §87 Rn. 151 ; Schaub/Schindele, a. a. O. (N. 1), S. 6, 19
12) AP Nr. 2 zu §87 BetrVG 1972 Arbeitszeit
13) Schaub/Schindele, a. a. O. (N. 1), S. 23
14) AP Nr. 26 zu §99 BetrVG 1972 Eingruppierung
15) Fitting u. a., a. a. O. (N. 11), §87 Rn. 102ff. ; Schuab, Arbeitsrecht-Handbuch, 11. Aufl., 2005, §235 Rn. 13
16) Kittner/Zwanziger (Hrsg.), a. a. O. (N. 1), S. 733 ; Schaub/Schindele, a. a. O. (N. 1), S. 153ff., 156, 173. 操短手当の支給状況につき，嶋田佳広「海外労働事情85・ドイツ失業回避への挑戦」労働法律旬報1698号（2009年）28頁以下。
17) これは社会法典にもとづく手当で，医学的なリハビリまたは障害者が職業生活に復帰することを促進する措置に参加している期間中に支給されるものである。

失業給付における自発的な離職

丸谷　浩介

1　はじめに

1　私的自治への介入

　雇用保険法では，正当な理由のない自己都合退職につき待機期間の満了後，一定期間基本手当を支給しないという給付制限規定を設けている。
　そもそも，私人間における労働契約の解除に関して，国家ないし保険者がその帰趨に関心を抱き，何故に特定の失業者・求職者には給付を制限するのであろうか。換言すれば，私的自治に支配される私法上の法律行為の態様によって，生存権に根拠づけられた給付を規制することになるのであろうか。これが本稿の問題関心である。

2　雇用保険法における自己都合退職

　周知のように，離職者の離職理由が正当な理由のない自己都合退職（法33条1項）であると判断された場合，次のような法的効果が生じる。
　離職者本人については，直接の法的効果として同条の規定により「第二十一条の規定による期間の満了後一箇月以上三箇月以内の間で公共職業安定所長の定める期間」である三ヶ月間の基本手当が支給されないことになる。つまり，離職者には都合四ヶ月以上賃金収入や社会保障給付がなくとも生活が可能であ

るか，退職時に再就職先が決まっている必要がある。したがって，自己都合により退職する者は，次の雇用関係についての見込があるか，給付制限期間中の生活の糧の見込がなければならないであろう。

　他方，離職者本人に対する間接的な法的効果としては，自己都合退職に関する「正当な理由（法33条1項）」と特定受給資格者の認定基準は相当程度重複しているので，自己都合退職者には特定受給資格者（法23条2項）や特定理由離職者（法13条3項）に該当しなくなる。これによって所定給付日数の上で不利益を被ることとなる。

　さらには，2010年地方税法，国民健康保険法施行令改正において，雇用保険法の特定理由離職者・特定受給資格者の国民健康保険料（税）算定につき，所得割額に係る前年度所得を30％に軽減評価することとした。意図せざる解雇を受けた国民健康保険の新規被保険者は，前年度所得で評価する国民健康保険料（税）が高額になることがあるのでこれを抑制するためである。

　これらの事情から，離職者にとっては自己都合退職よりも会社都合退職との取扱をされる方が有利ということになる。他方で，使用者にとっては，労働契約期間の満了といったような明確な事象でない限り，会社都合退職は解雇であると考えられることがあり，労働契約法16条の解雇規制に服するほか，社会的体面上可能な限り解雇を回避したいと考えても不思議ではない。したがって，事業主にとっては，自己都合退職の取扱を選好させることになるであろう。

3　準解雇の法理と自己都合退職

　このような問題状況に鑑み，個別労働関係紛争では使用者が合意解約を主張するのに対して労働者が解雇を主張するという場面が広がっている[1]。「退職を余儀なくされた」という，現実の雇用関係の終了には外形上労使間の合意によって，あるいは労働者の意思表示によるものであっても，労働者の表示意思の形成過程に瑕疵があり，あるいは少なくも本意ではない表示意思によるものも少なくないように思われる。

　退職を余儀なくされた労働者を救済する理論として，英米における準解雇法理を参考にして主張する学説がある[2]。この説では，「使用者の追い出し意図に

基づく行為によって労働者の退職がもたらされたと言える場合，その退職が労働者と使用者との合意解約によるか労働者の解約告知によるかを問わず，使用者に解雇を正当化しうる事由が存しない限り，当該使用者の行為と雇用の終了とを一体として準解雇を構成する」として，損害賠償請求を認める（解雇無効ではない）。

仮に準解雇の法理が定着したとしても，私法上の効果を発生させるに止まる。いかなる離職が準解雇に相当するかという判断と，いかなる離職には給付制限をすべきか（すべきでないか）という問題は，別途論じられてもよい。そこで本稿では，イギリスの失業関連給付における自発的離職者に対する給付制限規定の構造を明らかにし（2），法が定めている「正当な理由のない自発的な離職とはいかなる場合であるのかを，裁決例や裁判例を通じて明らかにする（3）。これにより，我が国における自己都合退職の判断に関する示唆を得る。

2 自発的離職への給付制限

1 展開

イギリスにおける失業保険法性の嚆矢は，1911年国民保険法である。同法は国労使の三者が拠出する保険料によって構成され（同法85条2項），保険産業労働者の失業保険にかかわる権利を規定していた（同法84条）。離職者が労働能力を有し，適切な雇用を得ることができない場合には，過去5年間に26週間を下回らない雇用関係にあった場合に限り，失業給付を支給される（同法86条）。ただし，離職者が非違行為によって解雇された場合と正当な理由がなく自発的に離職した場合には給付を6週間欠格するとの規定を設けていた（同法87条2項）。その一方で，雇用関係が継続している労働者に対しては，保険者から使用者負担分を返還するとともに（同法94条），労働時間の短縮操業をした場合にも使用者負担分を返還するとの規定を設けていた（同法96条）。そもそも失業保険の対象となる保険産業は，建設業や造船業等の景気変動に伴う周期的失業が発生しやすい産業部門に限られていた。これらの事情から，失業保険制度は解雇補償的な性格の濃いものであったといえる。したがって，自発的に離職した者への

給付は例外的措置に止まった。

当時の説明によると，雇用の喪失に関しては使用者に対する非違行為や正当な理由のない自発的離職について，利己的な失業者を社会保障給付から「欠格させる」ということが繰り返し強調されてきた。それ故に，1911年法当時から「自発的な離職」というものが，単に外形的に労働者から使用者に対する辞職の意思表示のみを指すのではなく，給付申請者の離職事由を精査して自発的か否かを判断してきたのであった。この判断は，社会保障不服審判所などによって生成された膨大な判例法によってルール化がはかられてきたのであった。しかしながらこのルールが制定法上明文化されることはなく，現在でも判例法理によって判断基準が生成されていると言っても過言ではない。

ところで保険料返還制度は1920年失業保険法によって廃止された。そして給付制限の期間に関しては，離職の態様に応じて1週間から6週間までの間で裁量的に決定されることになった。しかしながら，失業給付の対象者が原則的に非任意的な失業者としている立法上の基盤には変わりがない。1930年の失業保険法で不誠実な求職活動に関する給付制限が強化されたけれども（同法4条），自発的な離職に対する給付制限の基本的な構造は変更されなかった。これは，1942年のベヴァリッジ報告を受けた社会保障制度の再構築期においても同様であった。

これに変革をもたらしたのが1980年代のサッチャー保守党政権である。保守党政権は，自発的な離職状態に対する給付制限を通して，労働市場の流動化を促進させることとした。

すなわち，1980年代には剰員整理解雇手当を拡充するとともに，解雇規制を緩和する一方で，1986年には従来6週間であった給付制限期間を13週間に延長し，次いで1988年にはこれを26週間へとさらに延長したのであった。[3]

1992年社会保障拠出給付法では，その28条で自発的離職に関する給付制限を規定する。実は，この92年法までは欠格日数が失業日数に含まれないことになっていた。すなわち，我が国雇用保険法でいうところの所定給付日数を削減するというものではなく，一定期間の待機を給付の待機を求めるというものであった。したがって，所定給付日数の312日の総日数自体に影響しないものであ

った。

　1995年に失業給付が求職者手当へと変更されたが，これによって自発的な離職に対する給付制限についても従来とは異なる意味が付与された。国民保険制度における失業給付制度は，1995年求職者法によって国民保険財源による拠出制求職者手当と稼働能力者に対する資力調査制求職者手当へと再編された。両者は保険料納付実績や資産活用などについて異なる要件が設定されたものの，基本的な給付水準や給付行政にさほど相違があるわけではない。

　しかし，1995年法は拠出制求職者手当の所定給付日数を26週間に半減させるとともに，給付制限期間は拠出制求職者手当の所定給付日数を削減する効果を持つこととした。これにより，自発的に離職した場合には保険給付がそのまま削減されることとなった。これは同時に，求職者手当を受給していることが要件となっている他の社会保障給付，たとえば住宅手当などの関連給付をも受給することができなくなるという効果を持つことになった。したがって，給付申請者にとっては，その離職が正当な理由のない自発的離職に該当するか否かということが，従来にも増して大きな意味を持つこととなったのである。このような事情から，給付制限のことを「欠格」から「制裁」へと呼称が変更されるなど，その法的な意味づけが大きく異なるようになってきたのである。

　このように重要な意義を持つ自発的離職状態の判断は，給付判定官にとってもまた重要な意味を持つことになった。意思決定を行う国務大臣と不服審査にあたる社会保障（上訴）審判所が扱うことのできるこの問題に関する裁量権限もまた，縮小された。これは，求職者法の委任立法である求職者手当規則がその詳細を定めているからであり，排除期間の決定に係る考慮要素，正当事由の考慮要素などについて，いくつかの例示がされているのである。

2　法の構造

　自発的な離職に関する給付制限の根拠規定は，1995年求職者法が現行法である。同法によると，次のような法構造をもつ。

　求職者手当の受給要件を満たした求職者が，「正当な理由なく自発的に離職した場合（同法19条6項b号）」，当該求職者に対する求職者手当は支給されな

い（同法19条1項）。しかし，剰員整理の過程で辞職に応じた者は，自発的に離職したものとはみなさない（同法19条7項）。そして，19条6項b号にいう正当事由については，1996年求職者手当規則73A条に定められている。また，給付制限期間については国務大臣が26週間を超えない範囲で決定するものとされ（同法19条3項），給付制限期間決定の裁量権行使にあたっては規則70条が参照される。

本要件の充足性判断にあたっては，給付判定を行う国務大臣側に立証責任があり，当該離職に正当事由があるか否かの立証責任は求職者側にある。

そうすれば，本稿は①いかなる場合が正当な理由のない自発的離職にあたるのか，②自発的離職に対する給付制限期間の裁量権行使，③立証責任について検討しなければならいことになろう。しかし，紙面の制約から本稿では①に焦点を当てて検討しよう。

3 自発的離職の判断

1995年法19条によれば，給付申請者が給付制限を受ける自発的離職に該当するために，次の三要件を満たす必要がある。すなわち，(a)申請者が離職したこと（離職の事実），(b)離職が自発的であること（自発性），(c)離職に正当な理由がないこと（離職の正当性）である。以下ではこの三点について検討を加えることにしよう。

1 離職

「離職」に関する法律上の定義規定は存在していない。文字通りの雇用契約の解除が離職を意味するのは明らかではあるが，雇用関係における労働者による一時的な労務提供の拒否ないし使用者の労務受領拒否，長期欠勤が離職状態にあたるのかが問題となる。

これに関する裁決例は次のような事例である[4]。巡査部長たる申請者は，退職年齢まで数年を残して早期退職しようとしていた。退職にあたって遠隔地に自宅を購入したため，通勤が困難となった。申請者は退職に先んじて使用者と相

談し,相談から二週間後に別の雇用関係に入ることとなった。この間,雇用関係は継続しているものの,労務提供がなされなかった。コミッショナーは,当該事案に関して申請者の雇用関係が継続しているにもかかわらず労務提供がなされていない状態を離職にあたるととらえた。ただし,事例解決としては正当な理由のない自発的な離職にあたるものと判断した。

このように,一時的な労務提供拒否が離職にあたるということは,使用者による労務の受領拒否も,それが賃金請求権を伴わない場合には離職状態にあたるといえるであろう。したがって,雇用契約が継続しているか否かが離職のメルクマールにあるのではなく,労務の提供とその反対給付としての賃金請求権の存否がこれを決する指標となるといえよう。このため,この事例では離職の立証責任は給付判定官側にあるとされている。申請者が給付を求めるのは自らが離職していることを前提としてそれを行っているのであるから,これを否定することは給付判定官側が立証しなければならないということである。

2　離職の自発性

(1)　**離職の自発性が認められる事例:申請者の意思表示の錯誤**　一旦申請者が自発的に離職したことを証明したならば,次に彼にはその離職について正当な理由があったかどうかを示すことになる。それ故に,最初の問題はその離職が彼にとって自発的なものであったのかどうか,それとも辞職が強制されていたのかを判断する必要が生じることになる。申請者の離職の意思表示を生じさせた内心はいかなる契機によってもたらされたか。

申請者の辞職の意思表示自体が内心と一致するけれども,その内心が錯誤による場合である。申請者が,もはや解雇が避けられないという確信があったけれども,それが単なる思い込みに過ぎないときであっても,彼には自発的に離職したものと取り扱われる。次のような事例である。

判決までの間休職していた係争中の土木技師は,使用者との間に判決の結果によっては解雇されるという合意が存していた。土木技師は有罪判決を受け,雇用関係に復帰することはなかった(辞職の意思表示が黙示的に存在した)。審判所は彼が自発的に離職したものとはいえないが,使用者は彼を解雇するであろ

うから，その場合には自発的に離職したものと同一視しうる，とした。

さらに，これとは逆に使用者が契約を終了させるような場合であっても，申請者が自発的に離職したと取り扱われる場合がある。この規則は，自らの行為が使用者の解雇を生じさせることを了知しているにもかかわらず，申請者が故意に（deliberately and knowingly）これを行った場合にも適用され，申請者は自発的に離職したものとされる。ただし，この論点は次に述べる使用者側の意思表示に関与する申請者側の行動という論点になるので，ここでは省略する。いずれにせよ，申請者側の意思表示がいかなる態様であったとしても，その行為が解雇を惹起させるものであるならば，それは自発的な離職を構成しうるものといえよう。

(2) **退職の強要：先制的意思表示**　自発的な離職の典型例は，離職の意思表示に係る申請者の内心と表示意思が合致し，これによって雇用契約関係が終了していることである。実際，ほとんどの場合には離職の自発性が問題になることはなく，争いが生じるのは離職に係る正当な理由の存否である。それでも自発性が問題になるのは，①使用者などの関係当事者から退職を強要されるような場合，②解雇の意思表示に関し，使用者の表示意思形成過程に労働者の意思が介在する場合である。ここでは使用者の意思表示における錯誤の事例を検討しよう。

会社の専属劇団の俳優が，会社に対して自身の辞職を賭けて行っていた要求が受け入れられなかった事例[7]では，後に解雇の意思表示がなされたにも関わらず，自発的に離職したものと審判所が判断した。すなわち，申請者側は解雇の確信に基づいてそれを誘発するような行為をなすということは，表示意思が使用者側からの発意によるものであっても，先制的に行われた表示意思を尊重するという考え方である。

このような先制的意思表示の尊重論は，労働者による辞職の意思表示撤回についても適用される。雇用関係の終了を告知した労働者が，これに続いて「軽率且つ愚かにも」これを思いとどまって反対の意思表示をした場合[8]である。使用者はこの意思表示を受け入れず，コミッショナーは申請者が自発的に離職したものと判断した。

一方，専制的意思表示尊重論には，表示意思の形成過程における当事者の真意が排除されるという欠点を持つ。そこで，雇用契約解除の原因が労使のいずれにあったのかを探求する必要性が生じる。つまり，使用者側の意思表示としての解雇の形態を取るものの，解雇の意思表示形成過程には，雇用契約の解除が避けられない申請者側の行為があったことが重要な地位を占めていた場合に問題となる。これには次の二つの事例がある。

第一は[9]，申請者が雇用の条件として課されていたＸ線の受診を拒んだ場合があげられる。食堂のアシスタントとして採用が内定していた申請者は，採用時健康診断でのＸ線検査の受診を拒み，これを理由として申請者は解雇された。コミッショナーは，「もしも，Ｘ線検査を受診しなければ解雇されることを彼女が了知しつつも，彼女が故意に受診拒否しているということは，自発的な離職を構成する」と判断し，この解雇は申請者の自発的な離職にあたるとされ，失業給付の給付制限を受けた。

第二は[10]，労働者が休暇を願い出たにもかかわらず使用者がそれを拒否したので，労働者が欠勤した事例である。雇用契約上の義務を労働者が履行しない（債務の本旨に従った履行の提供をなさない）ということが，辞職と同一視しうるか，という論点である。審判所は，申請者の行為が自発的な離職を構成すると判断した。従ってこの場合も申請者側の行為が惹起する解雇が，自発性を肯定するということを再確認させる。

(3) **自発性が認められない事例**　これに対し，自発性がないものと認められる事例には次のようなものがある。

第一は[11]，申請者が雇用契約条項に退職年金制度への加入が強制されていることを知らず，使用者から提示された年金制度に反対していたという事例である。コミッショナーは退職年金への加入拒否を理由とする解雇が自発的な離職を構成せず，年金制度加入拒否が解雇を招来させたとまでは言えないと判断した。

第二は[12]，次のような事例である。申請者の雇用契約条項には時間外労働に関する言及がなかったが，就労開始後，現場責任者から毎日時間外労働をするように命じられた。申請者は時間外労働を拒否したのみならず，契約条項にある（時間外労働ともならないような）他の仕事も拒否した。申請者は一週間の解雇予

告期間の後に解雇された。コミッショナーは、申請者には使用者の望みを受け入れて解雇を避けることができたものの、彼がそのような行動をとらずに就労を拒否したとしても、使用者による雇用契約上の債務不履行を重視し、それをもって自発的な離職を構成しないと判断した。

第三は[13]、クローズドショップの英国国有鉄道の労働者が、労働組合加入を拒んだために解雇された事例である。コミッショナーは、この解雇が自発的な離職を構成しないと判断した。

ところで、剰員整理過程における早期退職への応諾は、自発性なしとされる。1991年の事例[14]では、使用者が剰員整理を行う過程において、早期退職者を募集した。これに応じなければ剰員解雇が避けられないという状況下、これに応じた申請者が自発的に離職したものとして給付制限を受けた。剰員解雇該当者には1975年社会保障法での保護が予定されているのであるが、この利益を自ら放棄したというのがその理由であった。コミッショナーは、たとえ申請者が剰員解雇における早期退職に応募せずに長期間働く事ができたとしても、早期退職に関して使用者との間で合意されているのであるから、それは自発的な離職には当たらないのだとした。つまり、表示意思は辞職であったけれども、その意思の形成過程を踏まえると合意解約であると判断するのである。

このような剰員解雇に関する保護は、制定法上も明らかにされた。1985年社会保障法以来、現在も以下のような規定を置いている[15]。「1996年雇用権法139条1項にいう剰員整理を理由とした使用者による解雇に関し、労働者が当該解雇に自発的に応じたり合意するような場合、当該被用者は自発的に離職したのではなく、非自発的に離職したものと扱われる」と。

この条項はさらに、本来ならば剰員整理に応じて自発的に離職したにもかかわらず、自発性を否定する下位規則を制定させる契機となった。これには、①解雇に応じていたり合意した(この意味では、解雇でなく合意解約の申し込みに対して合意したということになる)後に、剰員整理を理由として解雇された場合、②解雇の意思表示がなかったにもかかわらず、剰員整理に応じるように説得され、結果として離職したとき、③事業所がレイオフや短時間操業を行っているときである[16]。

Ⅱ　自治と規制の法政策

　1985年法当時は剰員整理に応じなかった場合のみを規定していたのであるが，上記1991年の裁決例[17]で労働法上の「解雇（dismissal）」と社会保障法上のそれとが異なる意味を持つことを許容したのであった。上記の剰員整理解雇の事例はこれを明らかにしたものと評価されうる。

　したがって，社会保障法上の「解雇」というのには，労使が将来生じうる剰員整理を想定していかなる形態であれ労働者が離職することに合意することをも含む，ということになった。この解釈には，離職時の生活保障を置くという政策目的とは首尾一貫したものであり，これを明文化して規則の第二項・第三項を制定させることになったのである。

3　離職の正当事由

(1)　**制定法上の定め**　　求職者法自体には，正当な理由の定義規定をおいているわけではない。ただ，同法19条8項(a)(ii)が「申請者の作為，不作為に関する正当な理由」を規則で定めるとしており，この委任を受けた求職者規則73A条が次のように定めている。すなわち，申請者の作為若しくは不作為について正当な理由があるか否かの決定については，以下の事情を考慮しなければならないというのである。

　①申請者を雇用関係に置けば不合理を生じさせるような子どもへの養育責任があるとき（同規則73A条2項a号）。

　②申請者が雇用関係に入った場合に必要となる保育費用が，申請者の報酬水準からみて高額に失する場合（同条2項b号）。

　正当な理由として制定法上認められているのは，このような児童養育に関する事項に限定されている。それ以外の事情について正当な理由があるのか否かは下位規則に委ねる事としているが（求職者法19条8項(a)(ii)），現在に至るまでその具体的内容が定められているわけではない。それ故に，全て解釈問題に帰することになる。

　しかしながら，具体的問題の解釈にあたって，その考慮要素として特別の扱いを受ける事情がある。賃金水準の低下がそれである。かつて賃金水準の低下は正当な理由を構成すると判断されていた。1953年の裁決例[18]がそれである。

出来高払いの労働者が使用者から雇用期間の変更を申し入れられ、これを拒否したことを理由に即時解雇された。この雇用期間の変更は週あたり賃金の低下を招くものであり、これを拒んだことで雇用関係の終了がもたらされたのであった。労働者には状況を改善するための検討の余地がなかったことから、解雇が自発的な離職を構成するけれども、それには正当な理由があるものとされたのである。

しかしながら、国家が労使関係に介入することは望ましくないばかりか、労働力を流動化させるためには賃金の低下を労働者が甘受すべきであるとの考え方が支配的になってきた。そこで、1985年の法改正によって、制定法上賃金低下が正当な理由を構成しないと明文化したのであった。

そこで、現行の求職者法19条9項は次のように定めた。申請者に正当な理由があるか否かを判断するに際して、当該雇用における賃金水準は考慮しない、と。

この政策目的は、低賃金故の離職を阻止し、そのように利己的な求職者に給付を与えることによって、社会保障財源の適正な配分を阻害することを防止するためであると考えられている[19]。制定法上違法となる国家最低賃金額以下の賃金を許容するものではないが、それ以上であれば社会保障法が労使間に介入すべきではないからである。

(2) **離職と利害関係者の利益** 正当な理由の解釈は、制定法上の考慮事項以外についてはかなり広範にわたることになる。この解釈に関するリーディングケースとして、1982年のCrewe事件控訴院判決がある[20]。事案は以下のようなものである。

児童数の減少に悩む地方教育当局は、教育上及び財政上の理由から、中高年教員を削減して若年教員へと刷新する計画を練っていた。地方教育当局は50歳以上の教員に対する早期退職制度を導入し、対象者には賃金相当額の年金が支給されることになっていた。

61歳の教員Creweは早期退職制度に応募し離職した。Creweは再就職する意欲が乏しいものの、1975年社会保障法に基づく失業給付の申請をした。保険給付を掌る保険官と地方社会保障審判所の審判員は、Creweが1975年社会保

Ⅱ 自治と規制の法政策

障法20条1項a号にいう「正当な理由なく自発的に離職した」ものと判断し，失業給付を6週間欠格させることを決定した。Creweは社会保障コミッショナーに控訴したが，コミッショナーは審判所の判断を支持した。そこでCreweは，早期退職制度に応じることは使用者の利益に適うものであり，ひいては地域コミュニティの利益にも適うものであるから，給付の欠格が不当であるとして控訴院裁判所に訴えた。

　控訴院裁判所は，次のような理由付けで訴えを退けた。「国民保険制度の原則論は，非自発的に生じてしまった失業に関して保険をかけるものである。それゆえに，すべての被保険者は失業が自発的に生じないようにする一般的な義務を負っている。法の規定する『正当な理由』があって自発的に離職したということを示すためには，国民保険基金によって担われている失業給付の拠出負担に対し，当該事例においては自発的に離職することが正当かつ合理的であるということを証明しなければならない。それ故，被用者が自己と使用者，コミュニティにとって離職が合理的であるということを示すだけでは十分ではない。また，被用者と保険料拠出者との間だけで法20条1項a号がいう「正当な理由」があって離職したか否かを示す必要もない。すなわち，本件で申請者は離職によって十分な財政的給付を得ているのであり，他の仕事を探そうとしているわけでもない。このことは，離職から6週間分の失業給付を行って保険財源に費用負担を強いることが正しいとも合理的であるともいえないことになる。以上の理由により，申請者の控訴を棄却する。」

　つまり，「正当な理由」には，国民保険基金の拠出者という利害関係者と，申請者の利益とのバランスが含まれることになるというのである。そもそも本判決も審判所のいくつかの判断を踏襲するものであった[21]。本判決と審判所の裁決によると，自発的な離職に対して社会的に保護を与えるか否かの判断につき，申請者の最善の利益の問題に帰着するのではなく，また同様に，被用者と使用者との正当性にあるのでもないということになる。さらには，公共の利益一般に還元されるのでもない。彼が正当な理由なく離職したというためには，当該事例において合理的に行動したと証明する必要がある。それは，彼の失業が，国民保険基金に投げかけるであろう負担を正当化させるほどのものでなければ

ならないということを意味している。これは同時に、早期退職という事象自体は使用者から提示された合意解約の申し入れに対する労働者側の応諾という法律構成になるのではあるが、この外形によらず退職意思の形成過程に着目した判断を行っていると考えることができる。

それでは、この判決の射程はどの程度か。この効力について、Crewe 事件に先立つ Stratton 事件[22]の王座裁判所は「コミッショナーの決定が長期にわたって変更されず、規則の変更もなく、移送命令書にも異議申立がされず、当事者すべてがそのような慣行に従っている場合、それは拘束力を持つべきである。上級裁判所がこれに対する例外的状況として残されているべきではない」と示していた。それ故に、労使間のみならず保険基金に対する正当事由を考慮すべきとの思考について、制定法上明文の変更などがなければ、このような判断が継続する。

(3) **裁決例の展開**　このように、正当な理由の有無は申請者の利益が保険基金、ひいては保険料拠出者全体の利益に優越するか否かという視点で判断されることになる。そうすると、使用者が雇用契約上の義務を誠実に履行しない場合には、保険者全体の利益よりも申請者の利益が優先するということなる。それには次のような事例がある。

第一は、契約上の雇用契約の定めを使用者が履行していない場合である[23]。徒弟契約に基づき徒弟が受領していた賃金額が契約よりも低額であることを労働組合が指摘し、これに基づいて徒弟が自発的に離職した。使用者が徒弟契約を履行していないとして正当な理由があるとされた。

第二が、雇用契約上の義務履行に関する心身上の能力についての評価が適正に行われていないことを理由とする辞職である[24]。見習い事務員が6ヶ月の試用期間中6週間が経過したところで辞職した。使用者は彼に適正がないので長期にわたる試用期間を設定したのであるが、申請者にとっては自己の能力を過小評価されていると考えていた。審判所は正当な理由があるものと判断した。

第三は、家庭の事情から離職を余儀なくされる場合である。これには家庭又は個人的状況から見て通勤が困難になる事例があげられる[25]。申請者は妻と1歳の子どもと共に2階の屋根裏部屋で生活していたが、そこから転居したために

毎日の通勤が困難となり離職した。審判所はこれを正当な理由があるとした。また，他の事例として男性教師が妻と4人の子が，妻の調理師として与えられた小さな宿舎で生活していたものがある。申請者は，妻が働いている間に幼い子どもを養育するために離職したが，これには正当な理由があるものと判断された。

第四は，ショップ制に基づく辞職と解雇である。電気工が労働組合への加入を要求され，不本意ながらこれに応じて加入したものの，結局はそれを理由として離職した場合である。この事例でも正当な理由があるものとされた。同様に，クローズトショップ協定の下で労働組合への加入を拒否したことを理由として行われた解雇，組合費の支払い拒否を理由として労働組合を除名されたことによる解雇も，自発的な離職には該当しない上，正当な理由があるものと判断された。

これら雇用契約上の義務履行，能力評価，家庭責任，ショップ制は常に正当事由を構成するものとは限らない。たとえば，次のような事例では正当な理由がないものとされる。

郵便局の電話交換手が結婚にあたって離職し，離職時にのみ支給されることになっている結婚祝い金を受領した。後に彼女は臨時職員として再雇用されることを望んだが，郵便局はそれを拒んだ。審判所は，彼女が自らの財政的損失を覚悟して失業のリスクを冒したのであるから，自発的な離職に関する正当な理由がないものと判断した。

この判断は，自発的な離職が正当性を有するには，辞職時において次の雇用関係成立が確実視されていることが原則であるのだが，そのような場合にはそもそも生活保障を与えるべき失業者にはあたらないのだ，と説明される。

この場合の「確実視」というのは雇用契約の成立を意味するのではなく，次の職が見つかる見込という程度で良い。これは，生活維持の可能性が確実視されるか，ということを示唆する。警部補が51歳で早期退職した事例がそうである。引退年齢は55歳であったのだが，申請者は30年間の継続勤務によって経済的損失を被ることない警察年金の受給権を取得していた。コミッショナーは次のように述べて正当な理由がないものと判断した。「失業給付制度の主要目的

は，非自発的に失業してしまう事に備えた保険である。それ故に，すべての被保険者は他の失業給付基金への拠出者に対して，自らの行為によって保険給付を生じさせるような行動を取らないとの義務を負っている。『正当な理由』というのは定義づけられないのであるが，何が『正当な理由』にあたるのかについては，当該事案の事実関係から総合考慮される。」とし，求職活動を行わないということが保険料拠出者に対して背信的行為にあたるが故に正当性なしとした。

　つまり，本件では求職活動と雇用の見込が正当な理由を構成すると考えられたが，裁決例も指摘するように，それは事案における総合判断の一考慮要素に過ぎず，現行法では求職活動の態様も問われるために一般化することは困難である。たとえば，陸軍勤務の男性が配置転換を予定されていたので，その配偶者である女性労働者が自発的に離職したところ，夫の配転が先送りされているという事案[32]である。これについては特に雇用見込みどころか際だった求職活動を行ったわけではなかったのであるが，正当な理由があるものと判断された。

4　日本法への示唆と残された課題

　以上の検討から，次のようなことが示唆される。
　まず，雇用契約の解除をもたらす意思表示は，解雇と辞職，合意解約と契約期間の満了等があるけれども，社会保障給付の発生要件たる失業に関してはその外形がいかなる態様であろうともそれが絶対視されないということである。これは，労働法学においては解雇該当行為であればその有効性が，辞職であれば表示意思の瑕疵を問題にするのに対して，社会保障法においてはそれが必ずしも必要ではないということになろう。
　第二に，上記に関連し，雇用契約の解除それ自体は労使間の二者関係を規律する法構造の下にその意義が展開される。これに対して雇用契約の解除を発生要件とする社会保障給付においては，その当事者が労使と保険者，財源拠出者としての国という多角的な構造の中で，いかなる失業を保障対象とすべきかが決定されることになる。その意味で労働法と社会保障法では相対的な思考方法

を用いる場合がある。

　第三に，社会保障法が独自の思考方法で判断するとしても，その核心部分は労働契約法の原則に依存しているということである。雇用関係の終了にあたっての意思表示には，第一義的に先制的意思表示論が支配する。これを修正させるのが契約意思の探求という意思解釈の問題である。いかなる場合に即時の生活保障を与えるかについては，社会保障法によってさらなる修正が加えられる。

　ところで，自発的な離職に正当な理由があるかどうかを判断するには，誰がいかなる事情の下にこれを立証すべきかが大きな問題となる。また，裁量的判断が介在する給付制限期間の決定を検討することも重要である。そもそも何故に自発的離職については給付制限を行わなければならないのか。さらには，使用者との関係で生じた非違行為に基づく解雇の給付制限，ひいては給付制限規定一般も検討が加えられなければならない。また，給付制限との関係で，求職者に確保される適職選択権がいかなる規範的根拠をもつものなのか，といったことが問題として残されている。筆者は今後これらに検討を加えようとしているが，研究の方法論は未だ稚拙なものに止まる。今後とも河野先生，菊池先生のご教示を仰ぎながら研究を進めていきたいと考えている。

〔付記〕本稿は，科学研究費補助金若手研究(B)（10016374）の成果の一部である。

1）　野田進『労働紛争解決ファイル』（労働開発研究会，2011年）67頁。その分析として濱口桂一郎ほか『個別労働関係紛争処理事案の内容分析Ⅱ―非解雇型雇用終了，メンタルヘルス，配置転換・在籍出向，試用期間及び労働者に対する損害賠償請求事案』（労働政策研究・研修機構，2011年）。
2）　小宮文人『雇用終了の法理』（信山社，2010年）188頁。
3）　Richard Stafford, Disqualification from unemployment benefit: a review of the principles, 3 JSSL（1996）pp74.
4）　R(U)20/64(T).
5）　CU/16/66.
6）　R(U)1/58.
7）　R(U)33/51.
8）　R(U)27/59.
9）　R(U)16/52.

10) R(U)2/54.
11) R(U)9/59.
12) R(U)7/74.
13) R(U)2/77.
14) R(U)3/91.
15) 現行法は Jobseekers Act 1995 s. 19(7).
16) Jobseeker'sAllowance Regulations 1996 reg. 71.
17) R(U)3/91.
18) R(U)15/53.
19) Child Poverty Action Group, *Welfare Benefits Handbook* (*2000*), p355.
20) *Crewe v Social Security Commissioner* [1982] 2 All ER 745, [1982] 1 WLR 1209.
21) 11760/30, R(U)26/51, R(U)14/52, R(U)23/59, R(U)20/64, R(U)4/70.
22) *R v National Insurance Commissioner, ex parte Stratton* [1979] 2 All ER 278 at 282, [1979] 1 QB 361.
23) CU248/49.
24) R(U)3/73.
25) R(U)31/59.
26) R(U)6/59.
27) R(U)38/53.
28) R(U)2/77, R(U)5/51.
29) R(U)14/55.
30) Wikeley, Ogus & Barendt, *The Law of Social Security 5th edition, Butterworths*, 2002, p367.
31) R(U)3/81.
32) R(U)19/52.

中国における従業員代表制度

彭　光華

1　はじめに

　市場経済体制のもとでは，労働法は市場において弱者である労働者に対する市場取引における交渉力を支援する法制度として位置づけられ，その労働者の交渉力を支援，補強するために様々な権利，制度を用意している[1]。これと対照的に，工会（中国における労働組合に相当する労働者の団体であり，以下では，中国における既存の労働組合組織のことを「工会」という）が労働者の利益を代弁しないことによる集団的労使関係の不在，及び集団的労働関係を保障する労働者の交渉権利の欠如は，まさに中国における集団的労働関係法の中心的な問題の所在である[2]。

　中国における集団的労働関係法を研究する作業は，現在中国において展開されている各種集団的労働関係に関わる制度を体系的かつ理論的に整理し，すなわち，まず集団的労働関係の当事者（法の主体），集団的労働関係に関わる諸制度に対して分析を行い，そしてそこにある問題を明確にし，さらに集団的労働関係，集団的労働関係法を形成させるために戦略的に解決する方法を示すことが必要となる。

　なお，中国における集団的労働関係，集団的労働関係法を形成させるためには，工会の枠組みに拘らずに，従業員代表制度の役割からその契機を探ること

が可能であろう。結論を先取りすることになるが，実質的従業員代表制度の法定化及び活性化によって，職場において労働者集団の発言・交渉システムを強制的に形成することができる。その意義は労働条件決定において従業員の利益を守ることばかりでなく，その活動によって労働組合の自覚または真の労働組合の形成に寄与することができることにあるといえよう。

このような問題を意識した上で，本稿はまず中国における従業員及び従業員代表制度の概念（2）を確認し，そして，従業員代表制度（3），特に包括代表機関制度——従業員代表大会制度について，その構成，運営，権限等（4）を分析する。この上に，従業員代表大会の法的性質，従業員代表機関と労働組合との関係，従業員代表制度の法的効果を指摘し，中国における従業員代表制度の課題（5）を明確にする。

2　中国における従業員及び従業員代表制度の概念と同制度を検討する枠組み

1　中国における従業員及び従業員代表制度の概念

中国においては，いわゆる労働者を指す概念として，従来から「工人」，「職工」（従業員）と「労働者」の三つが用いられている。労働関係法令において，1995年施行の「労働法」が「労働者」を統一的な用語として使用しているが，その他の法令は「工人」と「職工」をそれぞれ使っている。しかし，これらの概念の示す範囲は明確ではない。社会学的アプローチによれば，「工人」に階級としての「工人」と職業としての「工人」との二種類があり，階級としての「工人」には公務員，企業の管理職等も含まれるが，職業としての「工人」は体力労働または単純労働に従事する者を指し，そこには公務員，企業の管理職等が含まれないとしている。

なお，社会主義計画経済下の労働者である「工人」を理解する，または，現代中国を理解するためには，単位制度（または単位社会）は極めて重要なキーワードである。単位制度とは，共産党革命が近代中国が遭遇した全面的な危機への対応で勝利を収めた結果として，共産党が強力なイデオロギーと組織力を持

って歴史上初めて伝統的な二重構造を解体させ，国家と社会全体を再編し，すべての個人を政治・経済及び社会生活保障が機能合一した組織に編入し，また，すべての組織を共産党組織を中核とした行政的序列に編入し，そして，組織またはその組織の中の個人に対してそのランク・身分に応じて社会的身分及び生活保障を提供する制度である。[7]「工人」は国有企業という特殊利益集団に属し，社会的にも相当高い地位を有する。それは，階級としての「工人」が社会主義労働者国家の指導的階級である（「憲法」1条）という政治的理念によるばかりでなく，実際の社会生活においても，戸籍制度・住宅供給・就業保障・医療保障をはじめとする様々な単位制度の補充的福利制度（または他階層に対する抑圧）によって保障されているからである。[8]したがって，計画経済の中国における「工人」というのは，階級として，そして職業としても社会主義制度，とりわけ単位制度によって保障されている特殊階層であるといいうる。

「工人」は身分的概念であるのに対して，「職工」は一般的に「企業職工」といわれており，企業に属することがより強調されている。「職工」とは，「職員」と「工人」のことであり，ここでの「工人」は単純労働者であるのに対して，「職員」は同じ「工人」階級でありながら，ランクが「工人」より上に付けられている技術者・行政管理者等を指す。ただし，中国の従業員（「職工」）は企業に属することを強調するものの，企業との結合の度合は必ずしも要件としない。すなわち，殆ど農村戸籍である季節工・臨時工なども当然従業員である。

また，「労働者」という概念は，1995年施行の「労働法」ではじめて登場したものであり，「労働法」にはその定義がおかれていないが，使用者単位との労働契約を媒介とする被用者であると理解できる。[9]

従業員代表制度の形態として，労働者国家であるが故に，個人参加，職務参加から，代表参加，組織参加まで実に多種多様である。[10]本稿ではその代表的なもの，すなわち，組織参加である従業員代表大会制度及びその補充的制度である「情報公開，民主議事」制度，そして代表参加である取締役会と監事会における従業員代表制度を取り扱うこととする。なお，中国の労働組合に相当する工会は，建前上当然労働者の利益代表組織であるし，また特に市場経済に入っ

てから,「労働法」の規定する労働協約制度を契機に変容しつつあるが,その行政的性格はなお否めない。本稿は行政機関と労働者の利益代表組織という異質的性格を持ち合わせている工会については,それが従業員代表制度における機能,特に従業員代表大会との関係を明らかにする目的から,従業員代表組織として取り扱わないこととする。

2 中国における従業員代表制を検討する枠組み

日本では,従業員代表制のモデルとして,労働組合との併存代表方式,過半数代表制のモデルを,包括代表方式,一部代表機関方式,個別代表方式があげられている。これは未成熟で動的な中国の従業員代表制度を整理するには適すると考えられ,以下においては,この枠組みに基づき中国における従業員代表制を整理することを試みる。

「労働法」は,従業員代表が主要な担い手とされている「民主的管理」の制度(8条)及び労働組合が主要な担い手とされている労働協約制度(33条)について次のように規定している。

第8条 労働者は,法律の規定に従って従業員大会,従業員代表大会或いは他の形式を通じて民主管理或いは労働者の合法的権利と利益の保護について使用者単位と対等の立場で協商に参加する。

第33条 企業の労働者は,企業と労働報酬,労働時間,休息と休暇,労働安全衛生,保険と福利などの事項について労働協約を締結することができる。労働協約の草案は,従業員代表大会,或いは従業員全員に提出し,討論し,採択しなければならない。

労働協約は,工会が労働者を代表して企業と締結し,工会が設立されていない企業では,労働者が推挙した代表が企業と締結する。[12]

すなわち,中国では,労働者を代表する組織として,従業員代表大会をはじめとする従業員代表組織と工会の二つがいずれも法によって予定されており,いわゆる併存代表方式がとられている。また,工会以外の従業員を代表する組

織(または個人)である従業員代表大会,民主議事会,取締役会及び監事会における従業員代表は,それぞれ包括代表方式,一部代表機関方式,個別代表方式に当たると思われる。

中国の国有企業における従業員代表制度は,このほかにも「合理化建議」,「民主的対話」,「従業員持株会」(職工持股会),「従業員株主総会」(職工股東大会)など多数ある。[13]「合理化建議」は,「労働法」6条に基づき,従業員個人が,企業の管理制度と先端技術の利用を中心的な内容とする建議を企業側に提出する制度である。従業員が優れている建議を提出した場合は,国務院が1986年に公布した「合理化建議と技術改新を奨励することに関する条例」(「合理化建議和技術改進奨励条例」)に基づき,企業からの奨励を受ける。「民主的対話」は,従業員個人または複数の従業員が,企業が設ける対話の場において,自己の関心のある問題を直接経営者にぶつける制度である。「合理化建議」と「民主的対話」は,いずれも従業員個人に係わる制度であり,その従業員の代表性が薄いと言える。また,「従業員持株会」は,従業員全員が所有する株が企業株全体の50％未満の場合において,企業工会に属する機能部門として,工会社団法人の名義で法人株主として企業の意思決定に参加する組織である。[14]一方,「従業員株主総会」は,従業員全員が企業の51％以上の株を所有している場合において,支配株主として企業の運営等を決定する組織であり,株式合作制企業における最高の権力機構である。[15]両者については,労働者参加からではなく,むしろ,専ら企業統治から検討してもよいと思われる。したがって,本稿は,中国における従業員代表制度の検討対象として,従業員代表大会,「情報公開,民主議事」制度を中心としつつ,取締役会及び監事会における従業員代表にも触れることとする。

なお,中国における従業員代表制度の中心的な存在は,いうまでもなく,建国初期の生産管理委員会の流れを引いて,現在もなおその役割を拡大し続けている従業員代表大会制度である。なお,従業員代表大会は一括代表方式であり,かつ労働組合も併存していることから,本稿においては,中国における従業員代表制度を「併存包括代表機関方式」と称することとする。

3 従業員代表制度の概要

1 建国初期の工場管理委員会と「民主的管理」

中国においては，労働者参加または従業員代表制に係わる諸制度は，従業員の企業に対するいわゆる「民主的管理」の制度に収斂されている。職工の民主的管理は，「職工は法律と制度によって，一定の組織形式を通じて，直接または間接に職工の利益に関わる企業の経営決定に参加する活動の総称である」とされている。企業従業員の企業に対する民主的管理の権利は，労働者が国家の主人公であるという社会主義の国家理念に基づき，「憲法」に保障され，「工会法」，「労働法」，「中華人民共和国全民所有制工業企業法」(以下「企業法」とする)，「労働契約法」等の数多くの法律・法規・規則によって規定されている。

もともと「民主的管理」というのは，従来から公有制や人民民主独裁と結びつく政治概念であり，中国共産党（以下「共産党」または「党」とする）の大衆路線が企業において体現されているものである。これは，1950年に政務院財政委員会によって公布された「国営・公営工場において工場管理委員会を設立することに関する指示」(「関于国営，公営工場建立工場管理委員会的指示」)によって明らかにされている。すなわち，工場管理委員会を設立し，工場管理の民主化を図る目的は，労働者に自らが企業の主人公（所有者）であることを実感させることである。工場管理委員会は，1949年10月25日に陝甘寧辺区（革命根拠地）政府が公布した「国営公営工業企業において工場管理委員会及び工場従業員代表会議を設立することに関する組織規則」(「関于在国営公営工場企業中建立工場管理委員会与工場職工代表会議的組織規程」)に端を発し，従業員代表会議によって選出される従業員代表と企業の行政幹部によって構成され，企業の統一的行政機構として企業を経営・管理するものである。

なお，「民主」は文字通りにとらえられており，すなわち「民」（従業員）が「主」として決定権を持つとされている。したがって，「民主的管理」の主要な権限は，従業員（「民」）が主として企業の経営者及び企業経営における重要な施策を決定すること（「主」）とされている。「民主的管理」がいわゆる

II 自治と規制の法政策

「社会主義優越性」を証明するための政治的手法であることはともかく，その法的根拠は「憲法」6条が規定する国有財産の全民所有制によるものである。しかし，国有財産の所有者はあくまでも「全民」であるため，国有財産のごく一部でしかない一企業の場合も例外ではない。したがって，一従業員ばかりか，企業の従業員全体としても，企業に対する所有権が「虚無」である[21]。従業員は従業員代表大会において直接自らの企業経営者を選出する権利があるかどうかについて，共産党中央は以下の見解を示していた。

国営企業は企業従業員の集団所有ではなく，全民所有の企業である以上，企業の経営者は従業員代表大会によって選挙されるのではなく，全民の利益を代表する国家管理機関によって任命されるのが当然である[22]。

また，1957年4月，共産党中央の「工人階級に関わる幾つかの重要問題を研究することについての通知」において，職工代表大会（従業員代表大会）の設置を呼び掛け，さらに，1961年の当時中央委員会総書記である鄧小平が制定した「国営工業企業条例（草案）」（いわゆる「工業70条」），及び1965年の同条例の修正草案においては，同従業員代表大会の性質を，「職工大衆が管理に参加し，幹部を監督し，民主的権利を行使する権力機関である」と規定していた[23]。

しかし，社会主義計画経済のもとでは，企業側は国家の行政機関である主管部門に与えられた生産任務を完成するのみで，従業員はそれに協力する立場にある。一方，従業員の雇用から賃金をはじめとする労働条件のすべてが様々な行政規則に規定されており，企業はそれを決定する権限を持たない。すなわち，労使関係が雇用・労働関係と生産者関係の二つの基軸により構成されているとすれば[24]，計画経済のもとでは，仮に労使関係が存在しているといっても，それが雇用・労働関係抜きの生産関係のみが中身であるといえる。したがって，企業の経営者の決定及び企業経営における重要な施策を決定することを建前とし，生産管理委員会と従業員代表大会を基本的方式とする「民主的管理」制度は次第に機能しなくなり，文化大革命に入ってからは崩壊した[25]。

2　企業と従業員代表大会制度

　中国における従業員代表制の発展に新たな契機をもたらしたのは，1978年以降の「改革開放」の一環となっている経済改革における一連の試みである。1986年，企業改革は第三段階，つまり企業に経営権を付与する段階に入った。同年，中国共産党第12期3回中央委員会に「経済体制改革に関する決定」が採択された。その中で，「マルクス主義の理論及び社会主義の実践に基づき，所有権と経営権を適切に分離することが可能である」との「両権分離」の理念をうち立て，その後成立した「民法通則」（1986年4月）は，「国有企業は国家によりその経営管理を授権された財産に対し法に基づいて経営権を有し，法はこれを保護する」（82条）と規定し，民事責任の負担については，「国有企業は国家によりその経営管理を授権された財産を持って民事責任を負担する」（48条）と明記した。これによって，企業の経営権下における労働者の従属性を認めたと捉えるのが容易になったため，労働者が国家の主人公であるという従来の社会主義労働者国家の理念に違反することになった。そこで，理念の統一を図り，企業の経営権を認めると同時に，労働者の企業に対する民主的管理の権利を法によって再び確立する必要があるとし，1986年9月15日に「従業員代表大会条例」（「全民所有制工業企業職工代表条例」）を国務院によって公布したのである。

　企業には経営権が付与されることに伴い，限られた労働条件の決定，例えばボーナスの支給額決定の権限も同時に付与されたのである。したがって，ボーナスの配分の不公平等によって従業員の労働意欲を萎縮することなど従業員の労働環境を侵害することが有りうる。このため，同条例を公布したのは，上記検討したイデオロギー的な必要のみによるのではなく，従業員の権利・利益を保護することによって，「従業員の積極性・智慧・創造力を十分に発揮させ，全民所有制工業企業を適正に経営し，社会主義経済を発展する」（同条例1条）という目的も規定されている。

　「従業員代表大会条例」は，労働者が企業に対する「民主的管理」の権利を保障することを立法目的とし（同条例1条），同条例に規定されている従業員代表大会が企業における「民主的管理」の権力機構であると位置づけた（同条例3条1項）。また，従業員代表大会は党の指導を受け（同条例4条），工場長の経

営指揮を支持し，内部において民主集中制を実行することも工場管理委員会とほぼ変わりがない。しかし，従業員代表大会制度はいわゆる「民主的管理」の内容を，①企業の重要施策に対する審議，②経営者に対する監督と③労働者利益の保護とより明確にした（同条例2条）。なお，上記従業員代表大会による「民主的管理」の三つの内容は，基本的には労使協議制の協議事項である経営事項，人事事項，労働条件と対応していると考えられる。

ただし，従業員代表大会は常設機構ではなく，半年毎の大会開催期間以外の時期に，企業の工会または従業員代表大会の専門委員会がその日常業務を代理するとされている（同条例3条2項，21条1項）。

3 会社制の導入と従業員取締役・従業員監事

そして，1993年からは，企業改革は近代的企業運営制度を目指す第四段階に至る。中国では，1993年から市場経済制度の実行を宣言し，企業改革においては，1992年の「株式制企業試点弁法」を経て，1993年に「公司法」が公布された。「公司法」によって規定される従業員代表制度は，取締役会における従業員取締役と監事会における従業員監事の制度である。

国有企業においては，従業員が企業に対する「民主的管理」を行うため，従業員代表大会制度を採るとされている（「公司法」16条2項）。また，国有有限責任会社及び国有株式有限会社においては，取締役会と監事会に従業員に選出される従業員取締役と従業員監事を置かなければならないとされている（同「公司法」45条2項，124条2項等）。取締役会及び監事会における従業員代表は，他の取締役または監事と対等の権利を有し，企業経営における意志決定の過程及び事後的監督において従業員の利益を代弁する（同法55，56条，121条等）。

4 「情報公開，民主議事」制度

さらに，1998年から，「情報公開・民主議事」と称される「民主的管理」の新たな制度は，河北省，天津市，遼寧省から全国に広がりつつある。1994年，河北省にある石家荘（同省省都）天同トラクター有限責任公司と，天津市にある天津国際経済技術合作公司は，「情報公開，民主管理」制度を実施し，1998

年,遼寧省にある撫順特殊鋼(集団)有限責任公司は,「民主議事会」制度を実施した。両制度の特徴はいずれも企業の情報を公開することを前提とする労使協議を行うことであるから,本稿では「情報公開,民主議事」制度と総称する。すなわち,「情報公開,民主議事」制度というのは,企業の情報を公開することを前提とし,従業員代表がこれをもって労働条件等について労使協議によって共同決定し,企業経営を監督する制度である。「情報公開,民主議事」制度は,従業員代表大会によって授権され,従業員代表大会の閉会期間中に代理として従業員代表大会の機能を果たす常設機構である[28]。しかし,「情報公開,民主議事」制度においては,定期開催の従業員代表大会と異なり,議題が提出され次第会議が不定期に召集され,従業員代表大会の挙手表決の代わりに電子表決式をとり[29],また,議事会の構成員には専門家の参加が認められ,かつ議題に応じて専門家の交代も可能とし,さらに,従業員代表が過半数を占めることとされる[30]ことによって,具体的な問題の解決を可能とし,従業員全体の意思(真意)をより十分に代表することができるようになった。これは,従業員代表大会制度の形式性を打破し,労働条件の公平的決定のみならず,企業経営への参加と監督も実現され,労働環境全体が保護され,労働意欲と労働効率の向上によって,企業の発展も大きく遂げた。前記三企業の場合は,いずれも赤字経営の国有企業であった。しかし,「情報公開,民主議事」制度を実施してから,石家荘天同トラクター有限責任公司と撫順特殊鋼(集団)有限責任公司は同年内に黒字となり,天津国際経済技術合作公司は,三年後の1997年に同種企業600社の中のベスト20に入ったのである[31]。

これを受けて,中国の経済体制改革における最大の難点である国有企業の改革に悩まされる党の中央委員会も大きな関心を寄せ,1999年全国情報公開協調委員会を発足し,「情報公開,民主議事」制度を全国的に押し進めるようになったのである。

4 包括代表機関制度——従業員代表大会制度

すでに概観したように,従業員代表大会は,国有企業の従業員が,①企業の

重要施策に対する審議,②経営者に対する監督と③労働者利益の保護を図るために,政治概念である「民主的管理」を行使する非常設の権力機構である。以下においては,従業員代表大会の構成,運営及び権限についてさらに検討することとする。

1　従業員代表大会の従業員代表の構成

「従業員代表大会条例」によると,法に基づき政治権利を享受するすべての企業の従業員が従業員代表に選出されることができる(同条例10条)。従業員代表は原則として直接選挙によるものとされ,大企業の従業員代表は事業所毎に推挙されることも可能である(同条例11条)。従業員代表の中に,体力(または単純)労働者(工人),技術人員,管理人員,行政幹部及びその他の従業員を含まなければならない。行政幹部の割合は全従業員代表の五分の一とする(同条例12条)。

すなわち,「従業員代表大会条例」12条によると,国有企業に勤務する単純労働者,技術人員,管理人員,行政幹部及びその他の従業員(季節工,臨時工等)すべてが従業員代表になる資格を有する。言い換えれば,「従業員代表大会条例」にいう従業員は,企業の全員であると思われる。当然,従業員である以上,企業との結合度の強さが必ずしも要件とされず,また企業における身分の差異があっても変わりがない。すなわち,臨時工・季節工であれ,管理職であれ,いずれも従業員の範疇に入ると解される[32]。

従業員代表の任期は二年であり,再任も可能である(同条例13条)。従業員代表の身分保障として,従業員代表大会関連の活動に要する時間は,労働したものと見なし,従業員代表として「民主的権利」を行使することと関連して,すべて組織または個人がこれを抑圧,または報復してはならず,不利益取扱を禁止するとされている(同条例14条)。

2　従業員代表大会の運営

「従業員代表大会条例」によれば従業員代表大会は,選挙で選ばれた運営委員会(「主席団」)によって運営される。委員は,「工人」,技術者と企業の行政

幹部より構成され,「工人」,技術員,管理幹部は過半数を占めるべきであるとされている(同条例16条)。従業員代表大会は,三分の二以上の従業員の出席(定足数)をもって,少なくとも半年毎に開催し,また,工場長,企業の工会または三分の一以上の従業員代表の提案より,大会の臨時召集も可能とされている(同条例18条1項2項)。従業員代表大会は,企業の経営管理,配分制度及び従業員生活等の重要課題を中心議題とし(同条例19条),従業員代表大会における選挙と決議は全従業員代表の過半数に採択されなければならない(同条例18条3項)。

また,従業員代表大会は,必要に応じて複数の臨時的または常設的専門委員会を設立し,従業員代表大会の決定した事項を行うことができる。専門委員会委員の身分保障は他の従業員代表と同様であるが,勤務時間を利用する場合,工場長の同位が必要とされる。また,各専門委員会の人選は,一般従業員の中からも指名することができる。それが従業員代表でない場合は,従業員代表大会に採択される必要がある(同条例21条)。

ここで注意すべきことは,従業員代表大会は常設の機関ではないため,大会閉会期間中に専門委員会責任者を召集できるのは,従業員代表大会の日常的な活動を担当する業務機構とする企業の工会とされていることである。また,その取り扱う内容によって工会は企業の党・行政の責任者等の参加を要請することも可能であるとされている(同条例22条)。すなわち,従業員代表大会は常設の機関ではないため,その閉会期間中において,従業員代表としての機能を果たすのはむしろ工会であり,従業員代表大会専門委員会の主導的な役割が「従業員代表大会条例」によっても予定されていないと言えよう。

3 従業員代表大会の権限

従業員代表大会の権限について,「従業員代表大会条例」は以下のように規定している。

　従業員代表大会は以下の職権を行使する。
一　定期的に工場長の業務報告を聴取し,企業の経営方針・長期及び年度計画・重要

Ⅱ　自治と規制の法政策

な技術改造及び技術導入計画・従業員訓練計画・財務の予決算・資金の配分及び使用案を審議し，それに対して意見と建議を提出し，案の実施について決議する。
二　工場長の提出する経済責任制案・賃金調整計画・ボーナス配分案・労働保護措置案・賞罰規則及びその他の重要な規則制度を審議，採択する。
三　従業員福利基金の使用案・従業員の住宅配分案及びその他従業員の生活福利に関する重要な事項を審議，決定する。
四　企業各レベルの幹部を評議，監督し，賞罰または任免の建議を提出する。
　勤務業績が優れている幹部に対しては，昇格・昇進を含める奨励を建議し，業績が悪い幹部に対しては，免職または降格するのを建議することができる。
　職務責任を果たせないまたは権力を利用して私利を図り，重大な結果をもたらした幹部に対しては，処分ないし免職するのを建議することができる。
五　主管機関が企業の行政幹部を任命または免職する場合，十分に従業員代表大会の意見を配慮しなければならない。従業員代表大会は主管機関の意志に従い，民主的に工場長を推薦または選挙し，主管機関の批准を申請することができる（同条例7条）。

　また，1988年4月13日に，「中華人民共和国全民所有制工業企業法」（以下「企業法」）は第7期全人代第1回会議に採択された。「企業法」は従業員及び従業員代表大会に一章を設け，従業員代表大会の権限について，部分的に修正を行った。すなわち，「従業員代表大会条例」の規定する①経営事項及び職業訓練計画に対する「審議建議権」，②賃金及び就業規則に対する「審査採択権」，③福力基金使用案，住宅配分等の福利事項に対する「審議決定権」，④行政幹部（経営者）に対する「評議監督権」，⑤工場長に対する「民主選挙権」といった従業員代表大会の五つの権限の中の②「審査採択権」を次のように修正した。

　企業の賃金調整案，ボーナス配分案，労働保護措置，賞罰規定及びその他重要な規則制度を同意または否決する（「企業法」52条2項）。

　1980年代中期，すなわち「企業法」の立法時において，企業制度改革の中心となるものは工場長責任制度であった。企業統治における従業員代表制度と工場長責任制度は，経営方式の改革（所有権と経営権の分離・決定機能と管理機能の分化）を前提とし，利潤分配の改革（利潤請負と利潤留保）によって保障されている。とはいえ，工場長は自分の経営権に基づく賃金調整及びボーナス支給の
[33)]

権限が付与されていた。また,中国における企業の規則制度(「規章制度」)は日本の就業規則に当たるものである。従来,中国における立法は実効性が乏しく,また行政規則も多変であるため,実際企業における労使関係を規定するには,就業規則の占める割合がきわめて大きい。現在,「労働法」4条と2008年施行の「労働契約法」4条に規定されている就業規則の法的効力について,「法規説」,「契約説」のほかに「憲法説」さえある。中国の企業従業員にとっては,この就業規則の作成及び変更が,自己の利益に切実に関わるものであるといえる。労働条件の中で最も重要であろうと思われる賃金調整案,ボーナス配分案についての同意または否決という「企業法」の「従業員代表大会条例」に対する修正は,賃金の実質的な共同決定を意味しており,これが中国においても大いに評価されている。[35]

5 中国における従業員代表制度の課題

1 従業員代表大会の法的性質

従業員代表大会の法的性質を検討するにあたり,再度労働法の関連規定を確認することからはじめることとする。

> 企業の労働者は,企業と労働報酬,労働時間,休息と休暇,労働安全衛生,保険と福利などの事項について労働協約を締結することができる。労働協約の草案は,従業員代表大会,或いは従業員全員に提出し,討論し,採択しなければならない。
> 労働協約は,工会が労働者を代表して企業と締結し,工会が設立されていない企業では,労働者が推挙した代表が企業と締結する(同法第33条)。

労働法33条に鑑みれば,中国における労働協約の労働者側の締結主体は,工会か「労働者が推挙した代表」である。ここでは,「労働者が推挙した代表」はほぼ日本における過半数代表に当たり,労働協約の締結に際して召集される存在である。これに対して,従業員代表大会は,工会または「労働者が推挙した代表」が企業と締結した労働協約を承認する機関である。労働協約の締結に限ってみれば,従業員代表大会は,企業の工会または「労働者が推挙した代

表」だけでなく，企業の使用者代表をも超える存在であり，企業における最高の権利機構であるといいうる。すなわち，従業員代表大会は，国有企業の従業員が，①企業の重要施策に対する審議，②経営者に対する監督と③労働者利益の保護を図るために，政治概念である「民主的管理」を行使する非常設の権力機構である。

　また，中国における従業員代表大会が行使する「民主的管理」の権利は，その設定が生産関係，すなわち労働者が国家・企業の主人公であるという理念のもとで「憲法」6条が規定する国有財産の全民所有制によるものであり，日本及びそのたの資本主義を取る先進工業国のように生産力を理論的根拠としていない[36]。しかし，国有財産の所有者はあくまでも「全民」であるため，国有財産のごく一部でしかない一企業の場合も例外ではない。したがって，一従業員ばかりか，企業の従業員全体としても，企業に対する所有権が「虚無」であるといわれている[37]。なお，実際においても，市場経済が導入されてから，市場原理が働く中，企業の従業員がもはや自分が「主人公」であるという実感を失いつつあり，従業員代表大会制度も経営者が従業員の権利・利益を侵害する道具となっている場合も少なくない。例えば，多くの企業では，企業の実質的な「権力者」である経営者は，無断欠勤したら解雇，無条件に時間外労働を従事すべき，妊娠したら辞職とみなす等の企業規定を従業員代表大会に採択させたり，または，労働条件以外の領域においても，違法な経営決定を従業員代表大会に採択させることによってその違法責任を従業員代表大会に転嫁したりしている[38]。

　もっとも，団体的労働法は，労働者の権利を明確にすることによってはじめて労働者への強行的保護を可能とする。また，計画経済と異なり，市場経済下の企業においては，生産関係，すなわち，企業が従業員全員のものであるという建前に立てば企業生産が効率よく進行することができなくなるおそれがある。そこで，本来の企業の従業員が労働力であるという認識に基づいて，生産力を理論的根拠として設定し，従業員の労働条件の保護を中心に，従業員代表大会に明確な権利を付与することから従業員代表大会制度を再構築することが必要となる。

2　従業員代表機関と工会との関係

このような社会主義理念のもとで構築されている従業員代表大会制度は，それ自身が常設の機関ではないため，企業工会を常務機関としている。これが従業員代表大会の補充的制度であり，現段階においてまだ形成途上にある「情報公開，民主議事」制度においても同様である。企業の工会は，従業員代表大会の閉会期間中において従業員代表大会の常務機関として従業員代表大会の権限を行使するだけでなく，従業員代表大会の開会中においても，大会の召集からその組織運営まで，終始リードする役割を果たしている。計画経済下の国有企業では，「老三会」といわれている党委員会，工会委員会及び従業員代表大会は企業の統治機構であり，いずれも企業の生産運営に関わっている。その役割分担としては，党委員会と従業員代表大会はそれぞれ「労」と「使」を代表しているのに対して，工会はその中間にあるパイプ役であり，党委員会の決定を従業員に貫徹させること及び従業員の意見を党委員会に繁栄することが主な役割であった。

しかし，市場経済が導入されることによって，国有企業の殆どが現代企業制度改革と称される改革の中で株式制を導入し，会社制企業となっている。会社制を取る国有企業においては，「新三会」といわれる株主会，取締役会及び監事会が新たに設けられる一方，「老三会」もなお存続させている。「新三会」が会社の主要統治機構である会社制国有企業においては，党委員会のメンバーを株主会及び取締役会に入ることによって所有者である国家の意思を反映して会社を運営し，また，工会の主要役員も監事となり，企業経営者及び企業経営を監督する役割を果たしている。すなわち，「新三会」には社会主義民主という政治理念のもとで設置されている従業員代表大会の存在する余地がないのである。一方，従業員代表大会に対しては，労働協約の採択をはじめ，企業賃金案の採択または否決から企業経営者に対する監督まで，その役割が関連する法律の中では広範に予定されている。

また，特に労働協約を締結する場合，従業員代表大会の採択という労働協約の締結手続の規定が，「労働法」に規定されているのに対して，「労働法」が僅か四か条しか定めていない労働協約制度に関連する規定をより詳細に規定した

「労働協約規定」の中には規定がおかれていない。これによって，「労働法」が非団体交渉型を主張し，「労働協約規定」は団体交渉型を主張しているといわれている。実際においては，団体交渉権が明確に保障されていない中国では，労働組合を主体とする団体交渉が殆ど実現されておらず，労働協約もいわゆる「平等協商」といわれる労使協議によって締結されているのが一般的である。

したがって，いずれも労働者の代表機関である企業の工会と従業員代表大会は，労使協議の過程にどういう役割分担をするか，また，仮に中国において工会主体の団体交渉が実現できるとすると，そこにおける工会と従業員代表大会がどのような役割分担をなされるべきかが重要な課題となっている。

3 従業員代表制度の法的効果

従業員代表制度の法的効果として，日本においては，過半数代表により締結された労使協定または決議が法定制限解除機能も有しており，言い換えれば労働法における規制緩和の手段として承認されている。一方，中国においては，そもそも規制という発想がない。一般に，企業収益の多少によって，賃金の増減をはじめ，労働条件の向上または労働条件の下げは当然のように行われている。また，特に市場経済が導入されてから，従業員代表大会制度も経営者が従業員の権利・利益を侵害し，または経営者の違法責任を従業員代表大会に転嫁する道具となっている場合も少なくない。一方，従業員代表制度，とりわけ，従業員代表大会のなされる決議の法的効力を検討した立法的または学問的作業が全く行われていない。

したがって，企業従業員の権利・利益を保護するためには，従業員代表制度，とりわけ従業員代表大会のなされる決議の法的効力を検討することが法的課題として残されている。

1) 菅野和夫・諏訪康夫「労働市場の変化と労働法の課題――新たなサポート・システムを求めて」日本労働研究雑誌418号（1994年）2頁，5頁を参照。
2) 拙稿「中国改正工会（労働組合）法の成立と課題」法政研究 69巻1号（2002年）93頁。

3) 先行業績として，山下昇「中国の従業員代表制度の概要とその現状」世界の労働60巻8号（2010年）64頁がある。
4) 「憲法」においては上記三つの概念を併用している。以下の規定から見られる。
「中華人民共和国は工人階級が指導する・工農連盟を基礎とした人民民主主義独裁の社会主義国家である。」（第1条1項）
「国家は各種の教育施設を発展させ，非識字者を一掃し，工人，農民，国家工作人員及びその他の労働者に対し政治・文化・科学・技術・業務の教育を行い，独学し有能な人材になることを奨励する。」（第19条3項）
「国家は労働者の休息と休養の施設を発展させ，職工の勤務時間と休暇制度を規定する。」（第43条2項）
「国家は法律に基づき企業・事業組織の職工及び国家機関勤務人員の定年を規定する。定年者は国家と社会の保障を受ける。」（第44条）
5) 中国で出版している労働法の教科書には「職工」と「労働者」を，広義の労働者＞狭義の労働者＝広義の職工＞狭義の職工＝「労働法」の労働者のように区別しようとするものがあるが，その中身は必ずしもあきらかではない。王全興『労働法（第3版）』（法律出版社，2008年）250頁以下参照。
6) 李強『当代中国社会分層与流動』（中国経済出版社，1993年）121頁参照。
7) 単位制度を取り扱うものとして，拙稿「中国労働法下の労働協約制度──労働協約の締結過程を中心に」九大法学77号（1999年）201頁注15にあげた資料以外に，山下昇「中国の雇用保障制度」九大法学78号（1999年）1頁及び同文の注19にあげた資料，とくに代表的な研究として中国国内に出された劉建軍『単位中国──社会調控体系重構中的個人，組織与国家』（天津人民出版社，2000年）及び周翼虎・楊暁民『中国単位制度』（中国経済出版社，2000年）がある。
8) 1958年に，全人代によって採択された「中華人民共和国戸籍（戸口）登記条例」が公布され，すべての共和国公民が公安機関の許可がなければ戸籍の移動が許されないとして，中国における厳しい戸籍統治が始まったのである。また，1959年に，国家計画委員会・労働部・財政部（大蔵省相当）・人民銀行によって「賃金基金管理に関する弁法」（試行）（関于工資基金管理試行弁法）が公布され，中国における低賃金政策が始められた。低賃金が故に，社会構成員のランク・身分に応じて福利的供給を始めたのである。それらの福利提供はすべて戸籍に絡んでおり，また「工人」は原則として都市戸籍でなければならないから，「工人」が特権階層となったのである。前掲・周翼虎・楊暁民『中国単位制度』52頁以下参照。
9) 日本においては，中国の「労働法」及びそこに規定される労働契約に対する理解として，野田進『講座21世紀の労働法第4巻』「はしがき」がある。
10) 前掲・王全興『労働法（第3版）』250-268頁。
11) 労働組合（工会）の変容と団体交渉については，前掲・拙稿「中国労働法下の労働協

Ⅱ 自治と規制の法政策

約制度——労働組合の変容と団体交渉」を，労働組合の行政的特質については，拙稿「中国の労働協約制度における労働行政」九大法学80号（2000年）334頁をそれぞれ参照されたい。

12) 日本語訳は向山寛夫「資料《中国》中華人民共和国労働法（解説と訳文）」日本労働研究雑誌 418号（1994年）56頁による。

13) 常凱主編『労働関係・労働者・労権』（中国労働出版社，1995年）314頁以下参照。

14) 王水官主編『依法治会大全』（上海紡績工会，1998年）39頁以下，前掲・王持棟・王松江・徐建川・邵慧萍編著『厂務公開，民主管理操作指南』15頁参照。

15) 前掲・王持棟・王松江・徐建川・邵慧萍編著『厂務公開，民主管理操作指南』19頁以下参照。

16) 劉元文『職工民主管理李理論与実践』（中国労働社会保障出版社，2007年）7頁。

17) 1988年4月13日第7期全人代第1回会議採択，1988年4月13日中華人民共和国主席令第3号公布，1988年8月1日より施行。

18) 中国は多数の小さな政党を内部に抱えつつも，国全体としては中国共産党による一党支配体制という政治形態をとっている。国の統治は「民主集中制」により，人民のコンセンサスを重視しつつ，それを吸い上げる形で共産党中央委員会がリーダーシップを振るう。安室憲一・(財)関西生産性本部・日中経済貿易センター・連合大阪編『中国の労使関係と現地経営——共生の人事労務施策を求めて——』（白桃書房，1999年）5頁参照。

19) 前掲・常凱主編『労働関係・労働者・労権』305頁以下（劉元文執筆部分）参照。

20) 前掲・常凱主編『労働関係・労働者・労権』303頁参照。

21) 蒋一葦「為職工主体地位大声疾呼」工人日報（1992年5月29日）。

22) 「在国営企業中逐歩推行召開職工代表大会的弁法」，「人民日報」社説（1957年5月29日）参照。

23) 常凱主編『労働関係学』（中国労働社会保障出版社，2005年）315頁（劉元文執筆部分）。

24) 森五郎編著『日本の労使関係システム』（日本労働協会，1981年）参照。

25) 王持棟・王松江・徐建川・邵慧萍編著『厂務公開，民主管理操作指南』（当代世界出版社，1999年）1頁参照。

26) なお，第一段階（1979年—1983年）は，企業利潤の一部を従業員のボーナスに充てることをもって従業員の労働意欲を喚起することに主眼があり，第二段階（1984年—1986年）は，企業に対して計画（国による指令計画）を完成してからの製品の市場価格による販売を解禁することによって企業の生産意欲を喚起することを主眼するという。陸文雄『民主管理』（浙江人民出版社，1998年）222頁以下参照。

27) 周剣龍「中国会社法における財産権の概念をめぐって」比較法学 31巻1号270頁以下参照。

28) 「従業員代表大会条例」21条，中共遼寧省規律検査委員会・遼寧省検察庁・遼寧省経

済貿易委員会・遼寧省総工会「関于在全省企業実行厂務公開，民主管理制度的意見」（1998年12月9日）第8条。

29) 前掲・王持棟・王松江・徐建川・邵慧萍編著『厂務公開，民主管理操作指南』86頁参照。

30) 前掲・中共遼寧省規律検査委員会・遼寧省検察庁・遼寧省経済貿易委員会・遼寧省総工会「関于在全省企業実行厂務公開，民主管理制度的意見」（1998年12月9日）第8条。

31) 前掲・王持棟・王松江・徐建川・邵慧萍編著『厂務公開，民主管理操作指南』58頁以下参照。

32) 「職工」の中身をより詳細に検討するものとして，梁書文・回沪明主編『労働法及其配套規定新釈新解』（人民法院出版社，1997年）20頁以下参照。

33) 「企業法」の起草と試験措置に関して，季衛東『超近代の法——中国法秩序の深層構造』（ミネルヴァ書房，1999年）参照。

34) 「憲法保障説」と「労働契約説」については，前掲・王全興『労働法』224頁以下，「法律付与説」については，前掲・梁書文・回沪明主編『労働法及其配套規定新釈新解』35頁以下参照。

35) 前掲・王持棟・王松江・徐建川・邵慧萍編著『厂務公開，民主管理操作指南』4頁参照。

36) 呉超民「重建中国企業的民主制度」中国労働法研究改編「労働法通信」2号（1997年）123頁，128頁参照。

37) 蒋一葦「為職工主体地位大声疾呼」工人日報（1992年5月29日）。

38) 李偉「請尊重職代会的権利」工会工作2期（2000年）29頁参照。

39) 王全興「労働関係協調法中若干問題的思考」中国労働法学研究会編「労働法通迅」2月号（1997年）84頁参照。

40) 菊池教授は労使協定一般に通有する法理を解明する先鞭を切り，労使協定に「設定された制度，基準は，いずれも個々の労働者に対しては，当該労働者の意思にかかわりなく作用し，労働・待遇条件として外的に強制されることになる」とし，労働条件決定機能を学説的に付与した。後の労働条件の法定制限解除機能もこの議論の延長戦にあると思われる。菊池高志「労働時間法の改正と労使協定の機能」季刊労働法146号（1988年）17頁。

社会保障と補償基金
――フランスの「社会的補償」をめぐる議論を素材として――

原田　啓一郎

1　はじめに

　社会保障制度をもつ多くの国では，主に社会保険と社会扶助を組み合わせるかたちで生活を脅かす様々な事由（社会的リスク）に対応をしてきた。しかし，今日，我々が直面する社会的リスクは多様化しており，多くの国では，多様な生活困難な事由を解決すべく，多様な社会的支援の仕組みを生み出している。近年のフランスでは，交通事故，犯罪被害，テロ被害，薬害，アスベスト（石綿）被害，医療事故など，私生活上の事故ではあるが，本人の責任に帰せられず，かつ，本人自らによる回復が困難な社会的性質の強いリスクによる被害者の損害の回復を社会的に援助する補償基金（fond d'indemnisation）が数多く創設されている。わが国と同様，フランスでも，これらの制度が対象とする問題は損害賠償により対処すべきものであるとされていたが，今日では伝統的な損害賠償法の枠外での被害救済が拡大を続けており，補償基金をめぐる法学研究の関心も高い。さらに，補償基金の拡大現象を捉え，近時の社会的保護法（droit de la protection sociale）の議論では，個別に乱立している補償基金を「社会的補償（indemnisation sociale）」と称し，これを社会保険でも社会扶助でもない新たな保障技術として把握し，社会的保護法の一分野として整理をする作業がなされており，注目される。

社会保障と補償基金

　他方，被害救済制度による被害救済の拡大傾向はわが国にもみられ，その対象は予防接種被害，公害健康被害，犯罪被害，医薬品副作用被害，震災被害，アスベスト（石綿）被害，C型肝炎被害など多岐にわたる。これらの被害救済制度で支給される給付は国家補償的性格と社会保障的性格を有するものが多いが，これまでの議論では，国家補償制度的性格を持つものは社会保障制度から除くという考え方が一般的であった。しかし，社会の複雑化により，重篤な被害をもたらし生活を脅かす事由の爆発的増加とその類型が多様化する今日，不法行為制度を補完する制度として新たに出現し続けている被害救済制度の特質を明らかにし，社会保障制度との関係を見据えることは，これまでわが国で指摘されていた社会保障法と損害賠償法の交錯という観点を現代的視点からより深化させるものと思われる。したがって，本稿のねらいは，法政策学的な見地からの損害賠償の代替システムの提案でも，被害救済法制を直ちに社会保障法の法体系に位置付けることを試みるものでもない。むしろ，筆者の関心はフランスの社会的補償をめぐる議論を参照しながら，社会保障法との関係という文脈において補償基金という今日の新しい社会的リスクに対応する法制度の把握に向けられている。本稿は，そのためのささやかな覚え書きである。

　以下，本稿の構成は次の通りである。まず，補償基金の生成および展開の過程を駆け足で確認したうえで（**2**），数多く展開する補償基金に関する法制度の基本的枠組みを素描する（**3**）。次いで，補償基金の議論展開をもとに，フランス社会的保護法における社会的補償に関する議論を整理し，検討する（**4**）。

2　補償基金の生成と展開

1　リスクの社会化と補償基金の生成

　19世紀末から今日に至るまでフランスの損害賠償法の展開は，一般に被害者救済の拡大によって特徴づけられる。1898年の労災補償法の制定から1946年の労災補償制度の社会保障制度への統合といった19世紀末以来の労災補償制度の展開のなかで，労働災害のリスクは従来の使用者個人による労災補償責任の直

接負担の根拠とされた職業的リスク（risque professionnel）の考え方から外れ，社会保障制度によってカバーされるべき社会的リスクの一つとして認識されるようになった[7]。

その後，リスクの社会化に向けた動きは交通事故の領域でみられるようになる。1958年の自動車事故の強制賠償責任保険の制度化に先立ち，1951年12月31日法により，加害者が不明または無資力な場合に補償金を支払う交通事故対策補償基金（Fonds de garantie contre les accidents de circulation）が設けられた（この基金は，1955年から狩猟事故にも利用されている）。その後，1985年7月5日法により被害者救済の拡充が図られ，2003年には，同補償基金は損害強制保険補償基金（Fonds de garantie des assurances obligatoires de dommages : FGAO）に統合されている。

次いで展開されたのが犯罪被害に対する救済であった。80年代には犯罪被害者の救済に世界的関心が寄せられており，1985年の国連宣言「犯罪およびパワー濫用の被害者のための司法の基本原則宣言」では，犯罪被害者の補償のために，国の経済的補償責任や補償基金の創設を求めていた。フランスでは，1977年1月3日法により，犯罪被害による身体的損害を補償する制度をすでに構築していたが，1986年の改正でその対象をテロ被害にまで拡大した（テロ被害，暴行，殴打と傷害，強姦と性的暴力）。しかし，当時の補償制度は補償額に上限があり，かつ，その内容が限定的であったため，1990年12月21日法により，一定の重篤な身体的被害を受けた者の身体的損害を完全に回復するためのテロ行為・犯罪行為被害補償基金（Fonds de garantie des victims des actes de terroisme et d'autres infraction : FGVAT）に改正されている。

2 新たな社会的リスクとの遭遇

その後，80年代初頭に生じたHIV感染事件は5,000人を超える被害者をもたらしたといわれ，社会に大きな衝撃を与えた。HIV感染の責任は国，輸血センター，病院を巻き込む大々的な訴訟にまで発展した。HIV感染事件に関する判例は，民事責任を判断する司法裁判所および行政責任を判断する行政裁判所の両者で無過失責任を採用し，輸血事業を監督する国，輸血事業を行う輸血

センター，輸血・血液製剤の輸注を実施した医療機関の責任を強化する傾向が顕著であった。HIV 感染被害の損害の大きさは損害賠償法の限界と国民連帯による補償基金の創設の必要性を示していた。そこで，1991年12月31日法により，HIV 感染被害者の補償のための基金（Fonds d'indemnisation des transfusés et hémophiles：FITH）が創設された。

次いで90年代にはアスベスト健康被害と医療事故が相次いで社会問題化する。まず，アスベスト健康被害については，1996年に設立された全国アスベスト被害者団体等の働きにより，被害者から原因となった企業等への民事上の損害賠償請求が司法裁判所に対して提起された。これらの損害賠償請求に対して，破毀院等の司法裁判所は，使用者の責任を広く認めて被害者の救済を図った。しかし，訴訟による救済には時間がかかるため，アスベスト被害の迅速な救済を図るべく，HIV 感染被害者救済のために作られた救済基金などと同じように，国民連帯の見地から救済する制度の創設が求められた。そこで，1998年12月23日法により，アスベスト健康被害のために早期に退職した者の補償を行う，アスベスト労働者早期活動停止基金（Fonds de cessation anticipée d'activité des travailleurs de l'amiante：FCAATA），2000年12月23日法により，アスベスト健康被害者補償基金（Fonds d'indemnisation des victimes de l'amiante：FIVA）が相次いで創設された。

医療事故については，患者の健康状態から予測不可能で，かつ，医療従事者や医療施設の責任に帰することができないといった医療上の不確実性を示す偶発的な医療リスク（aléa thérapeutique）についての補償のあり方が問題となった。フランスの医療事故訴訟は公立病院の医療事故を判断する行政裁判系統と私立病院（診療所）のそれを判断する司法裁判系統に裁判管轄が区分されているため，同種の事件につき，被害者救済を拡大する法理を展開する行政裁判所と1936年破毀院判決（メルシエ判決）以降診療契約の手段債務論を原則維持し続ける司法裁判所との間で，判断が分かれることがあった（医療責任の「二重性」）。司法による被害者救済の限界や医療事故被害の救済への関心は高まりから，2002年3月4日法により，偶発的な医療リスクによる重篤な損害について，国民連帯の名において患者に対して補償の権利を認め（公衆衛生法典 L. 1142条），

その補償を行う全国医療事故補償局 (Office national d'indemnisation des accidents médicaux : ONIAM) が創設された[8]。その後,全国医療事故補償局は予防接種事故被害やヤコブ病罹患被害,HIV 感染被害といった医療に関する被害全般を補償の対象とするようになった。

3　補償基金創設の社会理論的背景

ところで,HIV 感染事件と前後して,責任概念の限界や保険,社会保障による被害者救済の限界が意識され,不確実性 (incertitude) の問題がにわかに注目を集めるようになった。例えば,フランソワ・エワルド (François Ewald) は『福祉国家』(*L'Etat providence*, 1986) のなかで,フランスで社会保険が整備されるきっかけとなった労働災害の事例を詳細に分析し,フランスの社会保障制度あるいは福祉国家の歴史的な発展過程を,「保険社会」(société assurancielle) という概念により特徴づけた[9]。それによると,20世紀の社会は,社会的な営みが不可避的に発生させる災害,疾病,老齢,死亡といった誰しもが直面する害悪の費用を社会全体で配分するという発想に基づく社会保険の展開を通じて社会全体をひとつの巨大な「保険」として捉えられるという。こうした認識の前提には,災害の対象となる出来事が統計や確率によって予測でき,損害額が計算可能であるという点にある。しかし,近年,HIV 感染事故をはじめ,医療事故,環境問題,BSE 問題といった保険の技術とは相容れない性質を有する災害が大きな社会問題となっている。すなわち,この種のリスクは,労働災害や交通事故のような個別的散発的な事故ではなく,集団的規模でもたらされる大惨事 (catastrophe) であり,広範かつ重篤な損害をもたらす性格を有する。こうした事前に定量化できない不確実性を有するリスクについて,エワルドは保険や扶助の技術を適用することは困難である,とした。この点,ピエール・ロザンヴァロン (Pierre Rosanvallon) は『新たな社会問題――福祉国家再考』(*La nouvelle question sociale : Repenser l'État-providence*, 1995) のなかでエワルドの理論を前提にしつつ,こうした大惨事の前では,保険の進めてきたリスクの社会化は操縦不能となり,運命共同体としての社会という見方が根源的なものとなり,連帯の観念と保険の観念を混合的に結合しなければならない補償

基金が登場することを指摘している。エワルドとロザンヴァロンの指摘は，社会保障を基礎づける保険の論理はこの種の大惨事を招くリスクを前にその限界を露呈することを示している。かくして，大惨事に対応する法的対応のひとつとして補償基金による被害者救済という方策が模索されるのである。

3 補償基金に関する法制度の基本的枠組み

1 補償基金の種類と類型

これまでみたように，フランスでは，数多くの補償基金が全体的な構想なしに，そして，その場しのぎの対応として，しばしばメディアの力によって次々に創設されてきた[11]。しかし，多くの論者が指摘するように，数多くの場面で補償基金の活用が承認されているものの，その法的性格はあいまいなままである[12]。

これら補償基金に関する共通した定義はないが[13]，最大公約数的にまとめると，損害を生じせしめた有責者と補償者を分離し，被害者に迅速かつ確実な被害回復を図るために定型的な補償を行う仕組みであると講学上理解されている[14]。補償基金は法律に基づき創設されるもので，私法人，行政的公施設法人，単純な予算上の枠など形態は様々である。補償基金の補償対象とする損害は，私保険，損害賠償，社会保険のいずれを用いても補償されない損害である。したがって，補償基金はこれらの仕組みとは異なるものとして認識されている[15]。

数多くある補償基金の種類を責任に着目して類型的に整理してみると，大別して，国家責任に対応する基金と国家責任によらない基金に区分できる[16]。国家責任に対応する基金は，判例で形成された行政責任を立法により制度化した補償基金である。国家責任に対応する基金には，① HIV 感染事件やアスベスト被害事件における行政による予防的措置実施の懈怠，不作為が明らかになり，国がそれぞれの被害救済にための創設したもの（HIV 感染被害補償基金・FITH (1991年)，アスベスト被害救済基金・FIVA (2000年)），②偶発的な医療リスクや院内感染の責任について，国家の関与を基礎とした国民連帯による補償を行うもの（全国医療事故補償局・ONIAM (2002年)）がこれにあたる。

これに対し，国家責任によらない基金は，法的な責任として判例上，国家責

任が必ずしも認められたものではないが、社会保険や民間保険、損害賠償といった伝統的な仕組みではカバーされないリスクに対応するために、国民連帯の名において創設されるものである。自然リスクに関する被害の回復については、裁判所が行政責任を認めていないため、自然災害の被害に関する補償基金が創設されている（公的災害被害救済基金（1956年）、農業災害補償基金（1964年）、自然災害補償基金（1982年））。他方、行政活動と直接的に関係のないリスクに関する補償については、交通事故被害補償基金（1951年）、犯罪被害者救済基金（1977年）、テロ行為・犯罪行為被害補償基金（1990年）などが創設されている。

2　補償基金に関する法制度の基本的枠組み

以下では、補償基金に関する法制度の基本的枠組みを素描する。そのためには補償基金の各法制度を総体として捉え、各法制度の現状を鳥瞰することから始めなければならないが、この作業はかなり厄介である。紙幅の関係もあり、本稿では、現存するフランスの補償基金の法制度を網羅して本検討の視野に収めることは難しい。そのため、補償基金の諸制度については皮相的な叙述にならざるを得ない。

(1) **補償対象としての事故類型**　補償基金が補償対象とする損害を発生せしめる事由は、事故と暴力行為に大別することができる[17]。事故は交通事故、科学技術事故、医療事故、農業災害を発生せしめる自然事故、アスベスト事故などが挙げられ、事故の具体的な内容は各補償基金の根拠法に定められている。他方、暴力行為はテロ行為と犯罪行為が挙げられるが、具体的な行為は根拠法には明確に定められておらず、暴力行為の発生ごとに具体的な支給内容・範囲を裁判所が個別に判断する。

(2) **補償のための要件**　原則として、補償のためには、補償対象としての事故または暴力行為による被害が発生しているという事実があればそれでよく、その被害と損害を生じせしめる事由との間の因果関係が問われることはない。ただし、例外的に被害と損害を生じせしめる事由の因果関係が問われる場合がある。例えば、HIV 感染の場合、感染は輸血だけではなく、性交渉や注射器の使い回しなど他の感染経路があるため、HIV 感染被害補償基金の補償を受

けるためには,輸血時の血液製剤の利用による損害であることが求められる(公衆衛生法典 L. 3122-2条)。

HIV 感染や石綿,自然・科学技術による惨禍に関する基金など多くの基金では,被害者に過失が認められる場合でも補償が行われるが,交通事故やテロ行為,医療事故などに関する一部の基金では,被害者の過失と損害の間に直接的な因果関係が認められる場合には,未補償または減額補償となることがある。

(3) **人的適用範囲**　　多くの場合,被害者の国籍または出身国は問わない。ただし,いくつかの基金では,補償に際して国籍が問題となる場合がある。例えば,フランス領土内で起こった外国人の交通事故被害者は,EU 圏内など一部の地域の者を除き,補償基金の対象からは除外されている。また,フランス領土外で生じた事故に対する基金の補償については,被害者のフランス国籍が問われる場合があり,例えば,国外での犯罪行為またはテロ行為被害については,フランス国籍を有する者のみが補償される。このように,一部の補償について国籍要件が求められることにつき,これらの補償基金は,「社会」連帯による仕組みというよりむしろ「国民」連帯によるものであることの違いからくるものであると理解されることがある[18]。ただし,フランス人とフランス領土内に居住する外国人の補償の権利については,人的カテゴリーによる補償の制約はないことから,補償基金は「国民」連帯をより深化した連帯により根拠づけられると解される[19]。

(4) **補償の対象と内容**　　補償基金の補償対象とする損害は一般的には身体的損害であるが,犯罪被害や交通事故,農業災害など一部の基金では身体的損害に加え,物的損害,精神的損害などを対象とする。社会保障給付との関連で具体的な内容をみると,医療費,通院費,介護費,休業補償,遺族補償金,障害補償金などが補償額に計上される。補償基金で支給された給付は,加害者からの損害賠償,社会保険制度や共済,強制保険との給付調整が行われることが多い。また,被害を生じせしめた有責者が明らかになっている場合,補償基金は補償金の債権者が有責者に対して有する権利につき,法的に代位することがある。

租税や社会保障財政からの拠出枠は無限にあるわけではないため,補償基金

の財政はこうした財源事情に左右されることになり，身体的損害の完全回復の原則と補償の制約という問題を生み出すことになる。[20]補償基金の補償は完全な身体的損害の回復を原則とする（これに対し，物的損害が補償される場合，補償額は定額である場合が多い。）が，予算上の理由によりこれを制限することも許容されている。[21]例えば，破毀院は，1977年に創設された犯罪被害救済基金の補償金について，当該補償金は損害賠償の性格を有するものではなく，国民連帯の義務の名の下に国家によってもたらされる救済（secours）であるとして，補償金額に上限を課すことを正当化していた。[22]しかし，1990年頃には，こうした制限は見直され，テロ行為・犯罪行為被害補償基金では，身体的損害の完全回復の原則に回帰した。また，HIV感染被害と石綿被害の救済でも完全回復を原則としている。これに対し，医療事故については，全国医療事故補償局の国民連帯による救済では完全労働不能が25％を超える被害についてのみ，完全回復を行うこととなっており，多くの被害者を排除している可能性が指摘されている。

(5) **補償基金の財源負担**　補償基金の財源は必然的に公的な財源に帰着するものでもなく，民間からの財源も活用される。例えば，交通事故被害補償基金では，創設当初からその財源の一部に民間保険会社の拠出金が含まれていた。2003年に損害強制保険補償基金（FGAO）に再編されてからも，この負担は継続されている（民間保険会社（基金財源の1％），保険加入者（自動車民事責任保険の保険料の0.1％），保険未加入の事故責任者（負担される補償額の10％））。また，テロ行為・犯罪行為被害補償基金は国家財源のみではなく，国務院が定める物損保険契約（多リスク住居保険，自賠責保険等）の加入者が負担する徴収金が充てられている。[23]

このほか，HIV被害救済補償基金の創設当初，その財源は国庫負担と民間保険会社の拠出金でまかなわれていた（2002年の全国医療事故補償局への編入により，民間保険会社の拠出はなくなっている。）。HIV被害者救済のように，国の義務懈怠による国の責任について補償する連帯の仕組みとしての基金は，責任保険のような位置づけも有することになる。補償基金が責任保険に取って代わる位置づけを有するという意味において，民間保険会社の拠出は連帯を指向するひ

とつのありかたともいえる。一方で，テロ行為・犯罪行為被害補償基金の物損保険契約による加入者の負担のように，物損保険とテロ行為被害者の身体的損害の補償との関係はほとんどないという指摘があり，補償基金の財源負担を国民連帯のみで根拠づけることに難しい側面もある。

また，近年では，社会保障財源を活用する基金も増えている。社会保障財政法による医療保険財源の予算枠からの出資金を財源にする全国医療事故補償局，基金創設当初から国と労災保険制度の拠出金を財源にするアスベスト被害補償基金，たばこ税，労災保険制度の拠出金，被爆労働者を使用する企業の拠出金を財源にする早期退職者のためのアスベスト労働者早期活動停止基金などがこれにあたる。補償基金では，租税や社会保障の拠出金を通じた連帯に加えて，保険契約に基づく加入者拠出も国民連帯による補償基金の重要な財源とされている点は興味深い。

このほか，国の拠出割合が問題となることがある。アスベスト被害につき，国務院は2004年3月3日の判決で，アスベストを扱う職場で働く労働者の健康被害を軽減するために，国がその規制権限を行使しなかったことに過失があるとして，国の損害賠償責任を認めた。この判決以後，国の不作為が違法とされた結果，国はより多額の負担をすべきではないかとして，国の拠出割合が適切であるかという点について議論が見られる。

4　社会的保護法における社会的補償

1　社会的補償という新たな技術の認識

補償基金を統一的に把握し，その法原理を構築しようとする試みは責任法の中の作業としてこれまで行われていた。こうした作業を踏まえ，社会的保護における保障技術として，社会保険，社会扶助，共済に加え，補償基金による「社会的補償」を新たに体系的に把握をする試みがみられる。ドイツ法の影響を受けながら形成された，パリ第1大学のフランシス・ケスレール（Francis KESSLER）准教授による近時の作業がこれにあたる。これらの作業は，2009年刊行の『社会的保護法〔第3版〕』にまとめられている。そこで，以下，同書

を中心にケスレールの「社会的補償」論を確認しておこう。

彼によると，社会的保護法の中で社会保険は中心的な役割を果たしてきたが，近年，この社会保険に後退がみられるという。ひとつは，社会保険における保険集団内の連帯的要素が薄まっていること，もうひとつは社会保険の仕組みから距離をおく他の技術（technique）の芽生えである。このうち，後者について，ひとつは，貯蓄的な積立て要素の仕組みを取り入れた個人単位化の方法を指向する傾向を指摘し，もうひとつは，「新しい社会的リスク」に対応する社会的保護の新しい分野としての社会的補償の出現を挙げる[31]。

社会的補償は第一次世界大戦の傷痍軍人に対する補償制度に始まりをみるが，今日では多種におよび，ある被害者の被った損害に対して特別の回復をする権利を承認している。社会的補償では，特定の活動の被害により苦境に立たされる状況，または，特別に深刻と考えられる状況が国家により承認され，当該状況は補償の対象となる。そこでは，個人責任の考えは撤退し，集団的責任の形態，国民連帯が問題となる。社会的補償は集団的債務を構成することから，私保険とは区別される。また，加入要件がないという点では社会保険と区別され，資産要件がないという点では社会扶助の給付と区別される。社会的補償は特別に国家管理された基金によるもので，民事法の普通法適用除外のみならず，社会保険，社会扶助，私保険の伝統的な技術の埒外に位置づけられる[32]。この意味で，彼は国民連帯による社会的補償を社会的保護の新たな保障技術として捉える。

2　社会的補償の諸制度とその特質

ケスレールの理解によれば，社会的保護は様々な社会的リスクや突発的事態に応答し，諸個人または諸集団から諸個人に対する援助を目的とする種々の要素から構成され，ある国家のある時代において社会的リスクを引き受ける様々な保障技術の集合体であるとする[33]。社会的保護の範囲は国家によって確定される。社会的補償が，国家による保護が適していると特別に判断される特定の人的カテゴリーのために一定の身体的損害などを補償の対象にしている以上，国家が承認した特定の社会的リスクの補償を行う制度である社会的補償は社会的

保護法に位置づけられるとする。[34]

　もっとも，彼はフランスで数多く創設されている惨禍や災害の被害に対する補償基金すべてを社会的補償として認識しているわけではない。例えば，石油タンカーの座礁にともなう災害に対応する国際油濁補償基金（FIPOL）や農業災害補償基金などは特定の財産的損害の全部または一部の回復を対象としており，これらは社会的リスクの対象としてふさわしくないとする。[35] 彼は明示しているわけではないが，財産的損害の回復を主たる目的とする補償基金は社会的補償から除外すると理解しているといえる。

　こうして，従来の社会的保護制度において活用されてきた保障技術とは異なる，社会的補償という新たな技術を活用する制度として，ケスレールは，①強制収容被害者とその遺族に対する補償制度，②交通事故および狩猟事故被害者に対する補償制度，③犯罪被害者に対する補償制度，④テロ行為被害者に対する補償制度，⑤輸血によるウイルス感染被害者に対する補償制度，⑥石綿健康被害者に対する補償制度，⑦偶発的な医療リスクによる被害者に対する補償制度を挙げる。そして，これらの法制度を検討し，以下のように社会的補償の特質を指摘する。[36]

　社会的補償では，個人責任に関するすべての考えは排除される。社会的補償とは，訴訟によらずに損害の発生という事実のみで自動的に補償を行う仕組みである。そして，社会的補償による補償は，社会的リスクに対する人保険の補償を超え，身体的，精神的，職業的または財産的損害すべての承認と回復を同時に対象とする。また，補償を受けるにあたり拠出要件はなく，原則として資産要件もない。ただ，損害を生じせしめる事由の発生と損害状況の説明が必要となるのみである。

　社会的補償のひとつの特徴は，その役割が補足的なものであることにある。補償基金で回復される損害は集団的なものでかつ，日常生活にみられない例外的なものであり，被害者が他から賠償を求めることができない場合にのみ，補償基金からの支払いを受けることになる。被害者が他から被害の回復を得られない以上，その補償は国民連帯による補償を指向する。かつては，社会的補償の財源は国の負担が主であったが，今日では，一部は外部化され，国以外の負

担者も特別な徴収の方法により財源負担者になっているものもある。

3 まとめ

これまでの叙述によって，ケスレールの社会的保護法における社会的補償の大要はおおよそ明らかにし得たと思われる。彼の見解は，理論形成の過程ということもあり不十分さを残存せしめている感は否めないものの，点在する補償基金の総体を検討の素材とし，しかも生成・発展をし続ける社会的補償を全局面にわたり把握しようとした彼の見解は，フランスの社会的保護法の研究領域に貴重な一石を投じたものということができよう。すなわち，彼の見解はフランスの多くの論者が採用する制度論的アプローチが所与のものとしていた社会的保護の保障技術——社会保険，社会扶助，共済——を補足する新たな技術の承認の可能性に関する議論に新たな息吹を注ぎ込むものと評価することができる。また，その議論の大胆さゆえ，社会扶助法研究の重鎮アルファンダリ教授もいうように，彼の着眼点は極めて独創的であり，その意味できわめて興味深いものである。[37]

社会的保護は社会的リスクと一般にみなされるような各種の事由の結果に対する補償を行うことにより，経済的安定を保障するものであり，社会的保護法はこうした経済的安定を保障する法技術の総体であると一般的には理解されている。ここにいう社会的リスクとは，社会生活にかかわる生活を脅かす事由を一般に指す概念であるが，社会的保護はこれらすべてを対象にするわけではないという認識は社会的保護法学では共通のものと解してよい。そこで，社会的保護または社会保障の対象とする社会的リスクとは何かが問題になるが，通説とされるデュペイルの説によると，所得の減少・喪失をもたらす事由（労働災害，職業病，疾病，負傷，障害，老齢，死亡）と支出の増大をもたらす事由（疾病，家族の負担など）に分類される。[38] こうした分類は，社会保険の保険事故に一致する。通説的理解に立つと，補償基金が対象とする例外的な不確実さや不慮の出来事は，際限がなく，普通の経済活動との結びつくものでもなく，日常生活に常時存在するものともいえないから，一部の不慮の出来事については社会的リスクとみなすことはできず，彼のいう社会的補償を一般法の社会的保護の領

域に属するというには難しいということになろう。[39]

　こうした通説的理解に対し，ケスレールの独特な社会的リスクの理解が，社会的補償をめぐる独創的な見解の淵源にあるように思われる。彼は，社会的リスクの定義は柔軟かつ進化的なものであり，社会経済の状況により変化するものであると留保しながら，社会的リスクは，発生が確かではない個人的な経済生活に影響する不確かな個別的出来事と，対応することについて合意された社会的混乱を構成する不確かな出来事と理解している。もっとも，社会生活に関連するすべてのリスクが「社会的」リスクとして考えているわけではなく，社会生活に関連するリスクが公権力の介入の対象となるとき，または少なくともその介入の必要性が認識されたとき，そのリスクは社会的であり，社会的リスクと呼ぶことができると理解する。これは，デュギーが典型であるように，国家は連帯という相互依存関係の制御主体のかなめであり，連帯を援用することにより，国家責任の説明を容易ならしめるという理解と親和的であるといえる。[40] このような理解の延長線上では，社会的保護の対象とする社会的リスクは社会保険の保険事故から離れ拡張することになる。高齢者介護や長期失業といった「新しい社会的リスク」の出現に社会的保護が直面している今日，フランスでは社会的リスクとは何かが改めて問われ直されている。[41] 結局，社会的補償を社会的保護法の体系に含めることが可能かどうかという議論は，社会的保護の対象とする社会的リスクをどのように捉えるかという点がかなめになるといえる。

5　むすびに代えて

　社会的補償をめぐる議論は，伝統的な過失責任主義を超える無過失責任主義や保険でも解決し得ない問題につき，国民連帯に基礎をおく補償基金を創設することにより，現実的な被害者・犠牲者の救済を図る方策の可能性を示してくれる。フランス法では，国民連帯は社会保険や社会扶助においても同様に特徴付けられることから，国民連帯に基礎をおくという点では，社会的補償や社会保険，社会扶助の違いはわずかであり，ある社会的リスクにより発生した損害を特定の者に負担させるのは公平性の面で問題があると考えられる点では違い

はない。ある社会的リスクが存在し損害が発生した場合，これをいずれの技術により対処すべきなのかという判断によって，選択されるべき制度が変わっていくと理解することができよう。このような視点でわが国の被害者救済制度と社会保障の関係を見直した場合，どのように捉えることができるのか。本稿での考察はこれからの研究の視座を得る覚え書きとしての暫定的なものに留まらざるを得なかった。この検討は，別稿を期したい。

〔付　記〕　本稿は，平成21～22年度駒澤大学在外研究および平成22～23年度科学研究費補助金（若手研究Ｂ：課題番号22730050）による研究成果の一部である。

1）　E. ALFANDARI, « L'évolution de la notion de risque social », in J. van Langendonck (ed.), *The New Social Risks EISS Yearbook*, Kluwer Law International, 1997. 同論文は河野正輝先生のご指導の下，大学院博士課程のゼミで輪読したものである。本稿は当時の宿題に対する考察の一里塚とさせていただきたい。
2）　出版された博士論文だけでも，M. SOUSSE, *La notion de reparation de dommages en droit administrative français*, LGDJ, 1994 ; P. OUDOT, *Le risque de développement : Contribution au maintien du droit à réparation*, EUD, 2005 ; A. FRANK, *Le droit de la responsabilité administrative à l'épreuve des fonds d'indemnisation*, L'Harmattan, 2005 ; A. GUÉGAN-LÉCUYER, *Dommages de masse et responsabilité civile*, LGDJ, 2006 ; C. LACROIX, *La réparation des dommages en cas de catastrophes*, LGDJ, 2008 ; L. WILLIATTE-PELLITTERI, *Contribution à l'élaboration d'un droit civil des événements aléatoires domageables*, LGDJ, 2009など数多い。
3）　社会保障とこれらの被害救済制度との関連については，西原道雄「人身損害補償における損害賠償と社会保障」（沼田稲次郎・小川政亮・佐藤進（編）『現代法と社会保障』（総合労働研究所，1982年）所収），藤原精吾「総論――賠償・補償から社会補償制度へ」以下第Ⅱ部の各論文（日本社会保障法学会（編）『講座社会保障法6巻　社会保障法の関連領域――拡大と発展』（法律文化社，2001年）所収）などを参照。
4）　財政法の観点から，一定の被害が生じている場合に，被害者の救済のために，原因の可能性のある事業者に強制的に資金の拠出を求めてプールし，使用するシステムを資金の共同拠出方式として社会保障財政方式の一形態に位置付ける見解がある。碓井光明『社会保障財政法精義』（信山社，2009年）65頁，128～137頁を参照。
5）　代表的なものとして，加藤雅信『損害賠償から社会保障へ』（三省堂，1989年）がある。
6）　本稿と同じ問題関心を有して所得保障法の体系と構造について分析を試みる論考とし

て，山田晋「所得保障法の体系と構造・試論」荒木誠之・桑原洋子編『社会保障法・福祉と労働法の新展開　佐藤進先生追悼』(信山社，2010年) 79頁がある。同論文は，本稿でいう「社会的補償」の給付を所得保障に位置付ける試みをしている。

7) フランスの労災補償法の成立およびリスクの社会化につき，山口俊夫「社会法と民事責任——とくに社会法による民事責任排除の意義について」日仏法学4号 (1967年) 1頁以下，岩村正彦『労災補償と損害賠償』(東京大学出版会，1984年) を参照。

8) 以上，ONIAM創設までの経緯につき，拙稿「フランスにおける医療事故と社会保障(一)〜(三)——国民連帯による医療事故賠償・補償制度の構築」駒法4巻1号 (2004年) 125頁，4巻2号 (2005年) 97頁，5巻2号 (2006年) 98頁を参照。

9) 以下では，エワルドに関するわが国の先行研究に負うところが大きい。先行研究につき，中山竜一「『保険社会』における不法行為法——不法行為法から私保険・社会保障への重心の移動に関する思想史的考察」近法43巻1号 (1995年) 105頁，中沼丈晃「エワルドの責任論」摂法29号 (2003年) 1頁，米山高生「フランソワ・エワルドのパラダイム論と無過失責任論」損害保険研究65巻3・4号 (2004年) 309頁等を参照。

10) P. ROSANVALLON, *La nouvelle question sociale : Repenser l'État-providence*, Seuil, 1995, pp. 29-33. [ピエール・ロザンヴァロン [北垣徹訳] 『連帯の新たなる哲学——福祉国家再考』(勁草書房，2006年) 25〜29頁]

11) F. KESSLER, « Complément ou substitution à la Sécurité sociale ? Essai sur l'indemnisation sociale comme technique de protection sociale », *Dr. soc.* 2006, p. 197 (以下，KESSLER (2006) として引用する。); J.-J DUPEYROUX, M. BORGETTO, R. LAFORE, *Droit de la sécurité sociale* 16ᵉédition, Dalloz, 2008, p. 215. 最近では，2010年末，肥満症に処方される薬 (メディアトール (mediator)) の服用による死亡事例が少なくとも500を超えると報道され，問題が表面化し，訴訟が増加している。ベルトラン保健大臣は被害の回復にあたり補償基金の創設の検討に言及している (*Le monde*, 14 janv. 2011)。

12) M. SOUSSE, *op. cit.*, p. 105.

13) 論者により補償基金は保証基金 (fonds de garantie)，公的基金 (fonds public) などと呼ばれることもある。基金の創設主体の相違 (公・私)，損害賠償または保険関係による代位の有無により，補償基金と保証基金を区別する説もある。M. MEKKI, « Les fonctions de la responsabilité civile à l'épreuve des fonds d'indemnisation des dommages corporels », *LPA*, 12 janvier 2005, n° 8, p. 3.

14) D. LOCHAK, « Solidarité et responsabilité publique », in J.-C BEGUIN et al., *La solidarité en droit public*, L'Harmattan, 2005, p. 320.

15) G. VINEY, *Introduction à la responsabilité*, 3ᵉ éd., LGDJ, 2008, p. 107 ; Conseil d'État, *Responsabilité et socialisation du risque*, EDCE, n° 56, La documentation française, 2005, p. 246.

Ⅱ　自治と規制の法政策

16) 以下の類型はガルニエおよび国務院報告書の整理を参考にしている（R. GARNIER, « Les fonds publics de socialisation des risques », *JCP*, n° 25, 18 juin 2003, I, 143, p. 1134 ; Conseil d'État, *op. cit.*, p. 231 et suiv.）。
17) A. FRANK, *op. cit.*, p. 135.
18) T. RENOUX, « L'indemnisation des victimes d'actes de terrorisme. Un nouveau cas de garantie sociale », *RFDA*, 1987, p. 915.
19) J.-M. PONTIER, « Sida, De la responsabilité à la garantie sociale（à propos de la loi du 31 décembre 1991) », *RFDA*, 1992, p. 543. ; M. SOUSSE, *op. cit.*, p. 154.
20) Conseil d'État, *op. cit.*, p. 313 ; A. FRANK, *op. cit.*, p. 394.
21) M. SOUSSE, *op. cit.*, p. 103.
22) Cass. 2e civ., 21 oct. 1987, *Bull. Civ.* II, n° 204.
23) F. QUEROL, « L'indemnisation des victimes d'actes de terrorisme. Le financement du fonds de garantie », *RFDA*, 1988, p. 106.
24) A. FRANK, *op. cit.*, p. 116.
25) Y. Labert-Faivre, « Le sinistre en assurance de responsabilité et la garantie de l'indemnisation des victimes », *Rev. gén. assur. terr.* 1987, p. 222 ; M. SOUSSE, *op. cit.*, p. 106.
26) T. TAURAN, « Le Fonds de cessation anticipée d'activité des travailleurs de l'animante（FCAATA) », *RDSS*, 2007, p. 135.
27) C. E., Assemblée 3 mars 2004, Ministre de l'Emploi et de la Solidarité c/Consorts Bourdignon et autres, *RFDA*, 2004, p. 612, conclusion E. Prada-Bordenave.
28) Conseil d'État, *op. cit.*, pp. 245-246.
29) H. F. ZACHER et F. KESSLER, « Rôle respectif du service public et de l'initiative privée dans la politique de sécurité sociale », *RIDC*, 1990, p. 217（同論文の共著者であるハンス・F・ツァハー教授（マックス・プランク国際社会法研究所）は，*Das Sozialrecht in Deutschland* を執筆したドイツ社会法研究者である（同書は，新井誠監訳で『ドイツ社会法の構造と展開　理論，方法，実践』（日本評論社，2005年）として日本でも紹介されている）。ツァハー氏は，同書の中で，戦争被害者のための補償制度などを補償システム（Entschädigungssysteme）として位置付け，これを社会保障の一領域として説明している。）; F. KESSLER, « Articulation de l'indemnisation spéciale par le fonds d'indemnisation des transfusés et hémophiles contaminés par VIH et de celle liée à la mise en œuvre de la faute inexcusable », *RDSS*, 1995, p. 402. ; F. KESSLER, « Réflexions sur les mutations récentes du droit de la protection sociale », *RDSS*, 2005, p. 619（以下，KESSLER（2005）として引用する。）; KESSLER（2006), p. 191 ; なお，2004年12月から2005年10月にかけて破毀院主催の「リスク・保険・責任」研究会が設けられ，2005年10月13日にシンポジウムが行われている。ケスレール氏は社会的補償

に関する報告を行っている。この研究会・シンポジウムの成果は M. BORGETTO, « Incertitude et répartion entre dispositifs d'assurances et dispositifs de solidarité », in É. BARADUC et al., *Le traitement juridique et judiciaire de l'incertitude*, Dalloz, 2008, p. 127. に掲載されている。

30) F. KESSLER, *Droit de la protection sociale 3e éd.*, Cours, 2009, Dalloz.（以下，KESSLER（2009）として引用する。）
31) KESSLER（2005），p. 628.
32) KESSLER（2009），p. 143.
33) KESSLER（2009），p. 4.
34) KESSLER（2009），p. 15.
35) KESSLER（2009），p. 143.
36) KESSLER（2009），p. 663-665.
37) F. KESSLER, *Droit de la protection sociale 2e éd.*, Cours, 2005, Dalloz. の書評でのコメント。*Dr. Soc.*, 2005, p. 674.
38) J.-J. DUPEYROUX et X. PRÉTOT, *Droit de la sécurité sociale, 14e éd.*, Mémentos, Dalloz, 2008, p. 1.
39) J.-J DUPEYROUX, M. BORGETTO, R. LAFORE, *op. cit.*, p. 207 et p. 215.; M. BORGETTO, *op. cit.*, p. 165.
40) KESSLER（2009）9頁ではデュギーの憲法概説の一部を引用し同旨の指摘を行っている。
41) J.-P. Chauchard, « De la définition du risque sociale », *TPS*, juin 2000, p. 4.

ドイツ年金保険における「社会的調整」
——国庫負担に着目して——

田中　秀一郎

1　社会保険における「社会」性と「保険」性

　社会保険は,「一定の社会政策上の目標を達成する仕組みであり，そこで用いられる保険技術は必然的に修正を受ける」とされる[1]。これは,「私保険の原理に対して社会政策の見地から一定の修正（社会的扶養原理）が加えられたもの」ともいえる[2]。河野正輝は，2010年に出版した社会保険にかかる編著書の冒頭論文において，社会保険の社会性に着目し,「社会保険の被保険者集団の範囲，保険料と保険給付の水準などの具体的な制度設計とそこに込められた社会政策的な配慮は，国と時代により一様ではありえない」としたうえで，①ビスマルクモデル・ベヴァリッジモデルの社会性および②わが国の「皆保険皆年金」の社会性をそれぞれ分析し，③近年の社会保険における社会性の発展を検討している[4]。なお，このような社会性への着目は，戦前の菊池勇夫に遡る。菊池は社会保険の特質としての社会性に着目し，①保険目的の社会性，②保険計画の社会性，③保険経営の社会性に類型化して検討している[5]。河野の社会性の発展にかかる指摘は，菊池の類型化をさらに「国と時代」の変化に対応させようとするものであると捉えられる。

　他方，社会保険の「保険」性に着目するものとして，西原道雄の見解がある[7]。西原は,「典型的な個別保険における保険料の等価的関係を保険原理と称し，

公的扶助のように拠出に無関係に単に必要のみによって一方的に給付をなす方法をかりに扶助原理とよぶならば，社会保険には両原理が互いに対抗し合いながら混在し，後者が前者をしだいに圧倒してきたものである」とする。そして，ドイツの第2次世界大戦以前（1922年）のカスケル（Kaskel）や1955年に出版されたボクス（Bogs）の論考を引用しつつ，「社会保険は等価性を破るところから出発する。しかし，扶助性が徹底して拠出がまつたく不必要になれば，それはもはや社会保険とはいえない。保険原理と扶助原理との闘争は社会保険そのものと同様に古く，前者から後者への移行は決して一様なまた平坦な途をたどつてきたわけではなく時に逆行もしたけれど，社会保険80年の歴史を全体としてみるならば，扶助原理が保険原理をしだいに駆逐していつた過程として捉えることができるだろう」と分析する。[8]

また，「扶助性による保険性の制約は，まず給付と拠出の保険団体内における社会的調整に表れている。拠出が給付額または危険度に比例していない場合には，一部の被保険者は他の者のためにより多くを負担していることになる。……社会保険においては，保険団体の内外を問わず，若年者から老人へ，健康な者から傷病者へ，雇用中の労働者から失業者へ，高所得者から低所得者へとつねに支払われ，または支払われることがある程度期待されている」[9]とし，「扶助原理のかなりの進出が既成事実となつた今日では，扶助原理と保険原理の争いは保険的要素を少しでも残すかどうかにかかつている。保険原理の擁護者にとつての最後の一線は，拠出原則の存在そのものである」[10]とする。

2　問題意識と課題の限定

「社会保険の被保険者集団の範囲，保険料と保険給付の水準などの具体的な制度設計とそこに込められた社会政策的な配慮は，国と時代により一様ではありえない」としたら，ビスマルク社会保険立法以降のドイツでは社会性をどのように形成してきたのか。それを考えることで，日本の社会性の特徴が浮かび上がってくると思われる。

そこで，以下では，ドイツの年金保険について，保険原理を修正している

「社会的調整」を本格的に検討するための一段階として，ドイツ社会保険の「保険性」に関する議論を概観したあと，財源面としての国庫負担に着目しその割合や概括的歴史を紹介することにしたい。なお，医療についてはすでに倉田聡らによって検討されている[11]。そのため，本稿では社会保険のなかでも年金に限定して検討を行うこととしたい[12]。

3 ドイツ社会保険における「社会的調整」

太田匡彦は，「社会保険は法的な意味においても保険か」と問い，ドイツの「扶助説」，「保険説」を紹介している[13]。そこでは，戦前は「扶助説」が優位であったが，戦後は保険者自治，財産権保障の観点から「保険説」が優位となったことが指摘される。ただし，「社会保険における拠出と給付の連関が弱いもの」にとどまることに意を留める必要がある[14]。そこで倉田聡はその後の歴史的経過を以下のように説明する。すなわち，「保険説」が優位になったものの，「社会保険が保険であることのメルクマールは，保険料と給付の有償性ないし対価性以外の要素に求められる」として「自治（Selbstverwaltung）」に研究者の関心が集められるようになったとする[15]。倉田によれば，ドイツ公法学でも中間団体の自治ないし自律を伝統的に尊重されており，1977年の社会法典編纂作業においても「自治」は指導理念に高められ「一応の完成をみた」が，1980年代には「公法上の法人という形式を維持していれば，すべての保険者をひとつに統合しても基本法に違反しない」という考え方が出てきて，さらに1990年代後半以降には，「自治」原則を「実定法制度の基本原則として維持することが社会保険の目的や機能との関係で本当に優位性ないし有効性を持ちうるのか」という批判もでてきた[16]。このような自治をめぐる「問題意識」に的確な対応をしたのが，ウルリッヒ・ベッカーであるという。ベッカーの立論は，「社会給付法における『自治』の存在意義を，制度外の政治過程をも視野に入れることで，完全に相対化し，社会保険と『自治』の関係を極めて政策技術的なものと結論づけた」のである[17][18]。「つまり，この主張を推し進めると，保険者にアウトノミーを付与するか，またそれをどの程度に設定するかの問題は，個々の社会

給付法が目指す政策目的との関係で機能的に決せられるから，社会保険という法技術に『自治』が不可欠とまではいえない」ことに至った[19]。

そこで，社会保険の「保険性」の検討は，再び，拠出と給付の関連性に向けられるようになった。倉田によれば，このような再度の社会保険の「保険性」の検討は，1980年代後半に展開された一連の連邦憲法裁判所の判例を背景として[20]，税財源によって実現されるべき国家の任務と社会保険による任務との関係性を理論的に整理していこうとする試みとも整合するとされる[21]。では，なぜ，そのような整理をおこなう必要があるのだろうか。なぜなら，実定法制度としての社会保険が取り入れている「社会的調整」のなかには，すでに「社会保険」から逸脱したと評価できるのが含まれているのではないかという「問題意識」からである[22]。ここでいう社会的調整とは，「一方的な所得移転」であるとされる[23]。この「社会的調整」は無制限に許されるものではない。つまり「保険集団の外側にいる人たちに及ぶ『社会的調整』は，例えば，国民という資格ですべての者に保障されるべき家族給付やドイツ統一後に西側から東側への調整的給付などは，『社会保険外在的』であるから，『社会保険』でなく」税財源から補塡されなければならないとされる[24]。なお，この「保険外在的」の定義は，明確な了解が得られていない[25]。基本的には，被保険者共同体内の調整にかかわる場合には，「保険外在的給付」がなされる[26]。この「保険外在的給付」には，国庫負担が充てられる[27]。そこで，つぎに国庫負担を検討対象とするが，まずその前提として年金保険の財源を概括的にみていくことにする。

4　ドイツ年金保険の財政

1　財源構成

ドイツ年金保険の財源は，2009年度の場合，総収入が2460億ユーロであり，そのうち，強制保険料（19.9％（労使折半））が1816億ユーロで全体の73.8％を占めており，そのほかに連邦補助金（Bundeszuschüsse）が447億ユーロ（18.2％）を，追加的連邦補助金（Zusätzliche Bundeszuschüsse）が187億ユーロ（7.6％）[28]を占めている[29]。

2 国庫負担

このうち，連邦補助金は，ビスマルク社会保険立法のひとつである1889年の障害・老齢保険法（Invaliditäts- und Altersversicherung）のときからすでに年金受給者1人につき50マルクずつ認められており[30]，1957年の第1次年金改革時には，平均的な総労働報酬の変化に応じて金額を決定されるようになり[31]，さらに1992年年金改正では，前年の年金支出額，賃金上昇率，保険料率の改定に応じて自動調整が行われるようになった[32]。このような改革に伴い，国庫負担割合も右表のように変化している。この各種連邦補助金は，同表に示されているように，鉱山労働者に対する連邦補助金を除いて少しずつ増えてきている[33]。

連邦補助金の性格としては，年金保険についての，いわゆる「扶助的給付」を行うものではなく，また保険原理は生じず，かつ財産権の保護は及ばない[34]。つまり，連邦補助金は保険料でカバーされない保険外のものを調整する手段として用いられる。では，連邦補助金で賄われる給付範囲はどの程度といえるのか。ルーラントによれば，5つに分けることができる[35]。まず第1に，戦争の結果に対する負担（兵役期間を含む），とくに外国年金による給付（追放等）である。これは，戦争等のために兵役についていたり，外国に追放されていたりしたために，年金保険の保険料を支払えなかった場合である[36]。第2に，家族負担調整に関する給付である。倉田賀世によれば，子育ての考慮は支給対象となる被保険者の付加的な保険料納付に基づかないという意味で，保険の「給付・反対給付相当の原則」から外れ，「保険外」とされる[37]。子どもの養育期間分の保険料については，1992年から子ども1人につき36月（3年）の間，1年につき報酬点数（Entgeltpunkt）が1.0ずつ加算されるようになった[38]。なお，当該期間の保険料は，連邦が負担することとなっている（社会法典第6編177条1項）。

第3に，25歳未満の者への就職初年度および職業訓練期間の算入という低賃金への上積評価がなされることである（社会法典第6編58条1項4号）。この場合，保険料免除期間の一種である算入期間（Anrechnungszeiten）に含まれることになる[39]。第4に，早期年金受給者の以下の各形態に対する失業リスクの保障の場合である。すなわち，①被保険者が疾病または医学上必要なリハビリテーションによる稼得不能な場合（社会法典第6編58条1項1号），②母性保護法の保護期

ドイツ年金保険における「社会的調整」

表　ドイツ年金保険の国庫負担割合の変化

年	年金保険歳入額	保険料	連邦補助金		追加的連邦補助金		その他
			一般年金保険の連邦補助金	鉱山労働者年金保険の連邦補助金	追加的連邦補助金（付加価値税）	追加的連邦補助金の上乗せ（環境税）	
1960	10734	7418	2096	631	×	×	589
1965	17105	12118	3008	1118	×	×	861
1970	28560	22302	3660	1741	×	×	857
1975	51417	39889	6831	2765	×	×	1932
1980	74321	58036	10802	4208	×	×	1275
1985	90169	71787	12853	4301	×	×	1228
1991	139452	108688	19624	6184	×	×	4956
1995	179303	139921	30445	7025	×	×	1912
1998	204286	153763	37175	7131	4908	×	1309
1999	211848	160506	34557	7289	7976	×	1520
2000	214566	163367	33341	7376	7749	1329	1404
2001	220317	164694	33830	7335	8015	4162	2281
2002	223593	165481	34785	7393	7669	6810	1455
2003	231882	169425	36589	7305	8179	9101	1283
2004	232468	169399	37101	7030	8095	9169	1674
2005	231687	168954	37488	6831	8173	9151	1090
2006	243099	180545	37446	6449	8269	9194	1196
2007	238289	174726	38080	6273	8700	9164	1346
2008	244205	180028	38240	6088	8883	9308	1658
2009	246044	181572	38653	6032	9045	9635	1107

注1）単位：100万ユーロ
注2）1990年より前は西ドイツのみの数値を示し，1991年以降は全ドイツの数値を示す
出典）*I, Rentenversicherung in Zeitreihen*, DRV-Schriften Bd. 22, 2010, S. 222 und 227. を一部変更

間中であることにより保険料納付義務が生じる就労あるいは独立自営の活動ができない場合（同項2号），③就職希望者として労働局に申請し，かつ社会扶助の給付を受けている，または考慮されるべき所得や財産がないことに基づいて，失業している場合（同項3号）である[41]。これらの場合，基本的に連邦雇用庁（Bundesagentur für Arbeit）が保険料を負担することになる（社会法典第6編58条4項）。第5に，ドイツ統一に伴った年金移行法による満額および割増年金支払いの場合である。これは，簡潔に述べるとすれば1990年のドイツ統一に伴って旧東ドイツ市民の年金額を引き上げることを意味する。この場合は，1992年から連邦による助成がなされている。

5 むすびにかえて

これまで述べてきたように，ドイツ年金保険における社会的調整は，保険集団の外部に対する給付を「保険外」とみなし，その部分については連邦補助金等の国庫負担による給付がなされていること，また，連邦補助金はルーラントによれば5つに類型化できることを明らかにした。たしかに，本稿では社会的調整の定義が十分に検討されていないために，自ずと社会的調整の範囲が不明確となり，それと関連して社会的調整のどの部分がどの程度まで連邦補助金等の国庫負担で賄われているか明確化されていない。しかしながら，今後もますます保険原理を社会的調整によって修正していくとすれば，ドイツの社会的調整の方法を明らかにしていくことは重要な作業であり，いずれわが国にとっても示唆となると思われる。

1) 岩村正彦『社会保障法Ⅰ』（有斐閣，2001年）43頁。
2) 河野正輝「社会保険の概念」河野正輝・良永彌太郎・阿部和光・石橋敏郎編『社会保険改革の法理とその将来像』（法律文化社，2010年）4頁。
3) 同上。
4) ビスマルク・モデルについては，木下秀雄の著作『ビスマルク労働者保険法成立史』（有斐閣，1997年）を引用し，報酬比例の労使拠出制，被保険者像としては男性が生計稼得者となる家族を対象としていること（妻子はその被扶養者），保険集団が職域ごとの複

数の制度に分立していること，管理運営については労働組合と使用者団体の同数の代表によって構成される合議体によって運営されることを特徴として挙げている（河野・前掲注（2）4-5頁）。
5) 河野によれば，社会性の発展には①扶養的要素の拡大（後期高齢者医療制度の支援金，育休の拡大，育休期間の保険料免除，パート労働者への被用者年金適用拡大の動き），②予防へのシフト（医療保険の特定検診と特定保健指導，労災における第二次健康診断等給付，雇用保険における雇用継続給付と雇用安定事業，介保における予防給付と地域支援事業），③労働市場および地域社会生活への参加促進（スウェーデンの障害年金改革のほか，わが国では雇用保険における就職促進給付，教育訓練給付および雇用安定事業，能力開発事業）という点が挙げられている（河野・前掲注（2）10-13頁）。
6) 菊池勇夫『社会保障法の形成』（有斐閣，1970年）168頁以下［初出：1942年］。そこでは，保険目的の社会性をさらに被保険者の社会性と保険事故の社会性とに，保険計画の社会性を保険給付の社会性と保険財源の社会性とに，保険経営の社会性を保険機能の社会性と団体自治とに分けて論じている。
7) 西原道雄「社会保険における拠出」契約法大系刊行委員会編『契約法大系Ⅴ』（有斐閣，1963年）338-340頁。
8) 西原・前掲注（7）338頁。
9) 西原・前掲注（7）339頁。
10) 西原・前掲注（7）340頁。
11) 倉田聡『社会保険の構造分析』（北海道大学出版会，2009年）。参照，太田匡彦「ドイツ医療保険における定額設定制度について」江頭憲治郎・碓井光明編『法の再構築［Ⅰ］国家と社会』（東京大学出版会，2007年）213頁，田中耕太郎「ドイツ医療保険改革にみる「連帯下の競争」のゆくえ——公的医療保険における保険者選択制とリスク選択」フィナンシャル・レビュー2006年1号4頁，我孫子正紀「1883年のドイツ疾病保険における社会性」社会環境研究9号（2004年）1頁。
12) たしかに，年金についても，とりわけ子育て支援との関わりで参照，倉田賀世『子育て支援の理念と方法』（北海道大学出版会，2008年）。また，参照，田中耕太郎「ドイツの年金改革」社会保障法20号（2005年）19頁。
13) 太田匡彦「社会保険における保険性の在処をめぐって—ドイツを手掛かりとした基礎的考察—」社会保障法13号（1998年）74頁以下。
14) 太田匡彦「『社会保障受給権の基本権保障』が意味するもの」法教242号（2000年）120頁。太田によれば「財産権保障を過度に機能させると，将来の立法者の決定余地と社会経済状況の変化に対する柔軟な反応とを犠牲にしてしまう」とする。
15) 倉田・前掲注（11）68頁。
16) 倉田・前掲注（11）69-70頁。
17) 社会給付法は，本来の「社会法」（日本で言う社会保障法）であり，狭義の社会法

(Sozialrecht im engeren Sinne）を指すのに対し，「その他の，社会的目的をもった法は，広義の社会法（Sozialrecht im weteren Sinne）であり，より適切には，『社会的な法（soziales Recht)』」を指す（ハンス・F・ツァハー（新井誠監訳）「社会法の基本類型」同『ドイツ社会法の構造と展開』（日本評論社，2005年）22頁（多治川卓朗訳）［初出：1987年］）。

18) 倉田・前掲注（11）73頁。
19) 倉田・前掲注（11）73-74頁。
20) たとえば，参照，BVerfGE 69, 272.
21) 倉田・前掲注（11）74頁。
22) 同上。
23) 倉田・前掲注（11）75頁。
24) 倉田・前掲注（11）76-77頁。
25) 倉田・前掲注（11）76頁。Fremdlast にかかる学説上の議論および法的問題については参照，津田小百合「ドイツ社会保険法制における財政負担に関する法的問題」社会システム研究4号（2001年）248頁以下。
26) 倉田・前掲注（12）119頁。
27) *Reimund Waltermann,* Sozialrecht, 7. Aufl., 2009, Rn. 332.
28) この追加的連邦補助金は，付加価値税としての追加的連邦補助金（Zusätzliche Bundeszuschüsse）とともに，1998年時点は環境税が素であった追加的連邦補助の上乗せ（Erhöhungsbetrag zu den zusätzlichen Bundeszuschüsse）を加えた額である。
29) *DRV Bund,* Rentenversicherung in Zeitreihen, DRV-Schriften Bd. 22, 2010, S. 222.
30) Gesetz betreffend die Invaliditäts- und Altersversicherung vom 22. 6. 1889, RGBl. S. 97ff. なお，当時はライヒ補助金（Reichszuschuss）であった。
31) 木下・前掲注（4）181頁。
32) 1957年当時の連邦補助金は17.4億ユーロ（総額の32%）であった。
33) *Franz Ruland,* Grundprinzipien des Rentenversicherungsrechts, VDR Ruland (Herg.), Handbuch der Rentenversicherungsrecht, 1990, Rn. 55f.
34) 保険料の負担の変遷については，参照，漆原克文「ドイツの社会保障制度財源における社会保険料と税について」厚生科学研究費補助金（政策科学推進研究事業）『税制と社会保障に関する研究』（国立社会保障人口問題研究所，2007年）297頁。なお，漆原は一般年金保険の（連邦補助金を含む）公的年金保険の収入についても取り上げている（同296頁）。
35) *Franz Ruland,* Rentenversicherung, Maydell, Ruland, Becker (Herg.), Sozialrechts-handbuch, 4. Aufl., 2008, Rn. 195. なお，ルーラントによれば連邦補助金は社会的調整の要素（Element）ではないとされる。
36) *Ruland,* (Anm. 35), Rn. 195.

37) この場合，保険料を支払えなかった期間は代替期間として保険料が免除され補償されることになる（社会法典第6編250条）。
38) 倉田・前掲注（12）151頁。
39) なお，年金算定式は，年金受給月額＝個人報酬点数×年金種別係数×年金現在価値で表される。個人報酬点数は，当該被保険者の労働報酬の年額を全被保険者の平均報酬の年額で各年ごとに除し，各年ごとの値を総和した後に，支給開始要素（年金支給を早期開始する場合には月ごとに0.3％減算，遅らせる場合には0.5％加算される）を乗じて得た値であり，45点の場合，もっとも平均的な額が支給される標準年金となる。年金額の算定については，松本勝明『ドイツ社会保障論Ⅱ』（信山社，2004年）10頁以下参照。
40) 参入期間は，老齢年金の実質的給付内容に反映されるわけではない（社会法典第6編58条5項）。
41) 当該期間は参入期間として保険料が免除される。

III　市場と規制の法政策

医療提供体制における医療計画と情報提供制度の展開

石田　道彦

1　はじめに

1　わが国医療提供体制の特質と近時の展開

　わが国の医療提供体制は，医療機関に対する各種の規制によって成り立っている。医療法は医療提供施設の施設基準，人員配置基準を定めており，同法に基づく医療計画は，二次医療圏ごとに医療機関の病床数について規制を行っている。また，医療保険制度は，保険医療機関の指定に関わる基準を定めており，保険診療の提供にあたって保険医療機関及び保険医は療養担当規則に従うことが求められる。他方で，わが国の医療制度は，医療提供の大半を民間の病院や診療所が担うという特色を有している。医療保険制度の下で診療報酬が統一的に定められており，価格競争の働く余地は少ないものの，医療サービスの内容や質については，医療機関や医療従事者の間で競争原理の働く局面のあることが指摘されている。[1]

　わが国の医療提供体制は，自由開業制を基調とした医療供給システムに各種の規制を加えて形成されてきたという経緯を有しており，上記のように規制と競争という2つの契機を含んで展開されてきた。疾病構造の変化や医療の高度化に対応して実施された近年の医療制度改革，とりわけ2006年に行われた第5次医療法改正は，このような医療提供のあり方にさまざまなレベルで変更をせ

まるものとなっている。

第1に，都道府県が作成する医療計画では，脳卒中やがんなどの主要な疾病や事業ごとに医療機関の機能分担と連携体制が定められ，これらを通じて良質な医療の効率的な提供が図られることになった。これに対応して，医療法は，医療提供施設の機能分担と連携の推進を目的達成の手段のひとつとして定めるとともに（医療法1条），連携体制の構築に向けて医師や医療機関の管理者の責務を定めている（医療法1条の4）。このような法制面での変化は，競合関係におかれていた医療機関相互の関係に一定の変容をもたらすことが予想される。

第2に，広告規制の見直しや医療機能情報提供制度の創設を通じて，患者による医療機関の選択を支援する制度の整備が図られることとなった。このように，医療サービスの受け手に対して情報提供を行い，適切な選択を促進することで，患者の利益保護を図るという仕組みは，医療機関に対する規制を中心とした従来の制度ではみられなかった試みであり，医療行政の新たな展開とみることができる。

2　本稿の課題と検討の視点

疾病構造の変化や医療の高度化に対応し，良質な医療を提供するために，医療機関の機能分化と連携が不可欠となっている。また，医師や医療機関の不足といった喫緊の問題に対処する上でも，一定の医療機能を集約し，医療機関の連携体制を整備するといった対応が必要となっている[2]。しかしながら，これまでわが国では多くの病院が外来診療を提供しており，民間の病院と診療所が競合関係にあったために，医療機関の連携が進まないという状態になっていた[3]。このような状況の下で，医療提供体制に与えられた課題のひとつは，情報提供や医療計画，診療報酬による誘導など多様な手段を通じて医療機関の機能分化と連携を進め，医療の質を確保することであると考える。

本稿では，医療提供体制における計画と情報提供という2つの仕組みに着目して，上記の課題に対する法的対応を検討する。自由開業制を基盤に形成された医療提供体制を通じて今後も良質な医療を提供するためには，これらの仕組みが果たす役割を考慮することが必要であると考えるためである。この点に関

して本稿の関心を述べれば次のようになる。

　第1に，医療提供体制における医療計画の役割である。自由開業制に基づく供給システムの下では，医療機関や医療従事者の偏在が避けられない。このため，計画的手法を通じた是正が必要とされてきた。ただし，1985年に導入された医療計画は直接に資源の計画的配分（医療機関の配置など）を行うものではなく，病院病床の新設や増設に一定の制約を設けることで，医療資源の効率的な活用を図るというものであった。さらに，前述した第5次医療法改正後の医療計画には，一定の疾病や事業ごとに医療機関の連携体制の構築を図るという新たな機能が加えられており，医療計画の役割を改めて明らかにする必要がある。

　第2に，本稿では，情報提供に基づいて，患者が医療機関を選択する局面に着目する。近年，医療機関に関する情報提供の重要性についての認識が高まり，医療法では，おもに広告規制の緩和を通じて患者に対する情報提供の拡充が図られてきた。さらに，前述の医療機能情報提供制度では，公的機関による情報提供を通じて患者による医療機関の選択を促すという新たな仕組みが導入されることとなった。ただし，医療サービスには，しばしば指摘されるように，患者と医療提供者の間に情報格差の問題が存在する。このため，医療提供プロセスのいかなる局面において，患者にどのような情報提供を行うかが問題となる。

　本稿では，以上のような関心にもとづいて，従来の医療計画に基づく医療提供体制の特徴を確認した後（**2**），疾病・事業ごとの医療連携体制における計画と情報提供の課題についてがん診療をとりあげて検討する（**3**）。

2　医療計画に基づく医療提供体制

1　二次医療圏を基盤とした医療計画の機能

　第5次医療法改正により医療連携体制に関わる新たな記載事項が加えられたため，都道府県が定める現在の医療計画は，二次医療圏を基盤とした医療提供体制の整備と4疾病5事業に関する医療連携体制の構築という2つの構想に基づいて構成されている。ここでは，これまで医療提供体制の基盤を形成してきた前者の特質を確認する。

Ⅲ 市場と規制の法政策

　1985年の第1次医療法改正により導入された医療計画は，医療資源の効率的な活用を図りながら，地域における体系的な医療体制の実現を目的としていた。このため，都道府県が作成する医療計画では，日常的な診療圏域の存在を前提に，二次医療圏（一般的な入院医療）と三次医療圏（専門的，先進的医療など）という階層型の区分を設けて医療提供体制の整備が図られた。二次医療圏は，住民の地理的条件や日常生活需要の充足状況，交通事情などを考慮して画定されており，病院病床を中心に地域医療の体系的整備を図る区域として位置付けられていた（医療法旧30条の3第3項）。第3次医療法改正（1997年）では，地域医療支援病院の整備などを通じて医療機関の業務の連係が図られたが，二次医療圏単位での医療機関の機能分担や連携体制の確保が進展をみたとはいいがたい状況にある[4]。現在も，医療連携体制について協議を行う圏域連携会議や，地域がん診療連携拠点病院は二次医療圏を基本的な単位として設置されている。しかし，二次医療圏には人口で103.6倍，面積で99.8倍という格差が存在するとともに，住民の受療行動も二次医療圏に収まらない場合のあることから，医療体制整備のための区域としての二次医療圏のあり方について見直しが求められている[5]。

　医療計画において当初より重視されたのは，二次医療圏における病院病床数のコントロールである。これを実現する手段として，医療機関の病床数が基準病床数を上回る二次医療圏においては，増床を予定する民間医療機関に対して都道府県知事が変更ないし中止の勧告を行い，医療機関がこれに従わない場合には，当該病床について健康保険法上の指定を行わないという手法が用いられてきた。このような仕組みがとられたことにより，既存の病床数が基準病床数を上回る二次医療圏において，新たに医療機関を開設し，入院医療を提供することは困難となっている。このため，医療計画に基づく病床規制は医療機関の新規参入を妨げ，既存の医療機関を保護する効果をもたらしているとの問題点が指摘されてきた[6]。また，基準病床数を上回る病床が存在する二次医療圏においては，必要な診療科の確保が困難になるという問題もみられた[7]。

　以上のように，二次医療圏を基盤とした医療計画の下では，病床規制を通じた病床数の制御が重視される一方，医療機関や診療科，医療従事者の偏在を是

正し，地域の医療需要に対応して医療提供体制を整備するといった機能は不十分であったといえる。

2 情報提供体制の展開

　医療保険制度では，被保険者は自己の選定する保険医療機関から療養の給付を受ける（健保63条3項）。しかし，この選択は，医療法や医療保険法が積極的に支援するものではなかった。医療法は，不当な内容の広告により患者に被害が及ぶことを防止するために，医療機関が広告可能な事項を客観性，正確性の確保できるものに限定するという規制を行っており，このため，患者が医療機関の広告から得られる情報は，標榜診療科や所在地など一定の内容に限られていた。このような状況の下で，患者による医療機関の選択は，大病院を志向したものとなる傾向がみられた。

　医療情報に対する患者のニーズの高まりに対応するため，第4次医療法改正以降，広告規制の緩和が図られ，告示等の改定を通じて広告可能な事項の数は増加されてきた。第5次医療法改正では，広告の規制方式の変更や医療機能情報提供制度の創設により，患者に提供される情報の拡充が行われた。医療法上の広告規制に関してはポジティブリスト方式が維持されているものの，広告可能事項を包括的に規定する方式が採用されることとなった。これは，一定の性質を持った項目群ごとにまとめて広告可能な事項として規定するというものであり（医療法6条の5），客観性，正確性を確保しうる内容については，従来と比べて広い範囲の内容が広告可能となった。この結果，認定専門医の有無や，医師以外の医療従事者の略歴や専門性，提供している診療の内容，院内感染症対策の内容，医療の提供の結果に関する事項（手術の件数，平均的な入院日数，平均病床利用率，患者満足度調査の実施の有無など）などについて医療機関は広告を用いて情報提供を行うことが可能となっている。[8]

　医療機能情報提供制度は，医療機関の医療機能に関する情報を都道府県が収集し，集約された情報を住民に提供するというものである。病院，診療所などの管理者に対しては，医療機関の医療機能について都道府県知事へ報告を行うことが義務付けられており（医療法6条の3第1項），この制度を通じて都道府

県内のすべての医療機関に関する情報が集約されて住民に提供される。病院の場合，公表される情報の内容は，管理・運営及びサービス等に関する事項（病院の名称，開設者，所在地など），提供サービスや医療連携体制に関する事項（専門医の種類・人数，専門外来の有無，他の医療機関との連携の状況など），医療の実績・結果等に関する事項（治療結果に関する分析の有無，患者数，平均在院日数，患者満足度調査の実施の有無など）など約50項目にわたる事項であり（医療法施行規則別表第一），都道府県のホームページなどを通じて公表される。

　以上のような広告規制の変化や新たな制度の創設により，患者への情報提供は拡充されたと評価することができる。しかしながら，これらの仕組みを通じて，患者の選択が十分な情報提供に基づいたものとなるためには多くの課題が残されている。例えば，患者が医療機関を選択する際に参考とする情報のひとつとして，専門医資格を有した医師の配置がある。一定の医療関係の学術団体（専門学会）が認定する専門医資格は，医療法上，医療機関が広告可能な事項とされており，医療機能情報提供制度の公表項目にも含まれている。しかしながら，各学会が認定する専門医資格の認定基準は区々であり，一定の質を判断する基準としては不十分であることが指摘されている。また，医療機関の選択にあたって，患者が医療機関の提供するインターネットでの情報を活用する機会が増加しているが，こうした情報は広告規制の対象とはされておらず，情報の正確性を確保する仕組みを欠いた状態となっている。

　医療機関を選択するために患者が必要とする情報は，疾病の程度や緊急性，病期などにより，異なったものとなる。医療機能情報提供制度は，現状では医療機関が有する機能の一覧を提供するものであり，このような相違に対応したものとはなっていない。疾病の種別や病期の局面に応じて，患者にいかなる情報を提供するかについてはその提供方法も含めてさらに検討が必要である。

3　医療連携体制の構築における医療計画と情報提供の役割

1　4疾病5事業の医療連携体制

　第5次医療法改正により，都道府県が定める医療計画では，4疾病（がん，

脳卒中，急性心筋梗塞，糖尿病）の治療又は予防に係る事業に関する事項および5事業（救急医療，災害医療，へき地医療，周産期医療，小児医療）に関する事項が必要的記載事項とされ，医療機関の機能分担と連携を通じた医療提供体制の整備が目標として掲げられることになった。第3次医療法改正以降，医療機関の機能分担と連携に関する事項は，医療計画の必要的記載事項とされていたが，その内容は病院や診療所の業務の連係を一般的に規定したものにとどまっていた。これに対して，新たな医療計画では，がん，脳卒中などの主要な疾病や事業ごとに医療機関の連携に基づく医療提供のあり方が示されるとともに，連携体制においてそれぞれの機能を担う医療機関の名称が計画に記載されることになった。また，都道府県は，4疾病5事業の医療提供体制について，それぞれ数値目標を設定した上で（医療法30条の4第2項第1号），5年ごとにこれらの目標や計画事項について調査，分析を行い，その評価にもとづいて計画の見直しを行うこととなった（医療法30条の6）。

　このように都道府県による医療計画の作成には，疾病，事業ごとの医療提供体制について数値目標の設定とその事後評価が組み込まれるようになっており，医療計画に基づいて地域に提供される医療の質を評価する契機を有することとなった。このような医療計画の変化にともない，医療計画に基づいて医療連携体制をいかに構築するかが具体的な課題としてあらわれることになった。医療連携体制を実現するためには，必要な医療機能を有する医療機関が自発的に連携体制の構築に取り組むことが重要であり，規制的な手法を用いてこのような課題を達成することは困難である。現状では，診療報酬上の評価や，連携の基盤となる医療機関の指定（がん診療連携拠点病院など），補助金の交付といった間接的，誘導的な手段を組み合わせることで医療連携体制の形成を促すといった対応がとられている。医療計画が定める目標の実現に向けて具体的にどのような手段をとるかについては，疾病や事業ごとの医療提供体制の特質に即してさらに検討をすすめる必要がある。また，都道府県では，がん対策推進計画，周産期医療体制整備計画など4疾病5事業に関連した施策が実施されており，医療連携体制の構築においてこれらの施策が果たす役割にも注意を払う必要がある。次の2では，がん医療における医療計画と情報提供体制の具体的な役割を

検討する。

2 がんの医療提供体制

(1) **医療計画におけるがん医療** 検査などを通じて発見されたがんの治療においては，がんの進行状況や状態に応じて，手術療法，化学療法，放射線療法を組み合わせた集学的治療が行われる。こうした専門的治療が行われた後は，地域の身近な病院や診療所において術後療法や定期検査などの医療を受けることが多く，近年は退院後の療養を支援する医療体制の整備が課題となっている。また，がん治療の初期の段階から，患者に対する精神的なケアや緩和ケアを行う必要性が認識されるようになっている。

以上のようながん医療の提供プロセスに対応するために，都道府県が定める医療計画では，医療機関の機能を予防，専門診療，一般的診療，療養支援に分け，それぞれの機能を担う医療機関の整備と連携体制の確保が図られている。[11] 専門診療や一般的診療を提供する医療機関に対しては，専門学会等が作成した診療ガイドラインに従い，一定水準の診療の実施が求められている。また，居宅で生活する患者に療養支援を行う医療機関に対しては，24時間対応が可能な在宅医療や緩和ケアの提供が求められている。

これらの医療機能を担う医療機関の配置状況をもとに，医療計画には，医療機関の名称と連携体制のあり方が記載される。連携体制の圏域を定める際には，医療機関で実際に提供可能な医療機能に着目し，従来の二次医療圏にこだわることなく，地域の実情に応じて弾力的に設定するものとされている。[12] 連携体制に基づく医療体制の数値目標としては，がん診療連携拠点病院の数，院内がん登録の実施状況，がん検診の取り組み状況，がんの年齢調整死亡率などが記載されている。

(2) **がん診療連携拠点病院の役割** がん医療の提供体制を把握するためには，医療計画とともに，がん対策基本法に基づく施策をみる必要がある。[13] 2006年に成立したがん対策基本法は2001年より進められていたがん対策の動向をふまえて制定されたものであり，がん対策の総合的かつ計画的な推進を目的としている（がん対策基本法1条）。同法に基づき，国は，基本方針であるがん対策推進

基本計画を策定し（同9条），この基本計画を基に，都道府県はがん対策推進計画を策定する（同11条）。都道府県のがん対策推進計画は，①放射線療法及び化学療法の推進並びに医療従事者の育成，②緩和ケアの推進，③在宅医療の充実，④診療ガイドラインに沿った医療を実施する医療機関の整備，⑤がん医療に関する相談支援及び情報提供の推進などがん医療の水準やアクセスに関わる内容を含んだものとなっている。

　専門的診療が必要な段階のがん医療では，放射線療法や化学療法などの治療が必要となる。都道府県がん対策推進計画では，厚生労働大臣が指定する都道府県がん診療連携拠点病院と地域がん診療連携拠点病院の整備を通じてこのような医療の確保が図られている。都道府県がん診療連携拠点病院と地域がん診療連携拠点病院（以下，両者をあわせて「拠点病院」という）は，都道府県におけるがん診療の質の向上，がん診療の連携協力体制の構築，がん患者に対する情報提供などにおいて中心的な役割を担う施設と位置付けられており，都道府県がん診療連携拠点病院として都道府県内の1か所の医療機関が，地域がん診療連携拠点病院として二次医療圏内の1か所の医療機関がそれぞれ指定される[14]。

　拠点病院の指定（および指定の更新）は，都道府県の推薦に基づいて，厚生労働大臣が行い，4年ごとに更新されることになっている。診療ガイドラインに準じた治療や緩和ケアの提供，地域の医療機関との協力体制の整備，専門的な知識及び技能を有する医師の配置，年間入院がん患者数の充足などが指定要件とされている[15]。拠点病院がこれらの条件を満たさない場合やより適切な医療機関がある場合には，指定の更新を行わない方針が示されており[16]，拠点病院の指定は実際の機能に基づいて医療機関を選別する仕組みとなっている。拠点病院の指定を受けた医療機関に対しては，医療機能の整備に関わる補助金の交付や診療報酬上の加算などが行われる[17]。また，高度の医療を提供可能な医療機関として認識されるため，住民の受療行動にも影響を与えることになる。

　専門的診療が行われた後の補助化学療法や抗がん剤治療は，地域の医療機関において提供することが可能となっている。もっとも地域の医療機関が，これらの医療を提供する場合，定期検査や再発時の治療，副作用への対応などにおいて拠点病院との連携が求められる。拠点病院に関する整備指針では，わが国

に多いがん（肺がん，胃がん，肝がん，大腸がん，乳がん）について，拠点病院が地域の医療機関と連携体制を確立し，地域連携クリティカルパスを導入することを求めている[18]。さらに，都道府県がん診療連携拠点病院においては「都道府県がん診療連携協議会」を設置し，がん医療の連携協力体制や相談支援提供体制などについての情報交換，都道府県内の拠点病院に診療支援を行う医師の派遣に関わる調整などの業務を行うことが求められている。

以上のように，がん対策基本法に基づく施策は，がん医療のあり方を大きく規定するものとなっており，がん医療の提供体制では，拠点病院を通じて一定の医療機能の確保と連携体制の促進が期待されている。拠点病院の指定要件については，外形的な評価項目が中心となっており，実際に提供される診療の質や連携面での機能に対する評価が不十分であるなどの問題が指摘されているものの，医療機能の集約化を検討する上で拠点病院の指定の仕組みは1つの参照例になると考える。

もっとも，この仕組みを基にがん医療の提供体制を展開させていくためには課題も多い。そのひとつは，都道府県が独自に定める指定制度による医療資源の希薄化である。がん医療では，拠点病院の指定を通じて専門的治療の集約化が図られている。ところが，人口の多い都市部などにおいては，拠点病院のみではすべてのがん患者に対応できないなどの理由で，都道府県が独自に拠点病院に準じた医療機関の指定制度（「準拠点病院」）を設ける例がみられる[19]。地域の連携体制の促進やがん医療の質の全般的な引き上げという側面では，積極的な意義を認めることができるものの，医療機能の向上に関わる人的資源や補助金の効率的な活用という点では問題のあることに留意する必要がある。地域ごとに背景事情が異なるため評価の難しい問題ではあるが，ひとつの対応策としてがん種ごとに医療機能を集約化させ，専門化された拠点病院を整備するといった対応が提案されている[20]。地域の状況に応じた医療機能の集約化のあり方についてはさらに検討が必要であろう。

(3) **がん医療における情報提供**　　がん治療では迅速な治療をすすめる必要があるものの，手術などに緊急性を要するわけではない。このため，専門的診療を必要とする段階の患者は，比較的広い選択肢の中から医療機関を選択する傾

向がみられる。医療機能情報提供制度では，都道府県内の病院に関する情報として対応可能な疾患名，治療法のほか，疾病ごとの手術件数，放射線治療数などが公表されている。また，都道府県が作成した医療計画では，がん医療の連携体制を示すとともに拠点病院の役割が示されている。

専門的診療を受ける段階でしばしば問題となるのは，適切な治療法の選択について，患者が主治医以外の医師による助言（セカンドオピニオン）を受けられる体制の整備である。整備指針に基づいて拠点病院に設置される相談支援センターでは，セカンドオピニオンを提供する医療機関の一覧を作成し，医師の紹介を行うことになっている。また，療養期のがん医療では，療養生活のあり方を含めて医療機関の選択がなされることが多い。拠点病院の相談支援センターには，患者の相談支援を担当する専門的な人員配置が求められており，継続的な治療や検査に対応できる医療機関の情報とともに，緩和ケアに関する情報や心理的，精神的ケアが提供されている。これらは，専門的な人員を媒介させることにより，患者に適合した医療情報を伝達する仕組みとみることができる。

がん医療における情報提供のもうひとつの特徴は，医療機関の治療成果にかかわる情報公開が進められていることである。2009年より拠点病院の院内がん登録の状況が公表されており，一部の病院に関しては施設別の生存率が公開されている。ただし，これらの取り組みは，医療機関の選択に関わる情報提供というよりはむしろ情報公開を通じて医療機関の診療機能の向上を図る施策としての側面が強いと考える。

3 医療提供体制の変化と課題

ここまでの検討で確認したように，第5次医療法改正により，医療計画に基づく医療提供体制は新たな局面を迎えることとなった。都道府県は，5年ごとに医療計画が定めた目標に照らして医療提供体制の調査，分析を行い，医療計画の見直しが行われる。改定時には，医療連携体制を実現する手法とその適切性が問題となると考える。ここまでの検討をもとに，医療連携体制構築の局面における課題をあげてみたい。

(1) **診療報酬と医療計画との関連づけ**　医療保険の診療報酬では，医療政策の

方針に沿った診療行為に対して，高い評価や加算を行うなど誘導的な点数設定が行われてきた。このような診療報酬項目のうち，医療連携体制の構築に関わるものとして地域連携診療計画管理料がある。これは，脳卒中，大腿骨頸部骨折の治療に関して，医療機関が地域連携クリティカルパス（以下，「地域連携パス」という）とよばれる診療計画を作成し[24]，これに基づいて医療を提供した場合に計画管理病院と連携医療機関に対してそれぞれ保険点数の算定が行われるという仕組みである。地域連携診療計画管理料の施設基準では，地域の医療機関が共同で検討会などを開催し，統一的な診療方針を定めることが求められている[25]。地域連携診療計画管理料の導入を契機に地域連携パスを導入する医療機関は増加しており，このような診療報酬項目は，医療連携体制への参加を促す機能を有していると評価することができる[26]。しかし，保険点数上の評価が連携体制構築のコストに見合わない場合には，医療機関による取り組みは開始されず，期待された活動を誘導，促進する機能は果たされないことになる。

　医療機関の一定の活動に経済的インセンティブを付与することを意図した診療報酬は，これまでのところ，医療計画や医療法との結びつきが希薄であることが一般的であり，これは診療報酬が医療政策上の要請に機動的に対応できる利点としてとらえられてきた。もっとも，近年，一部の診療報酬（脳卒中の地域連携診療計画管理料）では，当該医療機関の医療計画への記載を算定条件とするなど，医療計画の方針に基づいて提供された医療を評価するという動きがみられるようになっている[27]。都道府県が作成した医療計画の実効性を高めるという観点から，今後は，このような仕組みの拡大が検討されるべきであると考える。また，前述のがん医療の場合，拠点病院の指定要件として医療機関との地域連携パスの整備を求めるとともに，地域連携パスについて診療報酬上の評価を行うという対応がとられている[28]。同様の仕組みを拡大させて，医療法上の地域医療支援病院の承認要件として地域連携パスの導入を義務付けることが検討されるべきである。

(2)　**医療連携体制の構築手続**　　医療連携体制の構築にあたっては，医療機関相互の連絡調整といったプロセスが不可欠である。医療法は，医療提供施設の開設者などが医療連携体制の構築のために必要な協力に努める旨の規定を設け

るとともに（医療法30条の7第1項），都道府県に対しては，医療従事者や介護サービス事業者，住民等による協議の実施を求めている（医療法30条の4第3項4号）。これに対応して，多くの都道府県では，二次医療圏単位で圏域連携会議や保健医療計画推進協議会などの組織が設置されており，地域医師会など医療関係団体の代表者が参加している。しかしながら，連携体制の構築にあたっては，こうした手続だけでは不十分であり，医療機関による実質的な調整が必要となる。また，4疾病・5事業に関わる医療の中には，二次医療圏単位での連携体制の構築が困難なものが存在する。実効的な医療連携体制を整備するという観点から，医療計画における圏域設定のあり方や協議手続への参加当事者の見直しが求められる。

(3) **医療連携体制に対応した情報提供体制の整備**　第5次医療法改正では，医療機能情報提供制度の創設など情報提供体制の整備が行われ，医療法には「医療に関する選択の支援等」と題する新たな章が設けられた。このような法制度の変化は，医療法が，医療提供プロセスにおける情報提供の役割を積極的に位置付けるようになったことを意味すると考える。

このように上記の制度をとらえた場合，医療法が規律する情報提供体制は，医療提供プロセスの具体的な局面において患者に有用な情報を提供しているか，さらには，情報提供が望ましい医療連携体制の構築にとって有効な手段となっているかといった観点からの検討が必要となる。疾病や負傷といった要医療状態の中には，緊急性の高いものから，生活習慣病のように症状の重篤化までの期間が長く，予防に関する情報が有用な疾病まで存在する。また，長期の療養や治療が必要な疾病の場合，患者による医療機関の選択は，在宅か，入院かなど生活様式の選択を伴ったものとなる。以上のような要素に対応して，医療制度が提供すべき情報の内容や提供主体の役割を検討する必要がある。

(4) **医療連携体制に対応した医療保険の役割**　医療提供体制の変化に対応して医療保険制度の役割についても見直しが必要である。第1は，医療保険における療養担当規則のあり方である。新しい医療計画が整備を図る医療連携体制の下では，複数の医療機関の連携を通じた医療提供が一般的となる。しかしながら，保険医療機関および保険医の行為準則としての療養担当規則は，これまで

のところ、単一の医療機関における医療提供をおもに想定しており、他の医療機関への転医義務に関する規定は限定された内容となっている（保険医療機関及び保険医療養担当規則16条）。医療法は、医療連携体制を前提とした医療関係者の努力義務（転院先の紹介等）を定めており（医療法1条の4）、療養担当規則においてもこうした規定に対応した診療方針を示すことが求められる[29]。

第2は、医療計画作成における保険者の参加である。連携体制に基づく医療提供が進展することにより、医療給付の内容や水準は地域の医療提供体制の状況と密接に関わることになる。すでに医療保険の保険者は、医療費適正化計画における病床転換助成事業を通じて費用負担面から医療提供体制の整備に関与している（高齢医療附則2条）。医療計画の評価、見直しを通じて地域の医療提供体制のあり方を構想する局面においても保険者の制度的な関与が求められると考える。

4 おわりに

本稿では、医療計画と情報提供を中心に近年の医療提供体制の展開を検討した。今後の医療提供体制では、医療計画に基づく医療機関の連携体制の構築や医療機能の集約化が要請されており、情報提供のあり方を含めて、その実現方法の解明が求められている。また、医療提供体制の整備を図る際には、都道府県が作成する医療計画の質をいかに高めてゆくか、いかに医療従事者を確保するかなど多くの課題が残されている[30]。これらの問題については今後の検討課題としたい。

1) 東京高判平成13・2・16判時1740号13頁以下参照。
2) 『平成19年版厚生労働白書』（ぎょうせい、2007年）114頁以下参照。
3) 郡司篤晃「地域福祉と医療計画」季刊社会保障研究26巻4号（1991年）374頁。
4) 第5次医療法改正の際、二次医療圏単位で医療機関の連係を図るとした従来の規定（医療法旧30条の3第3項）は削除された。新たな医療計画では、医療連携体制の構築にあたっては地域の実情に応じて、二次医療圏にこだわらずに連携体制の圏域を設定すべきであるとの方針が示されている（「疾病又は事業ごとの医療体制について」平成19年7

月20日医政指発第0720001号)。

5) 心臓やがんの手術のように緊急性が低いが，高い医療技術を必要とする治療の場合には，しばしば二次医療圏を越えた受診のみられることが指摘されている。伏見清秀「DPCデータを用いた地域医療資源の分析」医療と社会20巻1号（2010年）64頁。

6) 規制改革・民間開放推進会議「規制改革・民間開放の推進に関する第1次答申」（2004年12月）参照。最近の行政刷新会議「規制・制度改革に関する分科会中間とりまとめ」（2011年1月）でも同様の指摘がみられる。

7) このような問題に対応するため，既存病床数が基準病床数を超える二次医療圏であっても，高度ながん診療施設，周産期医療を行う施設などを整備する必要がある場合や，人口の著しい増加に対応した病床整備の必要がある場合には，病床の新設，増設が認められてきた（医療法30条の4第7項，医療法施行令第5条の3，同施行規則第30条の32の2第1項第3号）。

8) 「医業，歯科医業若しくは助産師の業務又は病院，診療所若しくは助産所に関して広告することができる事項」（平成19年厚生労働省告示第108号），「医業若しくは歯科医業又は病院若しくは診療所に関して広告し得る事項等及び広告適正化のための指導等に関する指針（医療広告ガイドライン）について」（平成19年3月30日医政発第0330014号）参照。

9) ただし，医療計画において適切な目標が設定される必要があり，現状ではさまざまな問題点が指摘されている。河原和夫「都道府県における医療計画の現状把握と分析に関する研究（平成20年度厚生労働科学研究費補助金報告書）」（2009年）参照。

10) 田中伸至「地域における医療連携体制構築の法的手法(1)（2・完）」新潟43巻1号（2010年）1頁以下，43巻2号（2011年）95頁以下では，脳卒中を例に医療連携体制構築の手法が詳細に検討されている。

11) がんに関する医療計画の例として主に「石川県医療計画」（2008年）44頁以下を参照した。医療計画作成に対する国の技術的助言として，医政指発通知・前掲注（4）参照。

12) 医政指発通知・前掲注（4）参照。

13) 都道府県がん対策推進計画は，都道府県が定める医療計画，健康増進計画，介護保険事業支援計画等と調和を保つとされている（がん対策基本法11条2項）。

14) 「がん診療連携拠点病院の整備に関する指針」（平成20年3月1日健発第0301001号）（以下，「整備指針」という）参照。

15) 整備指針・前掲注（14）参照。

16) がん対策推進基本計画（平成19年6月15日閣議決定）。

17) 補助金として，がん診療連携病院機能強化事業費補助金，診療報酬上の評価として，がん診療連携拠点病院加算，がん治療連携計画策定料などがある。

18) 整備指針・前掲注（14）参照。

19) 京都府，石川県などでは，地域がん診療連携協力病院，地域がん診療連携推進病院な

Ⅲ　市場と規制の法政策

どの名称が用いられている。
20) がん対策推進協議会ワーキンググループ「がん診療連携拠点病院制度の見直しについて」(2010年3月) 参照。
21) 伏見・前掲注 (5) 65頁参照。
22) 整備指針・前掲注 (14) 参照。
23) 整備指針によれば，拠点病院の相談支援センターには，国立がん研究センターによる研修を修了した専従の人員の配置が求められている。整備指針・前掲注(14)参照。
24) 地域連携クリティカルパスを利用した医療連携の実例については，田城孝雄『地域医療連携』(2009年，サイカス) 参照。
25) 「特掲診療料の施設基準等及びその届出に関する手続きの取扱いについて」(平成22年3月5日保医発0305第3号)。
26) 「主な施設基準の届出状況等について」第172回中央社会保険医療協議会総会資料 (2010年5月26日)。
27) 平成22年度診療報酬改定における地域連携診療計画管理料・地域連携診療計画退院時指導料 [脳卒中の場合]，救急医療管理加算・乳幼児救急医療管理加算，初診料における時間外加算の特例など。
28) 平成22年度診療報酬改定におけるがん治療連携計画策定料，がん治療連携指導料。
29) 島崎謙治「医師と患者の関係 (中)」社会保険旬報2297号 (2006年) 27頁参照。
30) 今後，この局面においても医療計画が一定の機能を果たすことが求められていると考える。国京則幸「地域医療の展開のための医療の人材確保の課題について」社会保障法26号 (2011年) 157頁参照。

高年法上の継続雇用制度の導入・実施とその手続

山下　昇

1　高年齢者雇用確保措置の義務化

1　高年齢者雇用をめぐる私的自治と労働市場への規制

　労働契約関係をいつまで存続するかは，原則として当事者間で決めるべきことである。労働契約の終了原因としては，当事者の消滅（労働者・使用者の死亡，使用者たる法人の清算），就業規則所定の終了事由の発生（例えば，定年年齢の到達，休職期間の満了等），当事者の合意（合意解約），一方当事者の解約告知（使用者の解雇，労働者の辞職），労働契約の期間満了による終了がある。これらの労働契約終了に対する制定法上の規制の中心は，解雇規制であり（労契法16条，17条，労基法19条，20条等），解雇に関しては，私的自治を厳格に規制している。

　一方で，長期雇用慣行の下において，労働契約を終了させる機能として，定年制が重要な意義を有してきた。定年制は，一般に，人事の刷新・経営の改善等，企業の組織および運営の適正化のために行われるものであって合理的な制度として認められている。そして，定年年齢に達したことを理由とする退職扱いないし解雇は有効と解されている。このことは，反対に，定年の定めがある場合には，定年年齢に達するまでは，年齢のみを理由に解雇や退職扱いにしないという強い期待を労働者に抱かせることになり，定年年齢までは年齢を理由とする解雇を認めないという意味で，事実上，強い雇用保障機能を有する。

以上のような定年制における定年年齢は、労働者の職業生活からの引退を意味し、これまでの引退は、定年制の下で、60歳を分岐点として職業生活から引退後の生活へ移行することが一般的であった。こうした引退過程を実質的に規定するのは、労働法というより、公的年金制度であり、これまでも、年金支給開始年齢と引退年齢の接合が政策的に誘導されてきた[2]。その役割を担ったのが、「高年齢者等の雇用の安定等に関する法律」(以下、「高年法」という) である。同法は、年金の支給開始年齢の引上げ等に合わせて、これまで法改正が重ねられてきた。大雑把にいえば、60歳未満定年制を禁止することにより、60歳未満での雇用終了を制限する手法が採られていたが、現在、老齢厚生年金等の定額部分の支給開始年齢が段階的に引き上げられており、これに雇用の終了時期を接合させるため、60歳以降の雇用を確保する措置を義務付けることとした[3]。

要するに、60歳未満定年制の禁止とともに (8条)、60歳以降の雇用確保措置の義務化が定められ (9条)、これらも私的自治に対する規制であると同時に、高年齢者の労働市場に対する法政策として、市場規制の側面も有する。ただし、留意すべきは、高年法8条の規制は、強行的な規制であるが、同法9条の規制は、原則として、行政指導を通じた公法的な規制に留まる点である。

2 高年齢者雇用確保措置

65歳までの雇用の継続を目的として、2004 (平成16) 年6月11日改正され、2006年4月1日より施行された高年法9条1項は、65歳 (附則4条により現在は64歳、2013年4月1日以降から65歳) 未満の定年の定めをしている事業主に対して、その雇用する高年齢者の65歳 (附則4条参照) までの安定した雇用を確保するため、①当該定年の引上げ、②継続雇用制度 (現に雇用している高年齢者が希望するときは、当該高年齢者をその定年後も引き続いて雇用する制度) の導入、③当該定年の定めの廃止 (以下、これらの措置を「高年齢者雇用確保措置」という) のいずれかの措置を講じなければならないと定めている (高年齢者雇用確保措置の義務化)。そして、②継続雇用制度とは、原則として、「高年齢者が希望するときは」その全員を継続雇用するものであるが、労使協定 (過半数組合もしくは過半数代表者との書面による協定、事業場協定ともいう) で、同制度の対象となる

「高年齢者に係る基準」を定め，当該基準に基づく制度を導入したときは，同条1項2号に掲げる措置（継続雇用制度）を講じたものとみなすとされている（同条2項）[4]。

いずれにせよ，60歳以上の定年年齢そのものは法的に許容されているから（高年法8条），継続雇用制度の対象となる高年齢者に係る基準に該当しない場合には，労働者が継続雇用を希望しても，引き続き雇用されることはない。その場合，定年制に基づき，本人の意に反して退職扱い（または解雇）となるが，高年法の趣旨に適合する取扱いである限り，法的問題は生じないことになる。

また，継続雇用における労働条件については，高年法上特別の定めは置かれていない。つまり，就労形態（正規・非正規，フルタイム・パートタイムなど），賃金・労働時間，退職に関する事項などの具体的な労働条件等の決定は，必ずしも労使協定や労働協約によらなければならないわけではなく，就業規則を通じて決定することもできる。特に就業規則による場合には，使用者による一方的決定となり，少なくとも，その内容の合理性が求められるが，必ずしも，個々の継続雇用希望者の要求を満たす必要はなく，労働条件が60歳までに比べて大幅に低下する場合が多い。

このように，雇用の終了の場面において，原則として，65歳までの高年齢者雇用確保措置を使用者（事業主）に義務付ける（高年法9条1項）という点で，契約自由の原則や労働市場に対する法的介入を行う一方で，当事者自治（労使協定）によって，そうした法的規制を緩和する高年齢者に係る基準の制定を認めているのである（同条2項）[5]。また，このような継続雇用制度自体は，労働者の労働条件に関する事項として，義務的団交事項になりうる[6]。したがって，継続雇用制度の導入や高年齢者に係る基準の設定にあたって，労使協定の締結や団体交渉など，「手続」が重要な問題となる。

3 高年齢者雇用確保措置の実施状況

各種調査によれば，実際に，多くの企業では，高年齢者雇用確保措置のうち，継続雇用制度を導入している。例えば，厚生労働省「平成20年高年齢者雇用実態調査結果の概況」（2009年8月20日公表）[7]によれば，定年制がある事業所は，

1000人以上の事業所では99.8％，300～999人の事業所では98.5％に達し，一律に定年制を定めている事業所で定年年齢が60～64歳の事業所で継続雇用制度がある事業所の割合は，1000人以上で99.5％，300～999人で99.4％，100～299人の事業所で98.4％，30～99人の事業所で96.1％，5～29人の事業所で87.1％となっている。

また，労働政策研究・研修機構の調査として「高齢者の雇用・採用に関する調査」(2010年6月公表)[8]がある。これによれば，正社員の定年のある企業のうち，継続雇用制度を設けている割合は95.7％，63歳以上の定年年齢を定める企業が11.9％，全員定年なしの企業が1.6％とされている。継続雇用制度を設けている企業のうち，「再雇用制度のみを設けている」(81.9％)と「再雇用制度と勤務延長制度を設けている」(10.1％)をあわせると，ほとんどの企業で，再雇用制度で対応していることが分かる[9]。

そして，同調査では，継続雇用制度の対象者として，「希望者全員」とする企業は29.8％に対し，「基準に適合する者」とする企業は70.2％となっている。また，労務行政研究所の「高年齢者処遇の実態調査」(2010年10月公表)[10]では，再雇用制度実施の企業のうち，「希望者全員」が19.0％，「対象者の基準を定めている」が80.1％で(「その他」0.9％)，多くの企業で高年齢者に係る基準が定められている実態が示されている。

さらに，前記厚労省の調査によれば，継続雇用制度により働くことを希望しなかった定年到達者について，希望しなかった理由として，「制度とのミスマッチ」としたものが17.8％となっており，そのうち，「仕事内容が合わない」(9.9％)，「賃金水準が合わない」(5.6％)といった意見が比較的多い。そして，九州経済産業省「地域に持続的な経済成長をもたらすための人材活用等に関する調査」(2009年7月公表)の「シニア人材の就業意向ならびに消費性向アンケート」(2008年11月，九州に住む60歳以上の男女611人を対象)[11]によれば，就業形態の希望と実態に関して，フルタイム希望30.9％，実際48.6％，週5日以上・1日6時間以下希望11.7％，実際13.3％，週2～3日希望22.2％，実際9.4％となっており，定年到達者は，勤務時間・日数等が軽減された就労を希望しているが，継続雇用制度の多くがフルタイム勤務である。このように，賃金水準や

仕事内容,勤務時間・日数等の実際の労働条件について,労働者の希望と実態との乖離がみられる。継続雇用制度が「現に雇用している高年齢者が希望するときは,当該高年齢者をその定年後も引き続いて雇用する制度」である以上,こうした労働条件におけるミスマッチの結果,定年到達者が継続雇用を希望しないために,継続雇用が実現しなかったとしても,法的にみれば,原則として問題は生じない。ただし,高年法4条等で,高年齢者の「意欲と能力に応じて」とされていることからすると,多くの高年齢者にとって,継続雇用の実現を困難にするようなこと(例えば,高年齢者の働く意欲をそぐような場合や継続雇用制度で求める能力が高すぎるような場合)がないよう,事業主には十分な配慮が求められるといえよう。[12]

4　本稿の課題

このように,多くの企業で,継続雇用制度が導入されており,64歳未満の定年制を実施しているにもかかわらず,継続雇用制度を導入していない(高年齢者雇用確保措置の義務化に違反している)事業主は,形式的にみれば,ごくわずかといいうる。ただし,このような調査結果は,そこで導入されている継続雇用制度が,高年法9条の要件を満たしているかを明らかにするものではない。したがって,例えば,継続雇用制度を実施しているが,適法な高年齢者に係る基準に基づくことなく,希望者を排除している場合には,高年法9条違反と解することもできる。

そのうち,①高年齢者に係る基準を定める手続に問題がある場合だけでなく,②同基準自体が高年法の趣旨に反する場合がある。また,③具体的な継続雇用制度の労働条件の内容に合理性が認められない場合等が考えられる。そこで,本稿では,紙幅の関係上,労使協定による高年齢者に係る基準の意義を確認した上で,上記①と③の問題点について,「手続」という観点から検討することとする。[13] また,前述の通り,継続雇用制度を採用している企業のほとんどが,再雇用制度によって対応していることから,本稿では,再雇用制度を念頭に置いて論じることとする。

2 高年齢者に係る基準の意義とその締結手続

1 高年齢者に係る基準の意義

(1) **希望者全員の継続雇用の原則とその例外**　上記課題を検討する上で，継続雇用制度や高年齢者に係る基準の意義を明らかにしておく。まず，高年法9条1項2号が継続雇用制度について，「本条では，原則として希望者全員が65歳まで働ける機会を設けることを事業主に求めている」とか，「原則は希望者全員を対象とする制度の導入が求められ」ると説明されている[14]。つまり，「希望者全員の雇用」を行うことが大原則となる[15]。これに対して，同条2項は，その例外として，過半数代表者との書面協定（労使協定）により，「継続雇用制度の対象となる高年齢者に係る基準を定め，当該基準に基づく制度を導入したときは」，同条1項2号の継続雇用制度を導入したものとみなすと規定している。

　結局，事業主は，当該基準に該当しない者を継続して雇用しなくても，同条1項違反とはならない。つまり，労使協定により高年齢者に係る基準が定められれば，原則として希望者全員を雇用しなければならないという事業主の責務（公法上の義務）は免責されるのである[16]。

(2) **労使協定による例外の趣旨**　このような例外が認められる法の趣旨として[17]，第1に，事業主による恣意的な対象者の限定などの弊害を防止するために[18]，労働者代表が関与することによって基準の相当性が担保されることが期待されると解しうる。つまり，労働者全体の利益を代表した者が，事業主との交渉および合意を通じて，当該事業場の実情や労働者の意見を反映させて，具体的かつ客観的な基準を設定することができると考えられる[19]。

　第2に，具体性や客観性が十分でない基準であっても，労働者集団の同意を要件に，事業主の公法上の責任（希望者全員の継続雇用の原則）を免責する趣旨と理解することもできる。つまり，具体性や客観性が十分でない基準は，法の趣旨からは必ずしも好ましいものではないが，労働者代表の関与によって，労働者全体の納得度を高めることができ，労働者の過半数代表者がそうした基準に同意している以上，法は積極的な介入を控えるという意図と解しうる。

以上の点を踏まえると，労使の自主性を尊重し，その協議を通じた適切な基準の設定が期待され，高年齢者雇用確保措置の具体的内容は事業主に委ねられていることから，企業の実情に応じた制度を実現できるように，多様な基準や制度が許容されると解するのが，法の趣旨といえよう。そうすると，労使協定で設定された基準の「内容」については，かなり広範に有効性を認めるべきと解される。他方で，労使協定による例外が認められている趣旨を実現するためには，その締結「手続」の履践は重要であるといえる。

2　労使協定の締結手続に対する規制

　高年齢者に係る基準としての労使協定の締結にあたって，労基法36条に基づく時間外労働等に関する労使協定（36協定）などと異なり，労基署への届出や事業場での周知の義務は定められていない。労基法上の労使協定では，届出義務があるものとないものがあるが，[20]例えば，届出義務のある36協定の場合，同義務の履行は効力要件と解されている[21]。もちろん，高年齢者に係る基準は，「退職に関する事項」（労基法89条3号）に該当するものであり，常時10人以上の労働者を使用する場合には，労使協定により基準を策定した旨を就業規則に定め，労基署への届出等の手続をとる必要がある[22]。そうすると，就業規則に関する手続的および内容的（合理性）規制が及ぶことになる。

　また，労基法上の過半数代表者の選出については，同法施行規則6条の2において規定されており，解釈例規では，労基法上の「労働者の過半数を代表する者」とは，法に基づく労使協定の締結当事者，就業規則の作成・変更の際に候補者から意見を聴取される者を選出することを明らかにして実施される投票，挙手等の方法による手続により選出された者であり，使用者の意向によって選出された者でないことを要件とし（平11・1・29基発第45号，昭63・1・1基発第1号），「投票，挙手等」の「等」に含まれるものとして，労働者の話合い，持ち回り決議等労働者の過半数が当該者の選任を指示していることが明確になる民主的な手続が該当するとされている（平11・3・31基発第169号）。これに対して，高年法9条2項の過半数代表者の選出については明記されておらず[23]，労基法施行規則6条の2等が当然に適用されるわけではないが，それらのルールの

適用を排除しているわけでもなく、類推適用を受けるとの解釈もありうる[24]。

さらに、高年法10条は、「前条第１項の規定に違反している事業主に対して」、厚生労働大臣は、必要な指導及び助言をすることができ、これに従わない事業主に対して、勧告することができると定めている（実際には、公共職業安定所長に権限が委任され、同所長により行政指導が実施される）。つまり、高年齢者雇用確保措置の義務化に対して、高年法は、罰則や企業名公表といった強い制裁ではなく、職安所長による指導・助言・勧告というソフトな対応をとっている。そして、これらの行政指導の対象となっているのは、高年法９条１項のみであって、同条２項の労使協定による高年齢者に係る基準の設定は、その射程となっているわけではない。

2　労使協定の締結手続違反

(1) **京濱交通事件**　さて、京濱交通事件（横浜地川崎支判平22・2・25労判1002号5頁）は、高年齢者に係る基準に関する労使協定の手続が争点となったものである。この事件を手掛かり、手続の問題について検討したい。事案の概要は以下のとおりである。

平成18年９月、被告Ｙは、就業規則29条で、①60歳定年制とすること、②65歳までの継続雇用制度を実施すること、③乗務日数基準・営収基準・走行キロ基準等を満たす者を対象とすること定めたが、同条制定時において、Ｙには過半数組合はなく、過半数代表者を選出するよう要請することもなかった。ただし、２つの過半数に満たない組合（組合員数86名と8名）に対して、継続雇用制度の導入についての協定を締結するとともに、同年10月、異議なしとする各組合の意見書を添付して労基署に届出を行った。原告Ｘは、再雇用を希望したものの、平成20年２月、上記再雇用基準を満たしていないとして、これを拒否され、退職扱いとなったため、労働契約上の地位にあることの確認等を求めたのが本件である。Ｘの退職後の平成21年３月頃までに、Ｙは、他の過半数に満たない４つの組合との間で同様の協定を締結し、また、非組合員からも同意書があり、従業員460名中総計で287名の同意を得るに至った。

そして、裁判所の判断は次のようなものである。高年法９条２項によれば、

「原則として，現に雇用している高年齢者が希望するときは，当該高年齢者をその定年後も引き続いて雇用する制度の導入が求められるところ，事業所の実情に応じて上記原則的措置を一定程度柔軟化する必要性がある一方で，こうした柔軟化が不適切な形で行われることによって生じる，事業主による恣意的な対象者の限定などの弊害を防止するために，すべての労働者の過半数の団体意思を反映した上でかかる柔軟化を行うこととし，そのための手続的担保として」労使協定により高年齢者に係る基準を定めることを要件としたものと解することができる。そして，「すべての労働者のうちの一部にすぎない組合員の意思を反映させるものにすぎ」ず，「本件継続雇用制度の導入に当たって各事業所においてすべての労働者の過半数を代表する者を選出することができない状況にあったものと認めるに足りる証拠はない」から，手続要件としての高年法9条2項の要件を満たしていない。したがって，「本件就業規則29条は，手続要件を欠き無効であり，これに対するYの再抗弁等の主張はないから，XはYに対し，労働契約上の権利を有する地位にあるというべきである。」

(2) **労使協定締結の手続的要件**　上記判決は，希望者全員を継続雇用する制度の導入をするという「原則的措置」を柔軟化する必要性を認めつつも，高年法9条2項が，恣意的な対象者の限定などの弊害を防止するための「手続的担保」として，労働者の過半数の団体意思を反映した労使協定の締結を求めていることなどから，その締結を要件と解し，結論としても，同項の要件を満たさないと判断した。[25]

ところで，労使協定の締結手続に関する先例として，会社役員を含む全従業員で組織する親睦団体の代表者が過半数代表者となって締結した時間外・休日労働協定の効力が争われたトーコロ事件（最二小判平13・6・22労判808号11頁）判決がある。同事件は，時間外労働拒否等を理由とする普通解雇の有効性に関して，労働者に時間外労働義務が生じるための前提として，労使協定が，法の要請する過半数組合もしくは過半数代表者という要件を満たしているかが争点となった。同判決は，協定締結手続に関して，適法な選出にあたって民主的な手続がとられていると認められるかを実態に即して判断した上で，同協定の締結に際し，労働者にその事実を知らせ，締結の適否を判断させるようなことが

行われていないこと，団体の代表者が自動的に過半数代表者に選任されていることなどから，同協定の効力を否定し，時間外労働命令に従う義務があったといういうことはできないとして解雇を無効と判断した原審（東京高判平9・11・17労判729号44頁）を是認した。[26]

このように，36協定をはじめ多くの労基法上の労使協定は，強行法規としての労基法違反に対する刑事責任を免責する効果をもつものであって（免罰的効力），その強行性も厳格である。これに対して，高年法上の労使協定は，行政指導という比較的緩やかな手段によって担保された公法上の義務を免責するためのものである。したがって，法の強行性という観点からは，36協定等と同様の厳格性は求められないとの解釈も成り立たないわけではない。

しかし一方で，高年法上の高年齢者に係る基準としての労使協定について，労使の自主性尊重が高年法の趣旨であると解すると，労使の自主性を担保する上で，その締結手続の履践は軽視すべきではない。また，労働者の雇用の得失に関わる重大な基準であることからも，労働者の過半数の団体意思を反映し，具体性や客観性が確保するための「手続的担保」と評価しうる内実をもった手続が履践されていることが求められる。

したがって，必ずしも労基法施行規則6条の2の選出手続に限定する必要まではないものの，事業主による恣意的な対象者の限定などの弊害を防止し，労働者の多数の意見が反映しうる手続を経ていることを実態的に判断して，手続的な妥当性を決すればよいと考えられる。京濱交通事件では，少なくとも，原告労働者が退職・再雇用拒否される時点では，過半数代表者の選出自体が行われておらず，異議なしとの意見書を出した2つの組合の組合員総数は，過半数にはるかに及ばないものであった。もちろん，基準の内容については，事後的に過半数を超える従業員の同意を得るに至っているものの，少なくとも，再雇用拒否の時点では，手続的要件を満たしていないというべきであり，結論的には妥当であろう。

3 継続雇用制度の実施と手続

1 就業規則による労働条件等の設定

　高年法が要請しているのは，継続雇用制度の対象となる者を選別する基準について労使協定を締結することであり，継続雇用制度における労働条件や就業形態の内容自体は，高年法の関与するところではない。

　ところで，定年年齢が55歳から60歳に引き上げられる際，第四銀行事件（最二小判平9・2・28判時1597号7頁）を典型例として，高年齢者の労働条件を不利益に変更する就業規則の合理性が問題となった。高年齢雇用確保措置の義務化にあたっても，定年年齢の引き上げや廃止の措置（9条1項1号・3号）をとりつつ，労働条件を不利益に変更する場合などには，同様の問題が生じうるが，60歳定年制を維持しつつ（既存の労働条件を変更することなく），継続雇用（再雇用）制度を実施して，労働条件を引き下げる場合には，その労働条件内容について，労基法・最賃法等の最低基準などのルール以外は，何ら制約はないのだろうか。

　例えば，60歳定年制の下で，定年までの労働条件を一切変更することなく，60歳以降の再雇用制度を実施し，再雇用制度における労働条件を定年前よりも大幅に引き下げる場合には，同じような労働に従事しつつも，賃金額が低くなることから，労働者の気持ちの上で「不利益」変更されたという意識が生じることは否めない。しかし，これを法的な意味で，既得の権利や期待的利益とみなし，労働条件の不利益変更の問題として処理することが妥当であろうか。

　あるいは，既存の60歳定年制の仕組みに加え，55歳でいったん退職し，56歳以降65歳を上限とする1年更新の有期雇用契約を締結し，労働条件も大幅に引き下げる再雇用制度のコースのいずれかを，55歳になる者を対象に選択させる制度を設けた場合，既存の労働条件が維持される（コースがある）以上，新設された65歳までの労働条件が低く設定されていても，形式的には，不利益変更にあたらず，新設のコースは，新たな労働条件の設定に過ぎないと考えるべきであろうか。

そもそも，上記いずれのケースでも，60歳以降もしくは56歳以降の再雇用制度を労働者自身が「希望」・「選択」することから，使用者による一方的な変更ではなく，「合意」によって労働条件が変更されるとみるべきであろうか。

少なくとも，このような継続雇用制度が就業規則で定められる場合，就業規則の必要記載事項となり（労基法89条1，2，3，10号），就業規則の作成・変更に係る手続として，過半数代表者の意見聴取や労基署への届出，事業場での周知が義務付けられる（同法89条，90条，106条）。また，再雇用契約の「締結」という観点から，労契法4条所定の契約内容の理解を深める努力や書面による確認，並びに労基法15条（および同法施行規則5条）の労働条件明示という形で，使用者には，説明義務が課されると解される。さらに，就業規則の内容についても，労契法7条の「合理性」[27]が求められよう[28]。また，従前と同じ内容の職務に従事しつつも，労働条件が大幅に低下する場合には，労契法3条2項等との関係も問題となる（X運輸事件・大阪高判平22・9・14労経速2091号7頁参照）。

2　労働協約による労働条件等の設定

継続雇用制度について，①高年齢者に係る基準と②労働条件は，定年後の問題ではあっても，退職に関する事項（労基法89条3号）であって，「引き続いて雇用」（高年法9条1項2号）される労働者にとっては，労働条件その他労働者の待遇に関する基準」（労組法16条）として，義務的団交事項に該当するものと解される。したがって，使用者は，団交応諾義務を負い，労働組合と誠実に交渉しなければならない[29]。

問題となるのは，過半数を組織する労働組合があるか，過半数代表者が選出されて，継続雇用制度について①②の点について協定が成立した場合に，使用者は，少数組合との団体交渉に応じなければならないのかということである。この点について，前掲国・中労委（ブックローン）事件では，高年法9条2項は「事業主は同条にかかる協定締結資格を有しない労働組合との間で組合員の定年到達以降の継続雇用等の労働条件について団体交渉を誠実に行うべき義務を免れさせる効果を有するものではない」として，過半数代表者と協定を締結した場合および就業規則で規定した場合であっても，有利な基準を「労働協約

で別個に定めることは何ら妨げないものであるから」，締結資格がないことは団交拒否の正当理由（労組法7条2号）に該当しないと判断した。

　この点について，継続雇用制度は事業主の公法上の義務であり，事業主は法に基づき過半数代表者と協定を締結して，同制度を導入した以上，高年法上の義務は果たしており，少数組合との団交の余地はないこと，過半数代表者との協定との齟齬が生じうる少数組合との合意は難しく，現実性の乏しい要求事項であることから，判旨を疑問とする見解もある[30]。ただし，労使協定によらなければならないのは，①高年齢者に係る基準であって，②継続雇用制度の労働条件自体は，労使協定によらなければならないものではない。過半数組合が締結した場合であっても，労使協定として，全従業員に適用されるのは，①高年齢者に係る基準の部分のみで，②労働条件に係る部分は，労働協約としての効力を有するものとして組合員にのみ適用されると解される。したがって，②労働条件に係る部分は，就業規則を通じて，全従業員に適用されると考えられる。その場合，少数組合であっても，少なくとも，②労働条件については，より有利な基準の労働協約の締結を目指して，団体交渉を行うことは何ら妨げられないというべきであり，使用者としては，誠実に団交に応じる義務がある（もちろん，誠実な交渉が求められるにすぎず，現実的に，少数組合にとって有利な条件の実現が困難であることは否定できない）。

　さらに，複数組合併存下において，使用者には，中立保持義務が課され，多数組合に対し少数組合を差別的に取り扱うことは許されない。そして，可能な限り，同一時期に提案・説明を行い，必要な限りで，同様の資料の提示や説明を行う必要があり，そのような点に差異がある場合には，合理的理由が認められない限り，誠実な交渉とはいえない[31]。

　とはいえ，団交拒否の救済は，不当労働行為制度の枠内で処理され，団交による合意が成立しない場合には，労働条件に関しては，就業規則で定められることになる。その場合，私法的には，就業規則の内容が合理的である限り，また，その内容の労働条件であることを前提として再雇用制度を希望・選択することにより，当該労働条件での労働契約の成立ということになろう。

4 おわりに

以上で述べたとおり，高年法による労働契約の終了（退職）に対する規制は，私法的にみて，必ずしも強行的なものではない。高年法は，労使の自主性を尊重しつつ，行政指導と公的給付（雇用保険法上の高年齢雇用継続給付や雇用安定事業による助成金等）を通じた，退職年齢と年金支給開始年齢の接続という法目的の一つを志向している。こうした柔軟（ソフト）な法的規制により，冒頭の各種調査でも明らかなように，景気低迷の中でも，高年齢者雇用確保措置が順調に普及しているともいえる。他方で，こうした公法的規制の手法は，私法的な紛争を徐々に顕在化させてきており，法解釈上，大きな課題を残している。

〔付　記〕　本稿は，（財）ユニベール財団平成21年度研究助成の研究成果の一部である。

1)　秋北バス事件・最大判昭43・12・25民集22巻13号3459頁参照。
2)　この点につき，詳しくは，岩村正彦「変貌する引退課程」『岩波講座現代の法12巻』（岩波書店，1998年）301頁参照。
3)　経緯については，菊池高志「高年齢者雇用」法律時報77巻5号38頁（2001年），山下昇「高齢化する雇用社会の法政策——高年齢者の雇用確保措置を素材として」阿部和光編『転換期の市民社会と法』成文堂，2008年）163頁参照。
4)　さらに，高年法附則5条1項は，2009年3月31日（常時雇用する労働者の数が300人以下の事業所では2011年3月31日）までの猶予措置として，高年齢者に係る基準を就業規則により定めることを認めていたが，2011年4月1日以降は，全ての事業所において，高年齢者に係る基準は，労使協定を要することになった。
5)　そもそも，希望者全員を雇用しなくてもよい制度（9条2項）によって，希望者全員の雇用を原則とする継続雇用制度（同条1項2号）と「みなす」とする規定自体に，無理があると指摘されている。山川和義「高年齢者雇用確保措置に関する法的問題の検討〜NTT西日本事件を素材に〜」季刊労働法231号196頁（2010年）参照。
6)　例えば，国・中労委（ブックローン）事件・東京高判平22・9・9別冊中時1397号81頁（1審：東京地判平成22・2・10労判1002号20頁），国・中労委（NTT西日本）事件・東京地判平22・2・25労判1004号24頁等。前者の1審判決については，石橋洋「高年齢者法上の労使協定締結資格がないことなどを理由とする団交拒否と不当労働行為の成否」中央労働時報1121号9頁（2010年），野田進「継続雇用制度に関する過半数を組織

しない労働組合との団体交渉応諾義務」やまぐちの労働530号10頁（2010年）参照。
7) http://www.mhlw.go.jp/toukei/itiran/roudou/koyou/keitai/08/kekka.html#1参照。
8) http://www.jil.go.jp/institute/research/2010/documents/067.pdf 参照。
9) 後掲の労務行政研究所「高年齢者処遇の実態調査」でも、91.6％の企業が「再雇用制度で対応」と回答している。
10) 全国証券市場上場企業とそれに匹敵する非上場企業合計3916社を対象とした調査。労政時報3784号 8 頁（2010年）参照。
11) http://www.kyushu.meti.go.jp/report/0903_jinzai/090717_jinzai.htm
12) ただし、高年法の趣旨（高年齢者の雇用の確保と促進）から、高年齢者の「勤務する意思を削がせ、現実には多数の者が退職する等」その目的に反するものであってはならず、そのような労働条件を定める就業規則は、合理性を有しない。協和出版販売事件・東京高判平19・10・30労判963号54頁参照。
13) 高年齢者に係る基準の内容については、既に別稿で論じているので、ここでは割愛する。また、実務上、法違反に対してどのような法的効果が生じるのか（継続雇用制度の対象となる高年齢者に係る基準に該当しないとして継続雇用されなかった者に対する法的救済）が問題となるが、これも別稿を参照いただきたい。山下昇「高年齢者に係る基準の内容とその適用」労働法律旬報1735-36号43頁（2011年）参照。
14) 『高年齢者雇用安定法の実務解説（七改版）』（労務行政、2006年）64頁、厚生労働省「65歳までの定年の引上げ等の速やかな実施を！！」（リーフレット）3頁（http://www.mhlw.go.jp/general/seido/anteikyoku/kourei2/dl/leaflet2.pdf）参照。
15) 柳澤武「新しい高年齢者雇用安定法制」ジュリスト1282号112頁（2005年）、同「高年法の雇用確保措置をめぐる新たな法的課題」日本労働研究雑誌589号65頁（2009年）では、「全員雇用の原則」と呼んでいる。山川・前掲注（5）202頁も同旨。
16) 労使協定の免罰（免責）的効果については、浜村彰「労使協定・決議の法的性質と効力」（角田邦重・毛塚勝利・浅倉むつ子編『労働法の争点（第3版）』（有斐閣、2004年）22頁、渡辺章「労働者の過半数代表法制と労働条件」日本労働法学会編『講座21世紀の労働法第 3 巻　労働条件の決定と変更』（有斐閣、2000年）137頁参照。なお、2011年 4 月 1 日以降、就業規則による基準設定（高年法附則 5 条 1 項）はできなくなった。
17) 詳しくは、山下・前掲注（3）178頁参照。
18) 前掲京濱交通事件参照。
19) ただし、過半数代表者の選出の実態等から、「団体意思」の反映等ができるかについて疑問が呈されている。石橋・前掲「高年齢者法上の労使協定締結資格がないことなどを理由とする団交拒否と不当労働行為の成否」、原昌登「高齢者雇用——継続雇用制度にみる政策理念」季刊労働法213号27頁（2006年）、濱口桂一郎「高齢者雇用政策における内部労働市場と外部労働市場」季刊労働法204号172頁（2004年）参照。
20) 同様に、労基法18条 2 項所定の貯蓄金の委託管理に関する協定等も届出を要するが、

Ⅲ　市場と規制の法政策

　　労基法24条1項但書の賃金控除に関する協定については，その必要がないなど，労使協定によって，届出の要否に違いがある。他方，労基法上の労使協定には，就業規則等と同様に，事業場での周知が義務付けられている（労基法106条）。
21）　東京大学労働法研究会編『注釈労働基準法（下）』（有斐閣，2003年）614頁（中窪裕也執筆）参照。
22）　櫻庭涼子「高年齢者の雇用確保措置——2004年法改正後の課題」労働法律旬報1641号46頁（2007年），前掲厚生労働省「65歳までの定年の引上げ等の速やかな実施を！！」（リーフレット）26頁参照。
23）　育児介護休業法6条1項，12条2項における労使協定なども，労基法施行規則6条の2の準用等の定めはない。なお，現行の労使協定・過半数代表については，山口浩一郎「民法改正と労働法の現代化」季刊労働法229号2頁（2010年）参照。
24）　石橋・前掲注（6）16頁参照。
25）　根本到「高年法上の手続要件と継続雇用規定の有効性」法学セミナー670号141頁（2010年），鶴崎新一郎「高年齢者雇用安定法の手続要件を満たしていない継続雇用制度に基づく再雇用拒否の効力」やまぐちの労働532号8頁（2010年）参照。
26）　時間外労働義務の前提として，過半数代表者との労使協定の締結と届出を要するとした日立製作所武蔵工場事件（最一小判平3・11・28民集45巻8号1270頁）を踏まえるならば，当然の帰結であろう。藤川久昭「過半数代表者——トーコロ事件」村中孝史・荒木尚志編『労働判例百選（第8版）』（有斐閣，2009年）90頁参照。また，労基法24条1項但書の賃金控除協定に関して，不当労働行為救済命令の取消訴訟の事案であるが，済生会中央病院事件（最二小判平元・12・11民集43巻12号1786頁）でも，過半数要件を具備しない場合に，賃金からの組合費控除ができない旨判示し，要件を厳格に捉えている。
27）　実質的には，就業規則による労働条件の不利益変更とみなして，労契法10条の問題とみる余地もあるが，形式的には，希望や選択（合意）によって労働条件を変更していることから，労契法8条における「合意による変更」とも考えられないわけではない。
28）　ここでの「合理性」の内容については，山下昇「継続雇用制度とその対象となる高年齢者に係る基準をめぐる法的問題」日本労働法学会誌114号29頁（2009年）参照。
29）　前掲注（6）国・中労委（ブックローン）事件参照。
30）　野田・前掲注（6）参照。
31）　前掲注（6）国・中労委（NTT西日本）事件参照。

障害者雇用に関する義務規定の法的効力

廣田久美子

1　問題の所在

　日本の障害者雇用施策は，障害者の雇用の促進等に関する法律に基づき，割当雇用制度及び障害者雇用納付金制度を軸として行われている。すなわち，事業主に一定割合以上の障害者を雇用することを義務付け，一定数の雇用をしていない事業主から納付金を徴収し，それを財源に障害者雇用を積極的に進める事業主に対し，調整金や助成金を支給するという事業主に対する経済的なインセンティブを付与する方式である。雇用率については，重度障害者の雇用促進のためのダブルカウント制度や，大企業における障害者の雇用促進のための特例子会社制度などの改正を重ねている。さらに，近年では雇用納付金による職場適応援助者助成金が創設され，職場適応援助者（ジョブコーチ）事業や，職場適応訓練やトライアル雇用などの施策も展開されている。[1)]
また，障害者自立支援法によっても，就労支援のさまざまな施策が見られる。
　しかし，これらは採用や職場定着までの，いわば雇用の入口にかかる制度がほとんどであり，職業生活の途中で障害ゆえに就労の継続が困難になった場合の必要な人的・経済的支援や，解雇に対する規制は法律上ほとんど整備されていない。障害者が雇用を継続するための制度がなければ雇用保障として不十分であり，障害者権利条約（Convention on the Rights of Persons with Disabilities

第27条1項i号における障害者の労働権の保障という観点からも，職業生活の入口から出口までの規制のあり方の検討が不可欠である。

雇用の継続保障においては，とりわけ，障害のある労働者が必要とする合理的配慮の提供と，解雇制限が重要な論点となる。わが国では，まだ使用者に対し障害のある労働者への合理的配慮の提供を直接義務付ける規定はないが，近年この合理的配慮をいかに導入するかについても検討が行われているところである[2]。また，障害者に対する合理的配慮がどのような場合にどの程度提供されるかという問題は，解雇の問題とも深く関わっている。

そこで，本稿では，ドイツにおいて，合理的配慮の提供と解雇制限の機能をもつ事業所内統合マネジメントという使用者の義務規定を取り上げ，その特質を明らかにし，雇用継続保障のための法規制，とりわけ障害者の雇用保障における使用者の義務規定のあり方を検討する。

なお，後述するように，事業所内統合マネジメントは全ての被用者を対象とするものであるが，本稿では，上記問題意識から障害者の場合のみを検討対象とする。

2　事業所内統合マネジメント（betriebliches Eingliederungsmanagement）の概念と機能

1　事業所内統合マネジメントの法的性質

事業所内統合マネジメントは，労働関係における解雇予防手続として，労働者が1年間に6週間以上続けて，又は繰り返し労働不能になった場合，使用者に義務付けられているものである。使用者は，労働の困難な状態を可能な限り克服するために，どのような給付や援助によって労働不能を予防し，労働ポストを維持できるかということを，当事者の同意に基づき，使用者が明らかにしなければならない（社会法典第9編第84条2項）。

労働不能という状況に対し使用者に特別な義務を課しているのは，健康の促進という目的に加えて，障害のみならず，長期の労働不能や頻繁に繰り返す疾病も解約告知の理由となりうることから[3]，障害者を含む全労働者を対象として，

解約告知に至る前に健康上の理由によるリスクを軽減し，できるだけ長期の雇用を可能にするという目的がある[4]。

　事業所内統合マネジメントは，使用者に，最終的に労働関係を維持するために，個別に適切な措置（geeignete Massnahme）を提供する義務を課すという踏み込んだ措置を求めるものであるが，そのベースとなる健康マネジメント（Betriebliches Gesundheitsmanagement）がすでに存在しているなどの理由で，多くの大企業は積極的に実施を受け入れたと評価されている[5]。健康マネジメントは，主要な疾病について，一般的な予防措置として事業所ごとに取り入れられている全従業員対象の健康促進措置であり，事業所内統合マネジメントはこれを補い，個別ケースに対応させるものと位置づけられている。

　具体的支援においては，公的給付の果たす役割も大きい。社会保険や統合局（Integrationsamt）等の機関が各種の労働生活参加給付（Leistungen zur Teilhabe am Arbeitsleben）（いわゆる職業リハビリテーションサービス）（社会法典第9編第33条）を提供しており，労働生活への参加を促進するための金銭給付や適切な措置，費用の補償が障害者の権利として保障されている[6]。労働生活のために必要な支援として，例えば，面接や教育措置のための移動に必要な付添人にかかる費用の補償や労働ポストを維持・獲得するための援助（ジョブコーチ，仕事のアシスタントなど）の費用，補助具の費用の支給などのメニューが規定され，これらを社会保険や公的な機関などさまざまな主体が行うため，給付の種類によっては，社会法典第9編の対象に限られない。事業所内統合マネジメントでは，これらの給付が提供されることを前提にして，使用者が関係機関と調整を行うことが求められているのである。

　事業所内統合マネジメントに並んで，障害のある労働者については，解雇予防手続として検討義務（Erörterungspflicht）がある。これは，労働関係を脅かす可能性のある一身上の理由若しくは行動に帰すべき事由又は事業所側に原因のある問題が生じた場合，使用者はできるだけ早く重度障害者代表その他の従業員代表ならびに統合局に意見を求め，問題を取り除き，労働関係等をできるだけ長く続けられるよう，あらゆる可能性と提供されうるすべての援助と可能な財政的給付について検討しなければならないとするものである（社会法典第

9編第84条1項)。つまり,障害という労働契約におけるリスクに対しては6週間という期間を待たず,必要な時期に必要な機関を介入させ,利用できるあらゆる援助と可能性を検討することによって,重度障害のある労働者の解雇を回避し,労働関係をできる限り継続することを保障しようとするものである。

検討義務規定で挙げられている労働関係の継続を困難にする要素とは「人的若しくは行動に帰すべき事由又は事業所に原因のある問題」と規定されており,解雇制限法1条2項1文で社会的正当性を基礎付ける事由として規定されている「労働者自身に存する事由,労働者の態度・行動に存する事由,差し迫った経営上の必要性」と一致するもので,解約告知において社会的正当性のあるものと解されている。解雇制限法上社会的正当性がある事由については,解約告知に至る前に,統合局と重度障害者代表委員(Schwerbehindertenvertretung)の関与のもとで,労働の継続が困難となっている事態を取り除く目的がある。[7]

労働者の雇用の保障についての可能性がない場合には,重度障害のある労働者に第一の説明責任が残っている。つまり,どのような具体的な技術的・組織的変更があれば障害にあった雇用が可能なのかは,その都度障害者が申し述べなければならない。ただし,実施に際して,障害にあった雇用の可能性が存在するか,労働ポストが創出できる明らかにする際には,能力と知識についての説明と情報が必要となるため,雇用の能力と知識について説明の義務のある当事者(例えば被用者側)がそのような知識を持っていない場合には,相手方に二次的な申立の責任が課されうる。障害にあった職場を整え,あるいは提供するのに必要な知識は,必ずしも使用者に求めることはできないが,事業所内統合マネジメントを行っていない場合には,使用者はこの点の知識の不足を主張することはできない。

以上のように,重度障害のある労働者の場合は,障害や傷病等で労働を続けることが困難になるような状況に至った場合,第一に,事業所内統合マネジメントによって労働関係の継続を脅かすリスクを取り除くための方策を使用者が示し,第二に,障害のある労働者に対して利用可能な援助や給付を活用して雇用の継続を具体的に検討する,という二つの段階がとられることになる。このように,事業所内統合マネジメントは,使用者が雇用を継続するための積極的

な関与を求めるという点で，単なる解雇回避義務にとどまらない性質を有するものといえる。

2 事業所内統合マネジメントの効果

労働不能状態にある労働者に対して，使用者は6週間の間賃金継続支払があるため，その後の対応として事業所内統合マネジメントが想定されている[8]。労働者にとっては，この事業所内統合マネジメントの手続として使用者が統合局やサービス提供主体の援助を求めることによって，はじめて統合局やサービス提供主体による労働不能の軽減・防止のサービス給付の受給につながることが多く，重要な意義を有している。

事業所内統合マネジメントの不履行に対しては，使用者の一般的な配慮義務の具体化として使用者に対する請求権を認めるとする見解もあるが[9]，公法上の義務という性質上，協力義務や段階的な統合（社会法典第9編第28条）の趣旨に反するが，個々の被用者に事業所内統合マネジメント実施の請求権は認められないとされている。しかし，事業所内統合マネジメント規定は，解約告知権を制約する相当性の原則（Verhältnismässigkeitsgrundsatz）が顕在化したものと解されるため，ここから解雇の予防とリハビリテーションの実施義務が導き出され[10]，さらに，社会法典第9編第81条4項に基づく適切な職場の形成義務に関係する問題が生じ得る。少なくとも，重度障害者代表については，明確に適切な措置の実施や配慮をするように求めたり，場合によっては訴訟を起こすことができると考えられている[11]。

事業所内統合マネジメントを実施せずに行った疾病を理由とする解約告知は，疾病を理由とする解約告知が最後的手段（ultima ratio）とは解されないため，通常，過度で反社会的であるとする見解が多数であり，判例上もほぼ同様に解されている。

また，障害のある労働者の解約告知の際に必要となる統合局の同意において（第3章参照），この事業所内統合マネジメントの実施の有無が考慮されることになっているため，間接的な影響は生じることになっている。

Ⅲ 市場と規制の法政策

3 実施手続

事業所内統合マネジメントは，12ヶ月間に6週間以上の労働不能状態が存在したところで使用者に実施義務が生じる。

まず，直近の12ヶ月間で，6週間の労働不能期間が存在する場合，使用者が労働者に対して最初のコンタクトをとらなければならない。この最初のコンタクトにおいて，具体的には，以下のとおり，個々の労働者の同意を得ることによって手続がスタートし，使用者と当該労働者の間の対話と同意によって，いかに雇用を継続していくことを可能にするか，ということを検討する。使用者はこれを当該労働者の上司や人事課に行わせることができるが，その責務を負う者は，決定権限を持つか，あるいは少なくとも使用者に早期の決定をさせられるものでなければならない。手続の段階が進み，事業所委員会や重度障害者代表委員，産業医を関与させる場合には，そのプロセスの経過の間は継続して，使用者に実施責任がある。

必要に応じて，社会保険の保険者，統合局，統合専門機関（Integrationsfachdienst），疾病金庫，社会法典第9編に基づく労働参加給付が検討される場合は労働エージェンシー等も関与する。協議を通じて具体的な措置の実施計画（統合プラン（Integrationsplan））を作成し，必要な措置を行い，その効果の検討や調査を行い，必要な援助があれば統合プランを見直すなどの変更を行っていくことになる。場合によっては，使用者への援助として，報奨金や奨励金が与えられることもある[12]。

この一連の手続の中で中心的な役割を担うのは，あくまで労働者自身であることが強調され，マネジメントのどの段階においても措置を行うかどうか，どのように行うかについての決定権限を有しており，途中でやめることも可能である。

3 解雇制限判断基準としての展開

1 障害者に対する解雇制限

解雇に関しては，障害のない労働者よりも強い解雇制限が課せられており，

障害者の解雇には統合局の事前同意が必要とされる（社会法典第9編第85条）。具体的には，使用者または官公署の所在地を管轄する統合局に対し，書面で解約告知の同意を申請し，事業所委員会等および重度障害者代表の意見表明を求め，重度障害者の意見を聞く（同編第87条1項，2項）。これに対し，統合局は，当事者の納得の行く合意に達するよう努めるものするが，同意についての決定は自由裁量とされている。

　この裁量が制限されるのは，①事業所等が一時的ではなく解散される場合で，解雇予告から解約告知まで3ヶ月以上ある場合，②引き続き雇用される重度障害者の数が割当雇用制度の雇用義務を満たす場合には，一時的ではなく縮小される事業所，官公署においても同意を与える。ただし，同一事業所や，別のポストまたは同じ使用者の別の事業所等の空席ポストへの継続雇用が，重度障害者本人の了解を得た上で可能な場合には，上記①②の同意付与は認められない（同編第89条1項）。

　ただし，重度障害者のために別の適切で無理のないポストが保障されている場合は，同意を与えなければならない（同条2項）。よって，同一使用者によって，何らかの障害労働者の雇用が継続される可能性を検討することが事業所の解散等の場合にも必要であり，使用者が異なっても，他の形で雇用継続が保障されている場合には障害者を解雇することができる。

　また，経済的理由のなかでも，使用者の財産に関する支払不能手続が開始されている場合には，①利益調整において，解雇される労働者の一人として重度障害者の名前を挙げている，②重度障害者代表が利益調整の実現に当たって参加している，③利益調整に従い解雇される重度障害者の割合が，それ以外の労働者数全体に占める，解雇されるその他の労働者の割合と比べて高くない場合，④利益調整に従い使用者の下に残る予定の重度障害者の総数が，なお法定雇用率を満たしている場合という，4つのケースについては，統合局が解約告知に同意を与えなければならない（同条3項）。

　統合局の決定は使用者と重度障害を有する労働者に送達され，労働局がその複写を受領する（社会法典第9編第88条2項1，2文）。統合局が決定し，同意が行われなければ，解約告知は同第85条，民法典第134条にもとづき無効である[13]。

統合局の同意の必要性は，当該使用者が重度障害者の雇用を義務付けられているか，又はそのような義務を果たしているかとは無関係である。

また，解約告知には社会的正当性が必要とされるから，使用者は解約告知の意思表示又は労働法上の訴訟において，解約告知を根拠付ける理由を挙げなければならない（解雇制限法第1条）。解約告知の主要な事実関係は審査可能な理由に限られ，それらが，統合局によって審査される。統合局の同意（社会法典第9編第85条）は私法的な解約告知に対する認可であり，同意の必要性は一種の事前手続である。もっとも，解約告知の合法性に関しては労働裁判所のみの任務であって，解約告知に対する訴えは，解約告知の規定に違反している場合，常に有効であるから，統合局の同意は解約告知の合法性には影響しない。

2 統合局の裁量との関係

すでに見たように，重度障害者の解約告知には基本的には統合局による同意が必要であるが，事業所統合マネジメントは，この同意にいかなる影響を及ぼすのであろうか。

結論的には，使用者に課された障害者に対する特別な解雇制限である統合局の同意の要件には，使用者が課されている義務を履行したかどうかは直接関係しないと解されている[14]。むろん，手続き上は，統合局は社会法典第9編第85条に基づく同意手続に誤りのないよう，事業所内統合マネジメントと検討義務の履行について質問し，結論において考慮するものとされ，事業所内統合マネジメントの履行によって解約告知が回避される可能性が存在する場合には，統合局の同意の決定における裁量の枠内で意義を持ちうる[15]。

ただ，これも，前述のように同第84条1項および2項の手続きが解約告知，解雇に効力に影響を及ぼす要件ではないから，義務の不履行があっても統合局の同意に影響を与えないと解することは妥当と考えられる。しかし，本来，第84条1項は，障害者の保護規定であることを考慮すると，統合局の同意に影響しないのは，雇用の見込みがないことが明らかであったり，それが証明された場合であり[16]，そうでない場合は最後的手段の原則に反するとした労働裁判所の判例に沿わないとの批判がある[17]。

4 いわゆる「合理的配慮」提供義務の判断基準としての展開

1 合理的配慮と社会法典第9編第81条4項

　ドイツにおいては，EU一般雇用均等待遇指令（Council Directive establishing a general framework for equal treatment in employment and occupation, 2000/78/EC）に対応するものとして，雇用及び職業並びに民法上の取引の一部における差別禁止にかかわる一般均等待遇法（Allgemeines Gleichbehandlungsgesetz, AGG, BGBl. I, S. 1897）が2006年に制定され，同指令で求められている使用者に対する合理的配慮（reasonable accommodation）の提供に対応するものとして「適切な措置」（Angemessene Vorkehrung）が定められた。しかし，法文上その内容は明確になっておらず，雇用の分野では社会法典第9編第81条4項に障害者の権利として定められた，障害にあった雇用を求める請求権（以下，配慮請求権という）が該当すると解されている[18]（以下，本稿では，便宜的に，上記EU指令で規定されているreasonable accomodationをいわゆる合理的配慮，ドイツ一般均等法に基づくAngemessene Vorkehrungを適切な措置，社会法典第9編第81条4項に基づく障害者の権利を配慮請求権とする）。

　そこで，第81条4項の規定をみると，障害者が自らの能力と知識を最大限に活用し，職業的に一層発展させることができるよう使用者に求めることができる，として障害者に必要な配慮の請求権を定めている。例えば，「その能力と知識をできる限り十分に利用し，発展させることができる労働をすること，2　職業上の成功や昇進の促進のために，企業内の職業教育で優先的な配慮を求めること，3　期待可能な範囲で，企業外で行われる職業教育への参加を容易にするための措置をとること，4　障害に適した施設と職場の運営を行うこと（特に事故の危険を考慮した事業所施設，機械・器具，労働部署・労働環境・労働組織・労働時間を含む），5　必要な技術的援助のある職場を整えること」の請求権を規定している（第81条4項1～5号）。障害にあった雇用を求める重度障害者は，どの障害にあった仕事を行い，どの具体的なポストを満たすことができるのか，自らの資格や専門性について説明し，意図するポストについて提案す

るなど，詳細に説明しなければならず，配慮請求権の根拠となる条件を，障害者が説明及び証明をしなければならない[19]。

この規定により，従来の労務提供が障害のためにできなくなったとしても，他の就労が可能であれば就労を請求することができ，従来の労働契約ではその可能性をカバーしていないのであれば，これに応じた契約変更を請求することができる[20]。

第81条4項は，そもそも割当雇用制度における雇用率を達成していない事業主が負う義務として想定されていたためであり，使用者が負うべき経済的負担水準も，いわゆる合理的配慮で基準とされる場合とは異なっていたと考えられる。この規定は，後に，割当雇用制度における雇用率の達成との関連が失われ，使用者の義務から障害者の権利へと表現を変更したが，その内容とする水準は基本的に踏襲されている。結果として，第81条4項に基づく配慮請求権は，いわゆる合理的配慮を超える内容をも含むものであり，使用者に対して広範な義務を負わせるものである。よって，いわゆる合理的配慮では，その欠如が間接差別（不利益取扱い）となるのとは異なり，第81条4項で求められた配慮を使用者がこれを行わなかったとしても，直ちに不利益取扱にならない可能性を含んでいる[21]。

2　配慮請求権に対する使用者の義務の実施基準

前節で確認したように，ドイツにおいては使用者に対する広範な職場における配慮請求権が認められるが，いわゆる合理的配慮の場合と同様，使用者にとって履行が要求可能でない場合，過大な経済的負担を伴う場合には権利が認められない（第81条4項但書）。第81条4項に基づく障害者への措置には，費用を最高全額まで統合局が負担する補助金が存在するため（社会法典第9編第34条に基づく使用者に対する労働生活参加給付，同第102条に基づく統合局による労働生活に付随する援助等），実際にはそれほど過大な負担となるケースは頻繁に出現しない。また，職場の改修，組織や仕事の区分け，割当ての変更などは営業法第106条に基づく指揮命令権規定の中で労働者の利益を配慮するよう義務付けられていることから，同条で要請されている配慮の範囲内であれば過大な負担は

問題になりにくい。

　ただ，使用者への補助金の支給額は，必要な措置を行う費用の他，事業所の規模，法定雇用率の達成度，重度障害のある労働者の勤務期間などによって異なり，自己負担となる部分も生じる。必要な措置や配慮を行うことが使用者にとって過大な負担となるか否かが重要となるが，ドイツにおいてはこの点についての判断基準についての明確な規定や公的なガイドライン等は見られない。

　そこで，次に，使用者にとっての「過大な負担」の判断にあたって，事業所内統合マネジメントの実施が影響を与えるとの考え方を提示する契機となった事案から判断基準を考えてみたい。

3　過大な負担の判断基準

(1)　バーデン・ヴュルッテンベルク（Baden-Württemberg）州労働裁判所2005年6月22日判決[22]　平面研削工として働いていた本件原告は，障害程度40の身体障害を負い，最高で重量20〜30 kgの鋳鋼製の加工材料を持ち上げる業務が含まれていた従来の業務が困難になった。これに対し，被告事業所は統合局に即時解雇するための同意を求めたが，統合局はこれを拒否し，被告は原告を就労させず，報酬も払っていなかった。本件は，そこで，原告が被告に対し就労を求めて争ったという事例である。

　判決では「症状に対応した職場を創設する義務は，すでに病気による解雇を回避するために存在している」のであるが，重度障害者を対象とする場合はそれ以上のものであり，「重度障害者の就労を可能にするために，使用者は，負担可能な範囲で組織上の変更を行い，場合によっては仕事の流れを再編成する。これは，例えば，労働者がその課された業務の一部しか果たすことができないような場合に要求されうる。その場合使用者は重度障害者の就業を，仕事の配分を変えることにより保障しなければならない」。よって，「重度障害を持つ被用者が健康上の理由から15 kgの重量しか動かせない場合，もし症状に対応した就労が事業所組織を少しだけ変更し，職場に技術的な持ち上げ補助具を設置することにより就労が可能になり，かつそのために発生する費用が調整負担金の資金から調達されるなら，ここでの疾病による解雇は，社会福祉に違反す

る」と判示した。

　被告が技術的な補助手段（ここでは巻き上げ装置）を，原告が重い材料も研削できるように改造することができるかどうかについては，使用者側がどれほどの手段を講じたかも重要であり，「被告がこれまで手続のいかなる段階においても連邦労働エージェンシーと統合局に助言を求めず，財政的な助成給付についても問い合わせてこなかった」ことを批判している。したがって，研削機械の使用範囲を，技術的な装置によって障害に合わせて拡大することができるのか，使用者に財政的給付（例えば原告の労働時間減少の結果として）が当然支給されるべきかについては，法的に明らかになっていないとしつつも，原告が長年この仕事に従事してきたことと，10kgまでなら作業可能との専門家の意見があること，原告の事業所の組織変更が可能と見込まれることから，原告の請求が認容された。

　(2)　**判決に対する見解**　この判断に対し，元連邦社会裁判所主任裁判官のガーゲル（Dr. Alexander Gagel）は，次のような見解を述べている[23]。

　「2004年5月1日以降は，社会法典第9編第84条2項に従い，事業所内統合マネジメントが実施されなければならなかったが，その一環として統合局又は社会保険主体からどのような補助があれば，現在の職場又は症状に見合った別の就業が確実に確保されえたかもチェックされねばならなかった。このチェックは，被告にとって容認しうる要求かどうかについての決定にとっても不可欠である。なぜなら，使用者に対する補助から，とりわけ現在の職場以外の就業を要求しうるかどうか，という判断が生じるからである。疾病による解雇に関連して，事業所内統合マネジメントに手を付けずにおくことは，とりわけ「最後的手段の原則」（ultima-ratio-Prinzip）に対する違反である。この訴訟においては，社会法典第9編第84条が適用されず，公的主体による支援可能性が明らかにされなかったことから，使用者は，使用者にとって容認しがたい要求であることを，とりわけ証拠を挙げて説明し証明することはできない，という結果になっている。社会法典第9編第84条は，可能な限り早期に職場の維持にとっての要件と可能性を見きわめ，それに見合った措置を開始するという目的を持つ手続規定を含んでいる。第81条4項には，雇用を確保するための財政的な諸

要求が規定されている。これらの要求は労働ポストの維持という目的を達成するために有効であり、事業所内統合マネジメントの一環としてチェックされ、考慮されなければならない。」

4 第81条4項に基づく使用者の義務の判断基準

以上の判決および見解から、障害のある労働者への配慮を使用者が行わなくてよいとされるのは、障害を負った被用者に対する配慮が尽くされたのかどうか、具体的には、事業所内統合マネジメントを行うことによる予防的手続（Präventionsverfahren）を行なったかどうかが問われる、ということを導くことができる。第81条4項但書である「過大な負担」であるかどうかはこの手続を通して判断されるため、不履行の場合には、使用者が経済的な負担を理由に障害者からの要求を拒むことはできないのである。この手続を行ったうえで検討した結果、他の従業員の業務に支障が出たり企業全体に不利益が生じた場合には、障害にあった労働環境等を整える義務を負わない。

労働者の労務遂行能力の判断についても、第84条の事業所内統合マネジメント及び検討義務を使用者が怠った場合、第81条4項に基づく特別な使用者の義務にかんがみて、重度障害のある被用者の期待可能な雇用が不可能であることを説明し、立証しなければならない[24]。

したがって、第81条4項に基づく使用者の義務についての判断基準は次の三つに分類できる。

①事前に第84条の手続を履行する場合、過大な負担である場合にはこの段階で明らかになるため、適切な措置を行う義務の不履行は問題にならない。

②第84条の手続を履行したうえで、過大な負担でない場合（かつ適切な措置を行わないままになっている）は、しかるべき義務を履行するよう求められる。

③第84条の手続を履行しない場合は、過大な負担であるかどうか判断できないため、義務の履行や未払い賃金等、重度障害のある労働者からの請求が認められることになる。

なお、第84条の手続を履行する中で、必要な措置に使用者の過大な負担を伴うことが判明した場合、統合局等からの補助金を請求しなければならないため、

結果的に過大な負担となることは回避される可能性が高い。

本判決後,障害によって労働契約にもとづく従前の労務提供ができなくなった場合の復職請求については,第81条4項に基づく障害にあった雇用に配慮する義務と事業所内統合マネジメントの実施義務の履行が判断の根拠となっている例が見られる[25]。

4 まとめにかえて

ドイツは日本の障害者雇用制度の模範とされた割当雇用制度を現在も存続させており,使用者の義務履行や経済的支援,解雇手続において法定雇用率の達成度を判断要素に組み込むことによって,雇用保障を図ろうとしている。事業所内統合マネジメントは,雇用継続における中心的な役割を果たしているが,法文上は使用者に対してどのような措置をとるべきか,あるいは具体的手続については義務付けておらず,事業所の利益代表やリハビリテーション提供主体とともに,労働生活に参加するために必要な給付を検討することを義務付けているだけである。しかし,同時に,手続としての義務が,障害者の就労継続のための広範な使用者の義務から,いわゆる合理的配慮の提供義務とその限界を画す機能を果たし,この解雇制限法的な性質が解雇制限規定と相まって,就労の継続に向けて労使の協力の具体化を強化させている側面があるということを指摘することができる。

日本においても,厚生労働省により「心の健康問題により休業した労働者の職場復帰支援の手引きについて」が2004年に策定され,メンタルヘルス対策として職場復帰に取り組む企業もあるが,精神疾患・精神障害以外の疾病や障害を対象とする例は少なく,実施についての強制力はない。

判例上は,個々の労働者の健康状態や労働能力に応じて,労働量を軽減したり就労内容・場所を変更したりするなどの適正な措置を行うべき義務があると判示したものも見られ,そのような手続き的な義務が課されると解される余地もあるとされる[26]。障害者の雇用保障という観点からは,今後,障害者への公的な就労支援給付を充実させることはもちろん,このような使用者の取り組みの

対象を障害者全般に拡大し,法律上義務化することが必要である。割当雇用制度は,単独では十分な雇用保障とはなり得ないが,強制力の弱い措置であっても,すでに存在する義務規定と段階的・重層的な構造化を図ることで法的効果を担保することができると考えられる。

1) 日本の障害者雇用促進法の沿革についてまとめた近年の論文として,濱口桂一郎「障がい者雇用就労の法政策」季刊労働法229号(2010年)149頁以下,田口晶子「障害者雇用の現状と法制度」季刊労働法225号(2009年)4頁以下がある。
2) 労働・雇用分野における障害者権利条約への対応のあり方に関する研究会「労働・雇用分野における障害者権利条約への対応について(中間整理)」(http://www8.cao.go.jp/shougai/suishin/kaikaku/s_kaigi/k_4/pdf/o7.pdf)
3) 社会法典第9編の対象となる障害者は,「障害の程度(GdB)が50以上の者」(同1条)であり,「かつ,ドイツに住んでいるか,滞在しているか,あるいはドイツで就業している場合」である。「障害」とは「一時的な機能障害ではなく,身体的・知的・精神的に通常と異なるために社会生活に支障をきたしている状態」(同3条)と規定されている。
4) BAG v. 12. 07. 2007-2AZR 716/06-BAGE 123, 234-246.
5) Betriebliches Eingliederungsmanegement, Universitaet zu Köln, 2008, S. 9. しかし,この措置の導入に消極的な事業所は,当初,事業所内統合マネージメントの対象者を重度障害者法(現在の社会法典第9編第2部)の重度障害者であるとして,限定的な適用を主張していたが,2007年の連邦労働裁判所判決によって対象者が全被用者であることが明確に示された(BAG v. 12. 07. 2007-2AZR 716/06-BAGE 123, 234-246.)。
6) ドイツの職業リハビリテーション給付の一部を紹介したものとして,さしあたり,拙稿「ドイツにおける職業リハビリテーション制度と近年の動向」職業リハビリテーション第20巻 NO. 2(2007年)47頁参照。
7) 疾病を理由とする解雇については,根本到「解雇法理における『最後的手段の原則(ultima ratio Grundsatz)』と『将来予測の原則(Prognoseprinzip)』」日本労働法学会誌94号(1999年)200頁以下参照。
8) 労働不能の概念は,賃金継続支払法第3条および社会法典第5編第44,46条に基づいて判例で導かれた概念と同様である。労働不能の基準については,以下を参照。Richtlinien des Gemeinsamen Bundesausschusses über die Beuerteilung der Arbeitsunfähigkeit und die Massnahmen zur stufenweisen Wiedereingliederung (Arbeitsunfähigkeits-Richtlinien) nach §92 Abs. 1 Satz2 Nr. 7 SGB V
(http://www.g-ba.de/downloads/62-492-56/RL_Arbeitsunfaehigkeit-2006-09-19.pdf).
9) Gehard Zorn, Betriebliches Eingliederungsmanagement-Rechtsfragen zur Praktischen Umsetzung im Betrieb, Behindertenrecht2006, Heft2, S. 45.

Ⅲ　市場と規制の法政策

10) Volker Stück, Betriebliches Eingliederungsmanagement（BEM）im Spiegel aktueller Rechtsprechung, Behindertenrecht2007, S. 138.
11) Neumann/Pahlen/Majerski-Pahlen, Sozialgesetzbuch IX, 11. Auflage, 2005, Rn. 16.
12) 2006年のデータでは，模範的な事業所統合マネージメント・疾病マネージメントを行う一定の使用者への奨励金や報奨金として，10000〜20000ユーロが支給された（Volker Stueck, Betriebliches Eingliederungsmanagement（BEM）im Spiegel aktueller Rechtsprechung, Behindertenrecht2007, S. 182.）。
13) 社会法典第9編第85条以下に基づく重度障害者への解約告知における統合局の同意については，小西啓文「外国労働判例研究（163）ドイツ　障害者雇用について規定する重度障害者法における即時解約告知の効力」労働法律旬報1680号（2008年）26頁参照。
14) BverwG vom 29. 8. 2007, NJW2008. S. 166.
15) Beschluss des BverwG vom
29. 8. 2007-5B77. 07-（http://www.schwbv.de/urteile/pdf/bverwG_29_08_07_5b77.pdf）.
16) BAG v. 12. 7. 2007-2AZR 716/06, -BAGE123, 234-246.
17) Alexander Gagel und Marcus Schian, Diskussionsbeitrag Nr. 2/2008（http://www.schwbv.de/urteile/pdf/b_2_2008.pdf）.
18) Felix Welti, Änderung im Sozialrecht durch das
Gleichbehandlungsgesetz, Institute für Qualitätssicherung in Prävention und Rehabilitation GmbH an der Deutschen Sporthochschule Köln,
S. 6.（http://www.iqpr.de/iqpr/download/foren/A9-2006.pdf）
19) Klaus Lachwiz/Walter Schellhorn/Felix Welti, Handkommentar zum Sozialgesetzbuch Ⅸ, 2. Auflage, 2006, Rn. 37.
20) BAG v. 28. 4. 1998-9AZR 348/97, Behindertenrecht1999, S. 30.
21) Jochen Mohr, Der Diskriminierungsschutz（schwer-）behinderter Arbeitnehmer nach dem AGG und dem SGB Ⅸ, Behindertenrecht2008, S. 52.
22) LAG Baden-Württemberg, Urteil vom22. 06. 2005, 2 Sa 11/05, Behindertenrecht2006, S. 82ff..
23) Ebenda.
24) BAG, v. 04. 10. 2005-9 AZR 632/04（Bundesarbeitsgemeinschaft der Integrationsämter und Hauptfürsorgestellen（BIH）
（http://hauptfuersorgestellen.de/files/649/BA_Erfurt9AZR63204.pdf））
25) 例えばBAG, v. 13. 6. 2006-9AZR
229/05（http://juris.bundesarbeitsgericht.de/cgi-bin/rechtsprechung/document.py?Gericht=bag&Art=en&sid=1bb1c6a79e548ff4fb59981f4ec38c52&nr=11435&linked=urt）.
26) 山田構造「障害者雇用の法理――その基礎理論的課題」季刊労働法225号（2009年）18頁以下。

韓国における非正規雇用の実態と法規制

李　鋌

1　はじめに

　韓国において非正規職労働者を保護するための立法が行われてから，今年でまる5年が経過しようとしている[1]。ここでいう「非正規職労働者」とは，一般に「期間雇用・派遣・パート」を称するが，その他にも請負や特殊業務従事者（類似労働者）を含む広い意味で使う場合もあり，その数は全労働者の3割ともいわれているが，ここ数年ほとんど変わりがない[2]。

　韓国において非正規職労働者は「1997年の経済危機」以前にも存在した。ところが，この経済的危機を乗り越える過程で，多くの企業は正社員に代わって景気変動に対応しやすく，またコストの安い非正規職労働者を好むようになり，その結果，非正規職労働者が急増するようになった。

　このような非正規職労働者の増加は，他方で新たな労働問題や社会問題を引き起こす原因となった。すなわち，韓国の場合，非正規職労働者の6割以上は契約社員と呼ばれる期間雇用であり，その次は派遣社員であるが，彼らは正社員とほとんど同じ仕事をしながらも，賃金や社会保険などにおいて大きな差別を受けているのが問題である。韓国では過去の日本以上に高齢化が進んでいるが，その背景にはこの非正規職問題も一つの原因となっている。

　このような中で，2006年11月30日に，約4年間漂流していたいわゆる「非正

規職保護法律」[3]が電撃的に国会本会議を通過し，非正規職労働者をめぐる問題が新たな転換期を迎えるようになった。同法の骨子をみると，非正規職に対する差別と濫用を厳しく制限するとともに，労働委員会における救済手続を定めている。こうした動きは，最近の企業を取り巻く雇用環境の変化とともに，雇用慣行や労使関係においてドラスティックな変化をもたらすことによって，従来型の人事労務管理は大きな挑戦を受けるようになった。

本稿では，第一に，最近における労働立法や労働環境をふまえたうえで，今から3年前に導入された非正規職保護法律の主な内容に紹介する。第二に，非正規職保護法律の制定後における雇用環境の変化について分析するとともに，今後予想される課題について検討する。

2　非正規職雇用の実態と問題点

1　非正規雇用の慣行

韓国では，古くから非正規職労働者を雇用する慣行が存在した。例えば，1991年の労働市場の構造をみると，小売業・卸売業や飲食宿泊業などの個人サービス産業をはじめ，建設産業において非正規職労働者が幅広く雇用されており，これら非正規職労働者の約7割以上は臨時職であった。また，経済的危機に陥る2年前である1995年の場合，雇用期間が1年未満である臨時職が約350万人，1ヶ月未満の契約期間で雇用される日雇労働者が約180万人として，全体労働者の32%を占めていた。

しかし，問題は，当時の非正規職労働者は個人サービス産業や教育サービス業のように特別な技術や能力が要求されない分野に偏っていたのに対して，経済危機以後は非正規職雇用が全産業に広がるようになり，さらにその数も，2008年現在，全体労働者のうち約35%を占めるようになったことである。[4]

それでは，多くの企業が非正規職労働者を広く雇用するようになった理由は何だろうか。その背景には，経済的危機を乗り越える過程で，人件費を削減したいという理由のほかに，雇用調整に柔軟に対応できる手段として非正規職労働者を好んで雇う慣行が強まったといえる。韓国では，勤労基準法の中に解雇

制限規定が置かれ，正当な理由のない解雇を禁じている[5]。この規定によって，特に正規職労働者は使用者の恣意的な解雇から手厚く保護されているのに対して，非正規職労働者は雇用調整の際にリストラの対象となり易いのも事実である[6]。

2 差別の問題

　非正規職労働者に対する最大の問題は，第一に，正規職労働者に比べて賃金などの労働条件において著しく差別を受けていることである。例えば，統計庁の「経済活動人口附加調査（2006年8月）」によれば，非正規職労働者の数は全体労働者（1,536万人）の35.5％に当たる546万人に至っているが，非正規職労働者の賃金は正規職労働者の62.8％の水準に過ぎない。これら非正規職労働者の殆どは，実際に正規職労働者とほぼ同じ仕事に従事しながらも賃金などの労働条件においては大きな格差が生じ，このような労働市場における両極化現象は経済的危機以後一層強まっている。

　第二に，最近における非正規職の変化推移をみると，次のような二つの特徴が見られる。一つは，男子労働者よりは女子労働者に，また，大手企業よりは零細規模の企業に従事する労働者に非正規職労働者が偏っている点である。もう一つは，従来の非正規職は，低学歴・中高年齢・サービス販売産業に比較的に多くみられがちだったが，最近は高学歴・若年層・専門管理職や事務職に至るまで，全産業に広がっている点である。これらのうち，女子労働者や若年層における非正規職の増加は，現在韓国社会が抱えている低出産や高齢化問題と無関係とはいえない。

　第三に，非正規職労働者は正規職労働者に比べ社会福祉や企業福祉面においても様々な差別を受けていることである。これについて「非正規職の実態調査（2006年，KLI）」によれば，正規職労働者を100とした場合，期間雇用労働者の60％以上が週休・年休・退職金はその適用対象となっており，時間外手当は60％，育児休職・産前産後休暇・成果給・食費・交通費は50％以下となっている。また，労働者のセイフティ・ネットともいえる社会保険に入っている非正規職の比率を見ても正規職よりかなり低い水準であり，教育訓練や昇格・昇進にお

いても著しく差別受けているのが実態である[7]。

　第四に，非正規職の組織率をみると2.8％として[8]，正規職の組合組織率10％[9]に比べ著しく低い水準である。その原因としては，非正規職自らが労働組合への加入を希望しないことも考えられるが，それよりも韓国では企業レベルで単位組合の複数設立が禁止されていることも主要な原因となっている。すなわち，ある企業に正規職労働者を中心として労働組合がすでに組織されている場合には，非正規職労働者が新たに労働組合を組織するのは事実上難しくなり，また正規職と非正規職との間に利害関係が対立する場合には，非正規職の正規職組合への参入の道が閉ざされてしまうのである。ここで，過去5年間の労働争議をみると，長期間に亘り熾烈に展開された労働争議の多くは，大手企業を中心とした非正規職組合によるものであることは，非正規職労働者が置かれている現実を表している。

　このような非正規職問題は，労働者間の所得格差に止まらず，あらゆる面においてその副作用が生じている。例えば，非正規労働者の場合，常に雇用が不安定であり，また収入が少ないために結婚を忌避するかあるいは結婚しても子供を生まないカップルが増えている。韓国では，最近高齢化のスピードが他の先進諸国に比べ最も早く進んでおり，出生率もOECD加入国のうち最も低いといわれているが，これは上述した非正規職問題と無関係であるとはいえない。

　そこで，韓国政府は，非正規職問題が格差社会の一つの原因となっていることに着目し，非正規職に対する差別を是正するための法律を整備するようになった。その法律が後述するいわゆる「非正規職保護法」である。同法は，非正規職に対する不合理な差別を禁止するのが目的であり，同法の施行により非正規職労働者の数が一時期減少するなど多少の効果が現れた。しかし，このような非正規職保護立法は，新たな問題を引き起こす原因となった。すなわち，多くの企業では，非正規職保護法による厳しい法的規制を避けるために，非正規職労働者に代わって請負労働者を受け入れるか，あるいは業務をアウト・ソーシングする傾向がある。

3 非正規雇用に対する法規制

韓国では，すでに述べたように，90年代末の経済的危機を克服する過程でパート・期間雇用（有期雇用）・派遣と代表されるいわゆる「非正規職労働者」が急激に増え，正規職との間に賃金などの労働条件の格差が拡がり，大きな社会問題として登場するようになった。

このような中で，非正規職労働に対する濫用を規制するとともに，差別を是正しようとする論議が労働界を始め，政府や学会レベルで活発に論議されるようになった。非正規職労働者に対するこれまでの論議を振り返ると，非正規職は正規職に比べて労働条件や諸社会保険の適用において不当な差別を受けているので，このような差別を是正するとの原則の下で非正規職保護立法を進めてきたが，労使間の意見が激しく対立し（特に労働側の反発），立法までには至らなかった。

ところが，これから5年前である2006年11月には，非正規職問題をそれ以上見送るのは無理であると判断した当時の与党側は，野党側の反対を振り切る形で非正規職保護法律を国会で採択し，その翌年より施行するようになった。非正規職保護法律は，次の二つの部分からなる。その一つは，「期間制および短時間勤労者の保護などに関する法律（以下「期間制法」という）」であり，もう一つは「改正・派遣勤労者保護などに関する法律（以下「労働者派遣法」という）」である。

それとともに，韓国政府は，2007年12月末には「産業災害補償保険法」を改正し，その間争点となっていた，いわゆる「特殊形態雇用従事者（類似労働者）[10]」について限定的ではあるが[11]，労災保険の適用対象にするなど，これまで非正規職問題を解決するために様々な政策を打ち出している。

以下では，上記の非正規職労働者の問題について，今から5年前に制定・改正された「期間制法」と「労働者派遣法」の主な内容や論点について紹介・分析し，今後予想される課題について検討する。

Ⅲ　市場と規制の法政策

1　有期雇用・パート

期間制法では，第一に，期間制および短時間労働者(以下「期間制労働者」という)に対し，賃金その他の労働条件等において合理的な理由なく差別する行為を禁止し，不当労働行為の場合と同様に，労働委員会を通じた差別是正手続を設定した。使用者が，期間制労働者に不利な待遇をした場合には，2年以下の懲役または1千万ウォン以下の罰金に処せられる。[12]

第二に，期間制労働者の使用期間を2年以内と制限し，2年を超えて使用する場合には期間の定めのない労働契約を締結したものと看做される(第4条)。但し，合理的な理由—例えば，有期事業，特定プロゼクトの完成，欠員労働者の代替，労働者の教育・職業訓練の履修，55歳以上の労働者，専門職など—がある限り，2年を超えるのも可能である(同条但書)。[13]

第三に，短時間労働者に対する延長労働の濫用を規制するために，法定労働時間以内であっても，週12時間以上の労働を制限するとともに，使用者による不当な延長労働指示を拒否できる拒否権を明示した(第6条)。また，短時間労働者に賃金や労働契約期間，労働時間などの重要な労働条件に対する「書面明示義務」を使用者側に義務付けており，これに反した場合には500万ウォン以下の過料が賦課される(第17条，第24条)。

第四に，期間制法の適用範囲は，国・地方自治団体を除いては常時5人以上の労働者を使用する事業または事業場」がその適用の対象となるのが原則であるが，4人以下の事業または事業場の場合は大統領令の定めにより，同法の一部の規定を適用することができる(第3条)。ここで，「一部の規定」とは何か問題となるが，この点について施行令は，本法第5条，第7条，第17条などの規定がその対象とし，使用者が期間の定めのない労働契約を締結するかあるいは通常の労働者を採用する場合には，期間雇用労働者や短時間労働者を優先的に雇用するように努力するとともに，これらの労働者と労働契約を締結する際には労働条件を書面で明示することにしている(第2条，別表1)。

2　労働者派遣

改正労働者派遣法の内容のうち，注目すべき変化を紹介すると，第一に，派

遣の対象業務（第5条）を従来のようにポジティヴ方式をそのまま維持しながら，その要件を現在の「専門知識・技術・経験を要する業務」にさらに「業務の性質」を追加し（第5条），その対象範囲を広く捉えようとしている。現在の派遣対象業務は，1992年の韓国標準職業分類（統計庁告示第1992—1号）に従っているが，2000年に改正された韓国標準職業分類（統計庁告示第2000—2号）に合わせて派遣対象業務を調整した結果，派遣対象業務を現在の26業務（詳細分類では138業務）から32業務（詳細分類では197業務）に拡大するようになった。

　第二に，派遣期間は1年以内が原則であるが，派遣元・派遣先・派遣労働者間に合意があれば1年以内の範囲で延長することが可能である。しかし，この際にも合計2年を超えてはならない。この2年を超えて引き続き派遣労働者を使用する場合は，派遣先が当該派遣労働者を直接雇用しなければならない（直接雇用義務）。ただし，「高齢者雇用促進法」上の高齢者（満55歳以上）の場合は，2年を超える派遣も可能であり（第6条），また派遣労働者本人が直接雇用に反対する場合や大統領令で定める「正当な理由」がある場合には例外とされる。ここでいう「正当な理由」とは，①「債務者回生および破産に関する法律」による破産宣告または回生手続開始の決定があった場合，②「賃金債権保障法施行令」第5条による倒産などの事実が認められる場合，③その他，天災地変などによって事業の継続が不可能な場合などがこれに該当する（同法施工令第2条の2）などがこれに当たる。

　第三に，一時的に人材を確保する必要がある場合—例えば，①出産・疾病・負傷などのように，その事由が客観的に明白な場合や，②一時的・間歇的に人材を確保する必要がある場合には，3ヶ月以内の範囲で派遣が可能である。また，こうした事由が解消されず，派遣元・派遣先・派遣労働者が合意した場合には，1回に限って3ヶ月以内の範囲で，その期間を延長することも可能である。

　第四に，派遣労働者に対する差別的取扱を防ぐために，派遣先の事業主は派遣元の事業主に対して大統領令の定めにより必要な情報を提供する義務がある。この情報提供の範囲と方法などについて，施行令は，派遣先の事業主は事業内における派遣労働者と同一または類似した業務を遂行している労働者の賃金，

始業・終業の時刻,休憩時間,休日・休暇,安全および保健に関する事項など に関する情報を派遣元事業主に書面で提供することを具体的に明示している (第4条の2)。

第五に,不法派遣に対する直接雇用義務規定を新設し(第6条の2),これを 履行しないと3千万ウォン以下の過料が賦課される。不法派遣とは,①最初は 合法的な派遣であったが,派遣の制限期間を超えた場合,②有効な許可を受け ずに労働者派遣を行う業者から派遣労働者を受け入れ,労務提供を受けた場合, ③派遣禁止業務において派遣労働者から労務提供を受けた場合などをいう。こ れらの場合,直接雇用義務は,①,②の場合には2年を超えた日より発生し, ③の場合には派遣労働者から労務提供を受けた日から発生するとの主張もある が最高裁(大法院)はこのケースでも2年が経過した時点で発生すると判断し た。また,不法派遣の場合は,直接雇用義務とは別に,当該派遣元・派遣先は 3年以下の懲役または2千万ウォン以下の罰金に処せられる。

4 差別是正手続と救済現況

1 差別是正手続

非正規職保護法律では,有期雇用・パート・派遣労働者に対する不合理な差 別を是正するために,彼らに対する「差別的待遇」を禁止するとともに,労働 委員会を通じた差別是正手続を設けている。ここで「差別的待遇」とは何を意 味するかが問題となるが,これについては,彼らが属している事業(または事 業場)における同種または類似した業務に従事する通常の労働者の労働条件に 比べ,合理的な理由なく不利に扱われることを意味する(期間制法第2条3号, 労働者派遣法第21条1項)。

非正規職労働者は,自らが非正規職であるがゆえに不当な差別を受けたと思 う場合には,不当労働行為の場合と同様,3ヶ月以内に労働委員会にその是正 を求めることができる。この際に,使用者は差別がなかったことを立証しなけ ればならない(立証責任の転換)。使用者は,労働委員会から是正命令や直接雇 用義務命令が出された場合,これを正当な理由なく拒否することはできない。

すなわち，使用者が金銭補償を内容とした是正命令を履行しない場合にはその金銭補償額が過料として賦課され，労働時間・休日・休暇などの労働条件における差別に対する是正命令を履行しない場合には5百万ウォンの過料が賦課される。また，労働委員会による是正命令が確定された場合，使用者がその命令を履行しないと，1億ウォン以下の過料が賦課される。

差別是正事件の審問過程において，関係当事者の双方または一方の申請または職権により調停手続を開始することも可能であり，関係当事者が予め労働委員会に仲裁決定に従うように合意した際には，その仲裁手続による解決も可能である。また，関係当事者双方が調停案を受諾して調停が成立した場合や仲裁決定が行われた場合には「民事訴訟法」の規定による「裁判上の和解」と同一の効力が生じる。

その他の非正規職に対する差別是正手続は，労働委員会に新たに設けられた「差別是正委員会[14]」で行われることを除けば，不当労働行為の救済手続とほぼ同じである。非正規職保護法律は2007年7月1日からスタートしたが，非正規職労働者に対する差別的待遇や是正手続，不利益取扱禁止に対する是正手続，労働委員会による是正命令不履行に伴う過料（1億ウォン）は，企業の規模ごとに段階的に適用される[15]。

2 差別是正の現況

労働委員会における非正規職絡みの差別事件に対する是正状況をみると，同制度がスタートした2007年7月1日から2009年6月30日まで2年間において延べ2,152件が受理された。これらのうち，是正命令または調停により紛争が解決されたのは588件（27.5％）であり，棄却または却下されたのは684件（32.0％），取下げによって終結されたのは867件（40.5％）となっている。

ここで棄却された事由をみると，①比較の対象となる労働者が存在しない，②差別に対する合理的な理由が存在するなどが多く，却下された理由としては，①申請人の資格がない，②申請期間の超過などが多い。そして，取下事件の中身を見ると，当事者間の円満な合意によるものが765件であり，その他の単純取下が102件となっている。

Ⅲ　市場と規制の法政策

労働委員会における差別是正現況

(2009年6月30日，現在)

区分	受理件数	紛争解決							進行中
		総計	判定				調停	取下	
			小計	是正命令	棄却	却下			
合計	2,152	2,139 (100%)	785	102 (4.7%)	594 (27.8%)	90 (4.2%)	487 (22.8%)	867 (40.5%)	13
中労委 (労働者数)	61 (2,592)	58 (2,473)	51 (2,412)	21 (1,433)	20 (946)	10 (33)	2 (10)	5 (51)	3 (119)
地労委 (労働者数)	2,091 (4,747)	2,081 (4,516)	734 (2,806)	80 (1,459)	574 (1,173)	80 (174)	485 (771)	861 (939)	10 (231)

資料：中央労働委員会（2009年）

差別是正を申請した労働者は延べ4,747人であり，そのうち2,230人（49.4%）に対して是正命令または助言を通じた差別是正が行われた（是正命令1,459人，棄却1,173人，却下174人，調停771人，取下939人の順となる）。

2009年6月30日，現在，差別是正申請事件を雇用形態別にみると，申請者全体（4,747人／地労委基準）のうち，①期間雇用4,564人（96.1%），②無期契約雇用122人（2.6%），③派遣61人（1.3%）の順となっている。無期契約と評価された労働者のほとんどは，有期雇用ではなく期間の定めのない労働者であると判明された。

差別是正申請事件において主張された差別的取扱をその内容別に分類すると，①ボーナスおよび成果給絡みの申請が2,023件として最も多く，②基本給および諸手当絡みの申請が354件，③福利厚生絡みの申請が37件，④退職金絡みの申請が8件，⑤その他の労働条件絡みの申請が70件となっている。

3　差別是正制度の評価

差別是正制度の施行から約5年が経過している。現時点において，同制度が巧く機能しているかどうかを評価するには時期早々ではあるが，これまでの運用実態を見ると，幾つかの特徴が見られる。まず，申請件数であるが，当初の予測とは異なり，その数はそれほど多くないのは上述のとおりである。そして，

申請事件に対して是正命令が出された比率もかなり低い水準に止まっている。その理由としては，現実的な要因と制度的な要因が考えられる。まず，現実的な原因としては，非正規職雇用の特殊性から雇用関係を維持しながら差別是正を申請することが事実上困難であるか，または雇用の終了後にも求職活動や再就職活動のために差別是正を申請する機会を喪失してしまったことも考えられる。もう一つは，除斥期間や申請権者の範囲などにおける制限のような制度的側面からの問題もあったと思われる。特に，同制度の施行初期の段階において，労働委員会がより積極的な姿勢で差別是正事件の処理に乗り出さなかったことにも原因があると判断される。

他方，最近では，差別是正判定において，労働委員会を中心に，従来とは異なる新しい法理に従ってより積極的でかつ発展的な方法で事件を処理しようとする動きが見られる。例えば，①従来は，労働契約期間の観点に立脚して申請人の適格を否認してきたが，最近はこうした従来の立場を変更している点，②比較対象労働者の存否問題と関連して，判断原則や考慮要素をより具体化している点，などが典型的な例である。それにもかかわらず，未だに業務の同種・類似性判断において主たる業務ないし核心的な業務如何を判断する客観的な基準が定立されておらず，比較対象労働者の存在時点などのような問題に対しても再検討が必要である。

5 偽装請負および類似労働者の問題

1 偽装請負問題

以上の非正規労働者問題と並んで，もう一つ韓国社会においてホット・イシューとなっているのが「偽装請負」と「不法派遣」といったいわゆる「類似労働者」の問題である。韓国雇用労働部の調査によると，2010年8月現在，従業員300人以上の1,936事業場における構内請負状況を見ると，これらの事業場の41.2％に該当する事業場で，合計33万人（26.6％）の構内請負労働者を活用されている状況である[16]。

偽装請負問題が浮上するようになった背景には，1998年に制定された「労働

者派遣法」の規制強化にあると思われる。すなわち，当時の派遣法においては，その派遣の対象範囲が26の業務に限られ，また，派遣期間も原則1年・最長2年として制限され，さらに，派遣先で2年を超えて派遣労働者は継続雇用した場合には直接雇用したものとして看做されたために，多くの企業では派遣の代わりに，比較的に規制の少ない民法上の委任または請負によって労働者を受け入れ始めたのが問題の発端となった。[17]

しかし，請負契約の場合，本来ならば発注企業は請負企業の労働者に対して業務指示権がないにもかかわらず，直接指揮監督権を行使したり，あるいは現場代理人を通じて間接的な方法で指揮監督を行う事例が多く見られている。これらの事例の中には，発注企業が実際に支配している「子会社」や「孫会社」から請負労働者を受け入れている場合もあれば，全く実体のない「ペーパーカンパニー」を挟む形で請負労働者を受け入れる場合があり，「偽装請負」や「不法派遣」の問題として登場している。

最近は，韓国最大の自動車メーカーである現代自動車請負事件において[18]，最高裁（大法院）は，「発注企業である現代自動車は，構内下請会社の労働者に対して，直接労務指揮を行った故に，両者関係は『派遣』に該当する」とした判決が出されてから，社内請負問題は社会的なホット・イシューとなっている。その背景には，発注企業と社内請負労働者との請負関係が「派遣関係」と解されると，従来の請負は「偽装請負」，つまり「違法派遣」となり，直接労働者派遣法の適用を受けて，発注企業が当該請負労働者を直接雇用する義務が生ずるからである。

社内請負は，自動車業界だけではなく，全産業において幅広く利用されているために，上記の現代自動車事件に類似したケースが数多く発生すると予想される。

2 類似労働者問題

韓国では，上述した非正規職とは別途に，ゴルフ場キャディー・学習誌教師・保険設計士（外務員）・レミコン運転手のようないわゆる「特殊形態雇用従事者（以下，「類似労働者」という）」に対する法的扱いが問題となっている。こ

の類似労働者は，特定事業主と雇用契約を締結することなく，請負・委任またはこれに類似した特殊な形態の契約に基づいてその事業主のみのために働き，報酬は固定給ではなく実績や成果に比例して支払われるのが一般的である。

このように，類似労働者の就業形態は少なくとも形式的には自営業の性格を有するので，使用従属的な労働を前提とした勤労基準法（日本の労働基準法に当たる）上の労働者とは異なる。したがって，類似労働者は，当然ながら同法の保護対象から除外されている。

ところが，類似労働者の中には，専ら特定事業主のために働くなど，その就業形態が実際に使用従属関係に近いケースがあり，彼らが勤労基準法上の労働者に当たるか否かが争われるようになった。特に，1997年の経済的危機以後，こうした類似労働者の数が益々増えつつある[19]。このような現象については，使用者が労働法による厳しい規制を避けるとともにコストを削減するために，本来ならば雇用契約によるべきものを民法上の請負や委任などの形に逃げているとの批判が高まっている。

この点について，最高裁（大法院）は，①使用者による業務内容の決定程度および業務遂行過程における指揮監督の有無，②就業規則の適用有無，③使用者が労働時間・場所に対する決定権を持っているかどうかの有無，その決定に対する労働者の拘束性の有無，④業務に対する代替性の有無，⑤備品・作業等具などの所有関係，⑥報酬に対する労務代価性の有無・基本給や固定給の有無，⑦労務供給関係の継続性と相手方に対する専属の有無およびその程度，⑧勤労所得税の源泉徴収の有無および社会保障法上の労働者としての地位が認められているかどうかの有無，⑨当事者の経済・社会的状況，⑩労働関係法による保護の必要性などを総合的に考慮して判断すべきであるとした[20]。

以上の判断基準によって，新聞社の広告外勤者または新聞販売人，日給代理運転手，盲人マッサージ師，放送局の楽団員，放送局の視聴料集金員，クィック・サービス宅配人などは，勤労基準法上の労働者として認めれている。他方で，保険募集や電力会社の委託集金，風俗産業の接待などに従事する者や，学習誌教師や入試学院の講師，ゴルフ場キャディー，レミコン運転手などは勤労基準法上の労働者として認められていない。

しかし、以上で提示した最高裁の判断基準は必ずしも明確なものではなく、以上で取り上げた様々な要素を総合的に考慮して判断しなければならないので、同種の類似労働者に対する裁判所の判断が異なる場合もある。例えば、最高裁は、1993年にゴルフ場キャディーが勤労基準法上の労働者に当たるかどうかが争われた事件でそれを否定したが[21]、それから3年後である1996年には逆にこれを認めるなど[22]、その判断基準が判然としない。

3 立法的な解決の試み

(1) **派遣に関する判断基準の整備** 以上の偽装請負と不法派遣に関する従来の判断基準は、裁判所・雇用労働部・労働委員会の見解が分かれていた。1998年制定当時の労働者派遣法によると、「派遣先が2年を超えて引き続き派遣労働者を使用した場合には、2年の期間が満了した翌日から派遣労働者を雇用したものと看做される。但し、当該派遣労働者が明示的に反対の意思表示をした場合には除外する」として、いわゆる「雇用擬制(看做し)規定」定めていた(第6条3項)。

この規定について、従来の行政解釈は、上記の雇用擬制規定は、派遣期間を超える場合を含め、派遣対象業務の違反など、すべての不法派遣に適用されると解してきた。これに対して、裁判所は、労働者派遣法は「派遣期間を超えた派遣」についてのみ言及しているので、それ以外の不法派遣には雇用擬制規定の適用を否認する傾向があった[23]。また、雇用擬制規定の適用範囲については、各地労委の見解も分かれ、同規定の解釈・適用をめぐって混乱が生じていた。

このような中で、2006年11月30日には、労働者派遣法を改正して、以上で指摘した問題を解決しようとした試みが行われた。すなわち、改正法によれば、①派遣対象業務に違反して労働者を派遣した場合、②最長2年の期間を超えて引き続き派遣労働者を使用した場合(55歳以上の高齢者派遣の場合は例外)、③出産・疾病・負傷など、その事由が客観的でかつ明白な場合として、最長2年を超えて引き続き派遣労働者を使用した場合には、派遣先が派遣労働者を直接雇用する義務を負うことになる、いわゆる「雇用義務規定」を定めている(第6条の2)。これによって、雇用擬制規定をめぐる問題は一応解決されるように

なった。しかし，これはあくまでも派遣先に雇用義務を課することに過ぎず，当然に派遣先の労働者に看做されることではない。ただし，派遣先がその雇用義務を履行しない場合は，3千万ウォン（約380万円）以下の過料が賦課される。

以上の労働者派遣法の改正とは別に，請負と派遣の基準を明確にして，偽装請負や不法派遣による被害を予防しようとする試みも見られる。請負と派遣との区別については，「勤労者派遣事業と請負等による事業の区別基準に関する告示」がこれまで唯一の基準となっていた。しかし，偽装請負や不法派遣の判断基準をめぐっては，雇用労働部・法務部（検察庁）・裁判所の意見が一致しておらず，また請負と派遣との区別について唯一の基準となっていた「勤労者派遣事業と請負等による事業の区別基準に関する告示」は，①法的根拠が明確でないこと，②実体のない偽装請負まで不法派遣と見るのは最高裁（大法院）の立場に背馳していること，③判断基準があまりにも硬直的であること，等の問題が指摘されてきた。[24]

そこで，雇用労働部と法務部は，2007年4月，共同で派遣に関する統一指針を整備するとともに，法的根拠の是非を無くすために従来の「告示」を「指針」に格上げした。そして，労働者派遣については，①事業主としても実体があるかどうかを判断し，実体がない場合には当該労働者と受入企業との直接的な雇用関係を認め，②事業主としての実体が認められる場合には，当該労働者が受入企業から指揮・命令を受けているかどうか等を総合的に考慮して「派遣」に当たるかどうかを判断する，という新しい基準を提示した。

(2) **類似労働者に対する社会保険の適用**　類似労働者問題については，労働法的観点や社会保険的観点の両面からその改善策を模索する研究が行われてきた。韓国政府は，2001年7月に「労使政委員会非正規職労働者特別対策委員会」を発足させ，非正規職労働者の中でも特殊な形態の業務に従事する者，いわゆる類似労働者に対する社会保険の適用有無をめぐる研究を進めてきた。

その結果，類似労働者のうち，勤労基準法の適用から除外されている四つの業種——すなわち，学習誌教師，ゴルフ場キャディー，保険設計士，レミコン運転手について優先的に労災保険を適用する方針を決め，2007年11月には「産業災害補償保険法」を改正し，彼らにも労災保険が適用されるようになった。

Ⅲ　市場と規制の法政策

　このような措置は，勤労基準法の保護対象から外されている類似労働者に対して，社会保険の適用することによって就労環境の改善を図るという狙いともに，格差社会が抱えている労働問題に対応する一環として取られた一種の妥協策であるといえるだろう。

6　今後の課題

　以上では，最近，韓国においてホット・イシューとなっている非正規職労働者の問題を中心に，その実態や法政策などについて検討した。これらの問題は，韓国社会が抱えている格差社会の中心にある問題であるだけに，政府レベルでは様々な解決策が模索されてきた。
　しかし，非正規職労働者の問題は，国の雇用政策の根幹に関わると同時に，労使間の利害関係が複雑に絡み合う難しい問題であるために，解決すべき問題や課題も山積されている。この点について要約・整理すると，以下のとおりである。
　第一に，非正規職労働者の問題を解決するために，2006年末に制定されたいわゆる「非正規職保護法」は，その施行から5年が経過した現時点において，非正規職労働者の増加現象が止まるなど，ある程度その効果があるようにみえる。また，労働委員会に持ち込まれる非正規職労働者絡みの差別救済申立も徐々に多くなり，非正規職保護法律の趣旨が産業現場に広く認識されつつあると評価できる。しかし，同法では，非正規職労働者の労働条件に対する差別のみがその対象となってので，労働条件以外の昇格や昇進・社会福祉などにおいては依然として差別が存在する。また，最近は，大手銀行を中心に期間雇用労働者を期間の定めのない契約に転換する措置が広がっているが，これについても正規職の労働条件を下回る単純業務に限って無期契約への転換が行われているために，労働者間の差別を固定化する恐れがあるとの新たな批判が提起されている。[25]
　第二に，類似労働者の生活を保護するために「労働災害補償保険法」を改正し，彼らにも労災保険が適用されるようにしたのはある程度評価できるといえ

る。しかし，この措置は類似労働者の不満を慰めるための社会政策上の配慮に過ぎず，労災保険以外の社会保険までその適用範囲を拡大するかについてはまだコンセンサスが得られていない。また，類似労働者に対する労働者性の判断基準も必ずしも明確ではなく，ゴルフ場キャディーをはじめ四つの職種に限って労災保険の対象としたことをめぐっても議論がありうる。

　第三に，非正規職労働者や類似労働者の問題でみたように，労働者間の格差問題が深化している点である。この問題に対応するために非正規職保護立法が行われ，ある程度成果を挙げているものの，他方では，最近銀行で採用していわゆる「準正社員制度」で見られるように，従来とは異なるタイプの雇用に対する差別問題が新しくて登場している。それとともに，請負や派遣問題と関連して，雇用労働部は，両者を峻別する基準を整備したにもかかわらず，上記の現代自動車事件で見られるように，依然として様々な問題点を抱えている。この点については，発注企業の労働者が下請企業の労働者が混在して作業に従事しているような特殊なケースにおいては，従来とは異なった判断基準を示す必要があると思われる。

　最後に，韓国の労働政策や労働立法は経済的危機を境に大きく変わりつつある。その一つは，従来の労働政策は，労働者個人の保護にウェートが置かれ，勤労基準法上の労働条件を高く設定する傾向があったが，最近は逆に労働条件を引き下げる代わり，[26]集団的労使関係に重点が移りつつある点である。[27]韓国の場合，集団的労使関係分野は，1987年の民主化宣言をきっかけに徐々に安定してきたが，個別的労働関係分野においては，労働市場の流動化や規制緩和の影響で就業形態が多様化するとともに，集団的意思決定システムの衰退により不当解雇や差別問題のように個別紛争が増えつつある。もう一つは，2011年から複数組合の設立が全面的に許容されるようになると，労働組合の長年間の念願が叶うことになる。しかし，複数組合時代の到来は，正規職労働者中心の労働組合はもちろん，前述した非正規職労働者をはじめ，類似労働者や外国人労働者などによる様々な形態の労働組合が乱立する可能性もある。そうなると，当然ながら多数の労働組合との交渉過程において労使紛争が多発したり，労働組合間の代表性や主導権をめぐる争いも多くなると予想される（"This work was

Ⅲ　市場と規制の法政策

supported by Hankuk University of Foreign Studies Research Fund of 2011")。

1)　2007年11月に制定された，いわゆる「非正規職保護法律」の内容に関する詳細は，李鋌「韓国の最近における労働立法の動向について――非正規職保護立法と複数組合問題を中心に」季刊労働法，第223号（2008年・冬）139頁以下参照。
2)　2008年に韓国政府（統計庁）が実施した「経済活動人口附加調査」によれば，全体賃金労働者15,993,000人のうち，非正規職労働者は5,638,000人として35.2％を占めており，非正規職労働者の約4割は有期雇用となっている。
3)　ここでいう「非正規職保護法律」とは，「期間制および短時間勤労者の保護などに関する法律（以下「期間制法」という）」と「改正・派遣勤労者保護などに関する法律（以下「労働者派遣法」という」の二つの法律を意味する（その内容については，後述する）。
4)　非正規職労働者の数については，労働側と政府側との間に統計上大きなギャップがある。例えば，労働側は，2006年8月現在，賃金労働者の54.8％が非正規職労働者であると主張し，労使団体や政府側の35％に比べ2割程度高い水準である。その理由は，非正規職の概念をどのように捉えるかによるものであり，使用者側や政府側は期間雇用・パート・派遣を非正規職と把握しているのに対して，労働側は請負や類似労働者をも含む広く解する傾向がある。
5)　韓国の勤労基準法は，使用者による恣意的な解雇（正当な理由のない解雇）を禁止する「一般条項（第23条）」のほかに，整理解雇の正当性判断に関する4要件（日本の判例法理とほぼ同じである）を具体的に定めている（第24条）。
6)　整理解雇の選定基準について，韓国の最高裁（大法院）は，通常の労働者（正規職）より「日雇い労働者」や「嘱託労働者」を優先的に解雇されるのを認めており（大法院1966年4月6日判決，大法院1995年12月5日判決），さらに高裁（高等法院）は勤続期間の短い労働者（非正規職労働者の場合，正規職労働者に比べ勤続年数が短いのが一般的である）をそうでない労働者より先に解雇するのも妥当であると判断した（ソウル高等法院1996年5月9日判決）。
7)　同調査によれば，非正規職労働者（期間雇用）が社会保険の加入している比率をみると，雇用保険92.1％，労災保険89.5％，国民年金76.3％，国民健康保険86.8％となっている。
8)　この統計は，「韓国非正規労働センター」の報道資料（2006年10月）によるものであり，政府側の統計によれば非正規職の組合組織率は4.3％である。
9)　韓国雇用労働部によると，韓国の労働組合は正規職労働者が中心となっており，組合組織率は1989年の19.8％を頂点に段々と下がり，2005年以後2008年現在10.3％まで落ちている。
10)　「特殊形態雇用従事者」とは，ドイツなどのヨーロッパで使われている「類似労働者

11) 　類似労働者のうち，労災保険の対象となったのはゴルフ場キャディ，学習誌教師，レミコン運転手，保険設計士の四つの職業に限られる。
12) 　ここでいう「期間制」とは，期間の定めのある労働契約を締結したいわゆる「期間雇用（有期雇用）」をいい，「短時間労働者」とは，1週間の所定労働時間が同一事業場において同一業務に従事する常用労働者に比べ短い労働者をいう（期間制法第2条，勤労基準法第2条8号）。
13) 　期間制法では，「専門的知識・技術の活用が必要な場合，政府の福祉政策・失業対策などによって雇用を提供する場合として大統領令で定める場合には，2年を超えて期間制労働者を使用することができる」として（第4条5号），期間制法が適用されない例外を定めている。この例外について，施行令は，①「博士学位または技術士，建築士，公認会計士，公認労務士，弁護士，弁理士，医師，薬剤師などのように専門資格を所持し，該当分野に従事する場合，②「雇用保険法」などの他の法令によって国民の職業能力開発・就業促進などのために雇用する場合，③兵隊義務を終えた人を雇用する場合，④他の法令で期間制労働者の試用期間を別途に定めている場合などにおいては，期間制労働者を2年を超えて使用することができる」と定めている（第3条，別表2）。
14) 　韓国には，中央労働委員会（ソウル1ヶ所）の傘下に12の地方労働委員会が設置されており，各労働委員会には公労使の三者構成による「差別是正委員会」のほかに「審判委員会」・「調停委員会」が設けられている。
15) 　例えば，従業員が300人以上の企業・公共企業では2007年7月1日より，100人～299人の企業は2008年7月1日より，100人未満の企業は2009年7月1日より同法が適用される。
16) 　国会政策討論会資料集『社内下請の実態と国家競争力向上』（2010年10月1日），70頁。
17) 　このような現象は労働者派遣法が制定される以前にもあったが，同法による規制の影響で委任や請負の形で働く労働者の数が急激に増えるきっかけとなった。
18) 　最高裁（大法院）2010年7月22日判決。
19) 　類似労働者の数は，報道機関によって区々であるが，2006年現在，70万人から90万人ともいわれる。これを職種別にみると，保険設計士19万2,000人，学習誌教師10万人，ゴルフ場キャディー1万4,000人，レミコン運転手3万3,000人などとなっている（詳細は，李鋌ほか『特殊形態勤および関連業種の実態・争点・政策課題』KLI［2006］，『特殊形態勤労従事者雇用保険適用法案研究』KLI［2006］参照）。
20) 　最高裁（大法院）1994年12月日判決および，同1998年4月6日判決。
21) 　最高裁（大法院）1993年5月25日判決。
22) 　最高裁（大法院）1996年7月30日判決。
23) 　例えば，大韓送油管公社事件（大法院2004年4月16日判決），現代ミポ造船事件（ウ

Ⅲ　市場と規制の法政策

　　ルサン地院2004年5月20日判決)。
24)　この点に関する詳細は,『労働判例』第926号を参照されたい。
25)　例えば,国民銀行は,2年前から非正規職労働者8,350人に対する正規職への転換を推進しているが,その対象はテレ職・支援職・テレマケッター・技能職に限られている。ウリ銀行は,個人金融サービス部門と事務職部門を分離して正規職へ転換するいわゆる「分離職群制」を導入しており,ハナ銀行はコールセンター職員のように比較的に単純な業務に従事する非正規職労働者を対象に正規職への転換を進めている(2008年6月30日付『連合ニュース』)。
26)　例えば,勤労基準法には「年休」とは別途に,1ヵ月当たり1日の有給休日を与える「月次有給休暇」を認めていたが,これを廃止するとともに,生理休暇も「有給」から「無給」に切り替えたのは典型的な例である。
27)　その例としては,複数組合の設立を許容したことや組合専従者に対する賃金支払を禁止したことがある。

IV　権利の擁護と救済

権利擁護の将来像と公的責任
——成年後見制度を中心に——

西田　和弘

1　権利擁護の課題

　一般的な意味での「権利擁護」(Advocacy)には，幅広い意味が含まれ，弁護士が法廷で代理人として問題解決に当たることや，人権擁護委員，国民生活センターなどの活動なども含まれる。つまり，市民の権利の保護や実現，促進を支援する諸活動はすべて権利擁護といえる（最広義）。ただし，近年，法制度の整備が進み，理論や実践の研究が盛んな「権利擁護」は，特に権利の主張に困難があり，侵害されやすく，一旦侵害されると回復が困難な対象に着目し，かつ，本人の自己決定を尊重しつつ支援する仕組みである。これらは，①判断能力を基準とし，それが低下した人々を支援する制度として，成年後見制度や日常生活自立支援事業（以下，「自立支援事業」）（狭義）と，②社会保障立給付に関連して，いわば間接的に対象者を支援する規定や仕組み，具体には，相談支援や情報提供，苦情解決など（広義）に大別できる。後者は，判断能力に関わらず，情報の非対称性・官僚性・権力性といった社会保障給付に伴いがちな要保障者にとってのバリアーを取り除くことで，社会保障給付およびそれに付随する権利の行使を支援する仕組みといえる。[1]狭義・広義の権利擁護の対象者像は，まさに社会保障の要保障者像と一致する。なお，本稿での権利擁護は，最広義の概念に基づくものではない。

Ⅳ　権利の擁護と救済

　さて，わが国では，法定かつ狭義の権利擁護の仕組みとして，成年後見制度および自立支援事業があるが，支援者に認められた権限，その支援の内容・範囲などから，成年後見制度は権利擁護のセーフティ・ネットとしての機能を期待されているといえる（厳密に言えば，そのうち後見類型がセーフティ・ネットだが，制度として考察することとする）。

　裁判所統計によれば，制度施行から平成21年12月までのおよそ10年間で，任意後見監督人選任も含め，成年後見申立数は20万件を超え，これまでに成年後見制度を利用した人は約17万人になった。[2]

　しかし，成年後見制度の活用状況は十分であるとはいえない。その理由には，家族観や法的手続きの敬遠，欠格条項の存在など多様な背景があるが，本人を取り巻く環境や経済状況により利用が困難なケースも多い。具体的には，①親族等がいないか，またはいても申立てをしようとしない場合（経済的虐待の場合を含む），②親族等による申立てが行われたが，申し立てあるいは，後見人等選任予定者について他の親族が異議を唱える場合，③親族等に申立ての意思はあるが，遠方居住や高齢，後見業務への不安等を理由として，申立人が後見人等になることを敬遠し，他に後見人等のなり手が見つからない場合，④申立て費用や後見報酬の支払いが困難な経済状況にある場合が考えられる。特に，④は，成年後見制度が，ある程度所得や資産を保有している人をモデルに設計されているため，財産管理の必要性は低いが，身上監護面で支援の必要な人々を支援できていないという制度的な問題といえる。

　何らかの事情で親族後見が期待できず，申立費用や第三者後見人等への報酬支払い資力に乏しく，しかし，身上監護の必要性は高いという者に制度が対応できておらず，権利擁護のセーフティ・ネットたりえていない。

　そこで本稿は，成年後見制度の抱える課題を端緒として，権利擁護において今後果たされるべき公的責任につき，オーストラリア法および河野正輝教授の研究を手がかりに考察することを試みる。ただし，医療上の決定については取り上げない。

2 成年後見制度の利用支援

1 利用支援に関する公的責任

　先述のような利用困難ケースに対しては，市町村長が申立てを行い，また，申立費用および後見報酬を補助する仕組みがある。老人福祉法32条，知的障害者福祉法28条[3]，精神保健福祉法51条の11の2は，市町村長は「その福祉を図るために特に必要と認めるときは」後見等の審判の請求が「できる」と定める。表1の通り，市町村長申立ての件数は年々増加しており，本人・配偶者・四親等内の親族による申立てが期待できない事例が少なくない。

　ただし，審判の請求には申立て費用が必要であるし，事後的には後見人等への報酬も必要となる。判断能力が不十分な認知症高齢者等の成年後見制度の利用に係る市町村に生ずる費用の助成が成年後見制度利用支援事業（以下，「利用支援事業」）である。

表1　「市町村長申立の推移」

	申立件数（件）	全体に占める割合（％）
平成12年度	23	約0.5%
平成13年度	115	約1.1%
平成14年度	258	約1.9%
平成15年度	437	約2.5%
平成16年度	509	約3.0%
平成17年度	666	約3.3%
平成18年度	1033	約3.1%
平成19年度	1564	約6.1%
（平成19年1月～12月）＊	(1455)	(約5.9%)
平成20年1月～12月	1876	約7.0%
平成21年1月～12月	2471	約9.0%

＊平成20年度より統計期間変更のため，19年分を（　）内に再掲
出典：裁判所司法統計より作成

Ⅳ 権利の擁護と救済

利用支援事業が開始された平成13年度においては,「介護予防・地域支え合い事業」の一つとして,「介護サービス又は障害者福祉サービスを利用し,又は利用しようとする身寄りのない重度の痴呆性高齢者,知的障害者」に限定して開始されたが,高齢者については平成18年度以降,介護保険の地域支援事業の一つとして(介保115条の44第4号),障害者については,障害者自立支援法(以下,「障自法」)に基づく地域生活支援事業の一つとして位置づけられ(障自77条1項),精神障害者も対象に含まれている。介護保険法および障自法上,権利擁護に関する事業は「行うものとする」という必須事業の形式をとるが,利用支援事業それ自体は権利擁護のための援助メニューの一つとして位置づけられるため,当該事業の実施・不実施,実施する場合の内容は市町村に委ねられている(この意味で事実上の任意事業といえる)。なお,虐待事例については,高齢者虐待防止法が国および地方自治体に,成年後見制度の周知や,利用に係る経済的負担の軽減等の成年後見制度積極利用のための措置を義務付けている(高虐28条)ことには特に留意が必要である。

2 利用支援事業の問題点

介護保険法および障自法上は利用支援事業実施が事実上任意であるために,利用支援事業の実施不実施および実施した場合の中身は市町村の裁量に委ねられ,多くは国の提示した要綱の範囲内で定められている。申立経費や経費報酬助成につき,身寄りがなく,市町村長申立であって,低所得の者を対象としている。そのため,高齢者対象の事業実施「保険者数」は846保険者で全保険者(1670)の約50%にとどまり(平成19年4月1日),障害者対象の事業実施「市町村数」は560で全市町村(1805)の約30%(平成20年4月1日時点)に過ぎない(なお,平成21年度中に実施予定の市町村は101箇所であるので,平成22年4月1日時点での市区町村数1750と比較した場合,実施率は37.8%)(全市町村数は(財)地方自治情報センターの公表情報に基づく)。

障害者対象の実施率が低い理由としては,法的にはともかくも保護者の実際上の支援によって,高齢者に比べれば切迫した利用ニーズが少ないことや,後見等の受け皿不足の中での政策優先順位などがあるかもしれないが,財源の問

題もあろう。つまり，高齢者の場合，利用支援事業を含む地域支援事業は政令に基づく負担で，国40％，都道府県20％，市町村20％，第一号被保険者保険料20％により賄われるが，障害者の場合，利用支援事業を含む地域生活支援事業の費用は市町村が支弁し，都道府県・国はそれぞれ「予算の範囲内で」25％以内，50％以内を「補助することができる」とされ，統合補助金（一部は交付税措置）である。地域生活支援事業全体で補助金を交付する統合補助金では，各事業への配分は市町村に委ねられ，事業を積極展開しても補助金額が変わらないため，積極展開すれば市町村持ち出しが増えることになる。

　利用支援事業の補助対象者に関しては，障害者について地域生活支援事業実施要綱を一部改正し（平成20年3月28日付障発328001号），平成20年4月より「障害福祉サービスを利用し又は利用しようとする重度の知的障害者又は精神障害者であり，後見人等の報酬等，必要となる経費の一部について，助成を受けなければ成年後見制度の利用が困難であると認められる者」と改められた。高齢者に関しても，同年，「市町村申立てに限らず，本人申立て，親族申立て等についても対象となりうる」との回答が示されている（平成20年10月24日付老健局計画課長事務連絡）。被申立人を取り巻く環境ではなく，制度利用ニーズのある者の負担能力の視点に立った態度と解される。ただ，市町村長申立ての枠組みを外すことは，実施自治体にとって負担増につながり，膨大な事務量の増加も予想されるため，自治体の要綱改正の動きは鈍い。

　しかし，「障がい者制度改革推進本部等における検討を踏まえて障害保健福祉施策を見直すまでの間において障害者等の地域生活を支援するための関係法律の整備に関する法律」（平成22年法律第71号）により，障自法77条1項1号の2に「障害福祉サービスの利用の観点から成年後見制度を利用することが有用であると認められる障害者で成年後見制度の利用に要する費用について補助を受けなければ成年後見制度の利用が困難であると認められるものにつき，当該費用のうち厚生労働省令で定める費用を支給する事業」が追加され，1号の「権利の擁護のために必要な援助を行う事業」から，利用支援事業を分離独立させて，平成24年4月1日までの政令で定める日をもって必須事業化されることとなった（平成22年12月10日社援発1210第4号にも明らかである）。

3 利用支援事業のあり方

 利用支援事業にあっては，①「当該事業は基礎的必需的なサービスであって，そのニーズを有する人々は誰でも利用できるようにするために公費負担を行う[6]」という視点に立って，全市町村に認知症高齢者・知的障害者・精神障害者を対象とする要綱が制定されることを要し，②すでに実施している市町村も，前述の法改正を受けて，早急に要綱を改めるべきである。市町村長申立を身寄りのない者に限り，利用支援事業は市町村長申立を前提とし，さらに被虐待者であること等の要件を加重して対象者の限定を図るなどする要綱は強く批判されねばならない。その際，③前記「利用することが有用であると認められる障害者」や「利用が困難であると認められる者」などの基準を明示し，透明性・公平性を確保する必要がある（今般の改正でもこの課題は残る）。また，④地域生活支援事業は統合補助金としないか，少なくとも，各事業についての実施体制の整備，実施機関の義務と権限，実施方法，最低予算配分比率を法定する必要があるし[7]，⑤虐待からの保護，介護サービス等の利用支援に関する市町村の義務の視点から，利用支援事業は法定の必須サービスへ引き上げられることを要する（先述の法改正により，障害分野では必須事業に格上げ）。⑥自治体の要綱は一本であっても，根拠や端緒が異なる関係で，介護・障害・生活保護のそれぞれの部局が対応し，虐待関連の場合には地域包括支援センター経由となっている。この体制でよいかは迅速な申立てや事務効率の観点からも検討されるべきであり，窓口を一本化した総合的な支援体制の整備が必要であるとの指摘は重要であるので[8]，本章 **4** で検討する。

3 成年後見制度に関する公的責任

 以上のように，いくつかの改善は必要としても，後見制度の利用に関し，公的責任を果たすための事業が展開されている。ただ，そこでの公的責任は，申立をすることと関連費用を支給することに限られている。仮に市町村長による申立が適切に行われ，費用面の問題が軽減されたとしても，後見人等の担い手が確保できなければセーフティ・ネットとならない。現在は，利用支援事業の

対象となるような案件は，第三者後見人等として専門職やNPO法人等が，無報酬または採算度外視で引き受けている状況にある（申立時および家庭裁判所の選任含め）。しかし，専門職による後見はもはや限界に近いとの評価もある[9]。

裁判所の統計によれば，近年，親族以外の第三者が後見人等となる事案の割合が増加している（表2）。成年後見制度が定着していくと，ますます担い手不足は深刻化することになる。

こうした不足の状況を受けて，市民後見人（社会貢献型後見人）を養成する動きが加速している。また，専門職後見人不足を補う代替手段としてではなく，高額の財産管理を必要とせず，紛争性もなく，複雑な身上監護上の問題もないケースでは，地域の市民が地域に根ざした後見活動を行うことできめ細やかな対応が可能になる[10]。行政（養成事業自体は社協に委託している場合もある）以外に，社協，NPO法人が養成を行っており，大学が養成に取り組むケースもある。こうした市民後見人の発展が期待されているが，市民後見人の養成は，一定の資質確保のために，組織的養成体制，組織的支援体制，組織的監督体制の整備等が不可欠である。市民後見人の養成や支援を行っている自治体は，1割にも満たない状況であり（日弁連アンケートによれば，回答数366市町村のうち，養成・支援・啓発活動実施市町村は24自治体にすぎない），養成・支援・監督のための体制整備の責任の所在を考察する必要があろう。

そこで，後見の対象たる高齢者・障害者に関する現行法の権利擁護に関する規定を概観するに，障害者基本法20条は，「国及び地方公共団体は，障害者に関する相談業務，成年後見制度その他の障害者の権利利益の保護等のための施策又は制度が，適切に行われ又は広く利用されるようにしなければならない」と定める。同法4条と相まって，そのような権利の擁護は障害者の自立及び社

表2 「親族・第三者後見人の選任比率」

平　成	12年度	13年度	14年度	15年度	16年度	17年度	18年度	19年度	20年度	21年度
親　族	90.9%	85.9%	84.1%	82.5%	79.5%	77.4%	82.9%	72.2%	68.5%	63.5%
第三者	9.1%	14.1%	15.9%	17.5%	20.5%	22.6%	17.2%	27.7%	31.5%	36.5%

＊平成20年，21年は1月〜12月。平成19年分を1月〜12月でみると親族が73.9%。
出典：裁判所司法統計より作成

Ⅳ 権利の擁護と救済

会参加の支援のために不可欠であると解することができる。確かに，障害者基本法は，施策の基本事項を定めるものであって，これから直ちに個別具体的な給付や権利が生ずるとはいい難いが，障害者に関する個別実定法の策定にあたり尊重されねばならない規範であり，かつ，個別法の解釈規範ともなる。障自法77条1項も，「自立した日常生活又は社会生活を営むことができるよう」権利擁護の援助をすると定めている。

高齢者については，「介護保険法115条の44は，『可能な限り，地域において自立した日常生活を営むことができるよう支援する』ために，被保険者の権利擁護のため必要な援助を行う事業」を展開する責務を市町村に課している。

以上のように現行法からは，少なくとも，①自立，社会参加のためにその日常生活，社会生活あるいは地域生活を支える手段として権利擁護が位置づけられていること，②そこにいう権利擁護の手段は成年後見制度，ましてやその利用のための費用的側面の支援に限る趣旨ではないこと，③国および地方公共団体は権利擁護の施策展開に責任を有していることが明らかといえる。

そこで，成年後見制度をはじめとする権利擁護に関して，障害者や認知症高齢者の自立，社会参加のための生活支援という視点から果たされるべき公的責任の範囲はいかなるものになるかが問題となる。

4 オーストラリア・ヴィクトリア州の公的権利擁護

1 後見制度の概要

オーストラリア・ヴィクトリア州（以下，「VIC州」という）では，成年後見は，法定後見と任意後見，さらに，財産管理と身上監護とが法制度上明確に区別されている（州により名称や仕組みが多少異なる）[11]。VIC州の委任状（Powers of Attorney）には，一般的委任状（General Power of Attorney）と持続的委任状（Enduring Power of Attorney）があり，自身に関する決定を第三者に委ねることができる。前者は，わが国の任意代理に相当し，本人に判断能力がなくなれば，その効力を失う。それに対し，後者は判断能力を失った場合に，将来にわたって代理人に決定権をもたせることができ，オーストラリアでは，18歳以上

で委任状作成の意味と影響を理解できる者に対しては、その作成が推奨されている。後者により行われるのがわが国の任意後見にあたるが、財産および法的決定、治療上の決定、生活様式に関する決定に関する三つのタイプがある。そのうち財産管理を担う者が任意財産管理人（Enduring Power of Attorney（financial））、身上監護を担う者が任意身上監護人（Enduring Guardian）である。

他方、法定後見も財産管理（Administration）と身上監護（Guardianship）に分かれており、それを担う者はそれぞれ財産管理人（administrator）、身上監護人（guardian）である。わが国でも法人後見や複数後見により、事実上財産管理担当者と身上監護担当者を分けることはあるが、そもそも支援内容が制度上区別されていることは特徴的である。

また、VIC州では、公設権利擁護事務所（OPA : The Office of the Public Advocate）（財産管理を担当しないこと、成年後見の担当や支援に限られず幅広い権利擁護活動をすることから（後述）、この訳語をあてた）という組織が法務省内に設置されており、その長たる公的権利擁護者（Public Advocate）は総督により任命される自然人で任期は7年である[12]。州政府から独立し、州議会に対し責任を負う構造となっている。

OPAは、障害を持つ人々の利益・権利・尊厳を擁護し、助長することを目的とし、VIC州の「身上監護および財産管理に関する法律（The Guardianship and Administration Act 1986）」（以下、「VIC州後見法」と表記する）に基づく以下のサービスを提供している。

①相談助言サービス：重要事項に関する疑問への助言や情報提供サービスである。これには委任状（powers of attorney）、身上監護（guardianship）、ヴィクトリア民事行政審判所（VCAT : Victorian Civil and Administrative Tribunal）への申請、医科・歯科治療への同意が含まれる。

②権利擁護者（advocate）または身上監護人プログラム：自己決定できないVIC州民への制定法に基づく身上監護、家族等身上監護人（private guardian）の支援[13]、障害者のための最後の権利擁護（advocacy）手段。

③地域身上監護人プログラム：障害のあるVIC州民のために独立した身上監護人として行動するべく、公的権利擁護者（Public Advocate）によって任命さ

れるボランティアに関するプログラム。
④地域訪問者プログラム：障害あるいは精神疾患のある人のための入所施設を訪問して，障害者の権利を擁護し代弁することを援助するためにOPAとともに活動するボランティアに関するプログラム。
⑤独立第三者プログラム：面談中またはVIC州警察への公式の供述の際に，認知障害または精神疾患のある人を支援するボランティアに関するプログラム。
⑥調査および政策立案：障害者に関する諸課題に焦点を当て，OPAの組織的な権利擁護活動を支援するために行動する調査団があり，障害者の生活改善に意義のある一般的な調査を行っている。
⑦教育訓練：情報提供講座の開催や専門職集団のための訓練を行っており，委任状や医療上の同意のような問題が取り上げられている。
⑧コミュニケーション：OPAの活動を支援する情報を提供し，共同の声明文を発する。担当部署は，OPAのウエッブサイト，OPAの出版物および他の伝達手段，メディアの問い合わせを管理している。

2　OPAの活動実績（参考：VIC州の人口は約500万人）

　制定法に基づく身上監護制度が導入されて20年で，OPAによって手がけられた身上監護の事例数は急激に増加してきた。家族等身上監護人に比べ，制定法に基づく身上監護人数は増加しており，OPAの事案も新受件数の比率に比べ，継続案件の比率が高まる傾向にある。1987/88年度は225事案だったが（オーストラリアの会計年度は7月から翌6月），2007/08年度は1383事案を支援している。[14]

　2008年7月から2009年6月の期間では，OPAは1334事案で身上監護サービスを，60事例で一時的な身上監護を提供した（前記②関連）。身上監護依頼人の中で，認知症がもっとも多い障害類型で34％を占める。次いで，精神疾患（17％），後天性の脳外傷（16％），知的障害（14％）である。OPAはまた，VCATの審理支援のため，680件の調査を実施し，90の身上監護事例で54名のボランティアの地域身上監護人の活動を監督した（前記③関連）。

　また，500人以上のボランティアの地域訪問者の職務を調整し（前記④関連），

その訪問回数は5,413回にのぼる。独立第三者プログラムについては，認知障害や精神疾患のある人の警察での取り調べに1,425回同席した（前記⑤関連）。そのほか，約1万4千件の電話相談や約200回で8,300人あまりの人たちの参加を得た地域教育プログラムを実施し，後見制度の活用に結びついている。[15]

3 わが国への示唆

このようなOPAの提供するサービスのうち，特に①〜⑤はわが国に示唆するところが大きい。それは，㈦治療上の決定については本稿の射程からはずすとして，成年後見制度に限られない幅広い相談支援や情報提供が行われる仕組みがあること。㈤家族等後見人に対する支援体制が整備されるとともに，最終的に独立性のある州政府機関であるOPAが公的身上監護を行う，つまり身上監護の最後の受け皿となっていること。[16] ㈥近年わが国で養成が始まった市民後見人（社会貢献型後見人）につき，政府機関が養成や監督業務を担当していること。㈢被後見人（厳密には被身上監護人）の生活状況などを確認するいわば後見活動の側面支援のプログラムがあること。そして，㈲司法の場での支援が制度化され，OPAがそれを担当していることである。これはわが国でも知的障害者などを被疑者・被告人とする冤罪事件を契機に支援の必要が叫ばれているところである。

わが国でもこのような権利擁護センターの必要性が説かれて久しい。河野教授は，権利擁護システムを「実践としての権利擁護」と「制度としての権利擁護」に分け，前者に関してスキルを用いて行うサービスを権利擁護サービスと定義する。[17] そして，権利擁護サービスの法はいかにあるべきかの検討において，様々な権利擁護ニーズに対応するための拠点的・専門的機能をもつセンターが必要であると説く。そして，主なセンター機能として，①総合相談窓口の機能，②権利擁護に従事する人材の育成・登録の機能，③成年後見制度の利用援助・促進に関する機能（法人後見・後見監督人の受任を含む），④援助困難ケースにおいて身上配慮義務の履行を支援する機能（親族後見人等の支援を含む），⑤虐待に対する専門的対応の機能，および⑥権利擁護活動に関する啓発・指導の機能を挙げる。[18] ただし，成年後見制度の利用支援については明瞭にその公的責任の範

囲に含める一方で，成年後見制度に関しても重要な役割を期待する権利擁護センターの設置運営については責任主体とその責任の程度は明示的には述べられていない。もちろん，行政機関としてのセンターではなく，例えば社協や地域包括支援センターのような既存の組織などの活用も視野に入れつつ，設置を促進し，財政面と運営を監督するといった形での公的責任の果たし方もある。ただし，これらセンター業務はまさに権利擁護に対して行政が果たすべき公的責任の範囲を示していると思われる。

OPAの諸活動は，権利擁護センターに求められる諸活動とほぼ符合する（ただし，財産管理をどうするかということと，公権力行使の問題はあらためて考える必要がある）。「独立した」「行政機関」が，「その責任において」多様な権利擁護活動を行うことはわが国に大きな示唆を与えるものといえる。

ところで先述のようにOPAは，障害を持つ人々の利益・権利・尊厳を擁護し，助長することを目的とする組織である。このことは，OPA活動の根拠法たるVIC州後見法にも，「障害者が身上監護人もしくは財産管理人を必要とするとき，その選任を可能ならしめること」（1条1項）と明らかであり，そこでの障害は，「知的障害」「精神障害」「脳外傷」「身体障害」「認知症」を指している。

わが国では権利擁護のセーフティ・ネットたるべき成年後見制度は，民法を根拠とし，その対象は本来民法の予定する人間像とは異なる例外的取り扱いとされているように思える。実際には，成年後見制度の対象者は社会保障の要保障者でもあることから，オーストラリアのように，障害者（認知症高齢者含む）という視点で成年後見制度をはじめとする権利擁護の位置づけを見つめなおす必要がある。

5 障がい法と権利擁護

河野教授は，「『地域社会で生活する平等の権利』を実現するため，障害に関して自由権的側面と社会権的側面とを分離せず一体的に保障する包括的な法領域を『障がい法』（disability law）」として研究する必要性を説く[19]。そして，

「『障がい法』とは,①社会モデルの障害概念を基礎に置いて,②障害を理由とする差別（合理的配慮の否定を含む）の禁止,および③自立した生活と地域社会への包摂（インクルージョン）を支援し,地域社会からの孤立および隔離を防止するために必要な地域生活支援サービスを保障すること等により,④すべての障害者によるあらゆる人権および基本的自由の完全かつ平等な享有を促進し,保護し,および確保することを目的とする法」と一応定義し,その範囲は「障害のある人の権利に関する条約」19条〜30条を手がかりに考えることができるとする。

　この発想は,新たな障害者福祉法制への大きなヒントというレベルでなく,社会保障法体系あるいはわが国の社会法体系に一石を投じるものといえる。しかしながら,①河野教授のいうところの「障がい法」の対象に認知症高齢者が含まれるかは明らかでなく,[20]②含まれないとすれば,「障がい法」ではなく,三障害のいずれかを有する者に対する「障がい者法」ということになるが,「高齢者法」と「障がい者法」とは別に構想すべきとの意図なのか,③含まれる・含まれないに関わらず,障がい法において権利擁護サービスはどのような位置づけなのかは必ずしも明瞭ではない。教授の指摘する「障がい法」の射程とする権利を保障し,その目的を達成するためには,そこに権利擁護サービスがどのように関わってくるのかが重要になると思われる。

　また,河野教授の社会保障法体系では,「生活の自立支援と社会参加促進」の目的達成のためには福祉サービス等の請求権とともに援助過程における自由と自己決定権を保障することが必要不可欠で,自己決定権が法的権利として真に確立するためには,いくつかの権利要素があわせて保障されることが必要であるとして,権利擁護サービスもその要素の一つに挙げられている。そして教授は,自立支援を目的とする実定法の中に,これらの要素が織り込まれていることが望ましいとしている。[21]筆者の力量不足ゆえに,その指摘が「障がい法」とどのような関係にあるか,また,法体系や「障がい法」では社会保障法立法を根拠としない成年後見制度はどのように位置づけられるのか,民法を根拠とすること自体の是非はどう評価されるのかにまでは理解が及ばなかった。

　欧米では,「障がい法」や「高齢者法」は対象者が社会生活を送る上で直面

する様々な問題を取り扱う実務領域的取り扱いをされている。これとは異なるものとして，河野教授の言われるように社会法の一領域として位置づけうるかはなお慎重な検討が必要に思われる[22]。

とはいえ，条約を踏まえて「『地域社会で生活する平等の権利』の実現」を機軸とした障がい法という着想は，自立・社会参加のための生活支援としての権利擁護に通ずるものであり，その実現のための公的責任の果たし方としては，後見の最後の受け皿や家族後見人等の支援というようなオーストラリア VIC 州の OPA が担う業務が大いに参考になる（OPA もこれら業務を通し，公正かつ包括的な社会の実現を目指している）。

6 むすびにかえて

成年後見制度は，立法担当者の見解や民法学の通説によると，一定の財産や資力のある者を前提とした制度設計であるといえる[23]。ゆえに，後見人等の職務は「財産管理と身上監護」と言いながら，現実には「財産管理のみ」あるいは「財産管理が主で身上監護は従」であったように思われる。しかし，実態としては生活保護受給者など本人の資力の多寡とは無関係の制度利用も多くあり，また，利用支援事業のように，資力に乏しい者に対する助成事業も存在する。つまりは，身上監護ニーズへの対応は現実問題として不可欠であって，「身上監護が主で財産管理は従」という場合にも成年後見制度が対応していかねばならない状況を浮き彫りにしている。日本法は，権利擁護の中核を担う成年後見制度を民法の制限行為能力者の保護に自己決定の支援という要素を強化した形で実施したが，VIC 州後見法は（認知症高齢者なども含めた）障害者法の一つとして位置づけられている。現在，わが国の成年後見制度が抱える課題を解決するには，対象者に着目した法制度に見直して，民法ではなく社会保障法あるいは社会福祉法の中に位置づけ直すことの是非も検討されるべきであろう[24]。河野教授は長年社会保障通則・準則の視点での研究を行われているが，そこでの通則は「社会保障法の各論を構成するすべての部門に共通して成立している原則・法理」とされている[25]。法帰納的あるいは抽出型の通則であるが，権利擁護

に関しては，むしろ「共通して成立『すべき』原則・法理」の視点が求められるように思われる。

　その場合重要なのは，申立人の有無や財産の多寡に関わらず，必要があれば成年後見制度が利用できる，つまり，成年後見制度が権利擁護の真のセーフティ・ネットとなることであり，被後見人等の社会参加のためにその日常生活，社会生活あるいは地域生活を支える手段としての権利擁護という発想に転換していかねばならない。ただし，この発想は現在の身上監護の範囲を超えるもので，一定の事実行為も含むことになる。後見人等にすべてを背負わせるのではなく，福祉サービス領域での支援との役割分担が求められよう。VIC州の身上監護人の職務は，対象者のライフスタイルについての権利・利益を擁護する諸活動を行うこととされ，わが国の身上監護よりもかなり広いが，財産管理と身上監護を制度上区分するからこそ可能なのかもしれない。

　また，わが国にもOPAのような権利擁護の中核センターが必要である。特に，成年後見制度が権利擁護のセーフティ・ネットであるためには，最後の受け皿としての公的後見（公的財産管理・公的身上監護）が不可欠である。

　後見を実施する主体や，それらと公権力との関係に着目して，後見実施形態をⓐ司法直接介入型，ⓑ行政直轄（官的後見）型，ⓒパブリック・セクター型のほか，ⓓ民間団体結成（法人後見）型，ⓔ個人型に分類を試みた先行研究を踏まえれば，わが国はⓔに含まれる市民後見人はまだ途上にあるとはいえ，ⓓとⓔにより後見制度は動いてきたといえる。先述のような利用困難ケースに対応するために，ⓐ〜ⓒのような仕組みを模索すべき時期に来ているといえる。

　以上，権利擁護の将来像を描くにあたり，今後果たされるべき公的責任として，①成年後見制度につき，行政は，現在の金銭的支援（利用支援事業）の適切な実施にとどまらず，後見人等の担い手の人材養成とその支援・監督，最終的な受け皿づくりなどをその責任において一体的かつ組織的に行うことで，権利擁護のセーフティ・ネットとしての成年後見制度としていくことが求められ，②その組織は成年後見制度にとどまらず相談支援なども含めた幅広い権利擁護センターとしての機能を担うべきことが求められる。同時に，③障害者の「地域社会で生活する平等の権利」を実現するために，権利擁護が自立・社会参加

Ⅳ　権利の擁護と救済

のためにその日常生活，社会生活あるいは地域生活を支える重要な手段であるとの認識に立って，④権利擁護の対象者像に立脚して，成年後見制度を含めた権利擁護法制のあり方自体を見直すことが必要となろう。ただし，本稿はその方向性を提示したに過ぎず，今後詳細な検討が必要であることは言うまでもない。

＊本稿は，科学研究費補助金（基盤研究(C)「社会保障法通則の視点からの法定権利擁護機関の機能・権限・役割の検証と再構築」：課題番号21530057）の研究成果の一部である。

1)　権利擁護概念および定義に関し，西田和弘「社会保障の権利擁護・救済手続き」日本社会保障法学会編『講座社会保障法第1巻』（法律文化社，2001年）168頁以下，河野正輝「『地域福祉権利擁護』の基本課題」法政研究66巻2号（1999年）59頁，菊池馨実「介護保険制度と利用者の権利擁護」季刊社会保障研究36巻2号（2000年）233頁を参照。

2)　また，成年後見制度までの必要性が乏しい場合には，自立支援事業の利用が効果的であるが，平成11年10月の開始以降，平成19年度末までに延べ相談件数が250万件弱，利用契約件数が4万6千件で，平成20年3月末時点での実利用者数は約2万5千人にとどまっている。日常的な金銭管理など自立支援事業の対象となる行為を家族や福祉施設が代行しえている現実と，実施主体である社会福祉協議会（以下，「社協」）のマンパワー不足，財源不足という背景があり，必要な人すべてが利用できている状況にはない。

3)　障害をめぐる考え方の発展により，「害」の漢字を使用しない流れがあるが，現行法規定に基づいて論述する関係から，引用等を除き，「障害」と表記する。

4)　筆者は次の二つの論稿で，利用支援事業を障自法77条3項の任意事業と誤って記し，介保法では事実上の任意とすべきところを任意事業という誤解を招く記載をした。この場を借りて訂正したい。西田和弘「成年後見制度の積極活用への課題」週刊社会保障2582号44頁および河野正輝・中島誠・西田和弘編『社会保障論（第2版）』（法律文化社，2011年）254頁。

5)　批判的分析として，大原利夫「福祉サービス利用援助に関する諸問題」社会保障法19号（2004年）121頁，河野正輝『社会福祉法の新展開』（有斐閣，2006年）235頁以下参照。

6)　河野・前掲注（5）237頁。

7)　西田和弘「障害程度区分・支給決定手続と相談支援」社会保障法25号（2010年）31-32頁。

8)　権利擁護センター構想について，河野・前掲注（5）239頁参照。

9)　上山泰「専門職後見人の現状と市民後見人システムの充実に向けて」実践成年後見28号（2009年）63-66頁。

10)　上山・前掲注（9）71頁。また，平成17年度以降厚労省事業として展開され，全国で

100万人を突破した認知症サポーターなどの地域資源を有効活用すべきであろう。
11) NSW州については，菅富美枝「オーストラリアの成年後見制度」実践成年後見20号106頁以下を参照。
12) Guardianship and Administration Act 1986, Sch. 3 cl. 1(1)(a)(b).
13) 家族等身上監護人は，自己決定できない障害者の身上監護人としてVCATによって任命される家族または友人である。毎年200人以上の家族等後見人が任命されている。
14) Liz Dearn, *Guardianship Trends in Victoria 1988-2008*, OPA Discussion Paper 2009, p. 12.
15) OPA, *Submission to the Victorian Law Reform Commission in Response to the Guardianship Information Paper*, May 2010, pp. 2-3.
16) 法定財産管理の最後の受け皿は，OPAではなく，State Trusteesという信託会社である。
17) 河野・前掲注（5）183頁。
18) 河野・前掲注（5）239頁。
19) 河野正輝「『障がい法』の視点からみた障害者自律支援の課題」社会保障法25号66頁および河野正輝「障害者の地域生活支援をめぐる法的課題」荒木誠之・桑原洋子編『社会保障法・福祉と労働法の新展開』（信山社，2010年）30頁以下。
20) 認知症は，精神保健福祉法5条にいう精神疾患に該当するので，認知症高齢者は精神障害者でもある。ただ，障自法ではなく介護保険法が優先されるため，実際のケアは介護保険により行われる。ただし，措置入院・医療保護入院の場合は精神保健福祉法が適用され，異常行動・急性期の場合は医療保険適用の認知症治療病棟への入院もあるので，考え方が難しい。
21) 河野・前掲注（5）24頁参照。
22) 筆者所有の高齢者法の文献も，後見制度など権利擁護に関する章を置いている。Rodney Lewis, *Elder Law in Australia*, Australia, 2004. Lawrence A. Frolik, Richard L. Kaplan, *Elder Law*, USA, 2006. 菊池馨実『社会保障法制の将来構想』（有斐閣，2010年）336頁以下は，アメリカロースクールにおける社会保障法の位置づけを紹介している。

また，欧米の「高齢者法」と同様の発想で高齢者が社会生活で直面する法的問題を取り上げる体系的な文献として，河野正輝・菊池高志編『高齢者の法』（有斐閣，1997年）があるが，河野教授は「第二部たしかな自立への支援」の中で，「権利擁護とアドボカシー」の章を執筆されている。ゆえに，障がい法でもこれは取り上げられるべきであり，かつ，その位置づけが問題となろう。
23) 民法学の立場から立法趣旨・民法学の通説と実態との乖離を分析・検討する文献として，上山泰「統一感なき成年後見法政策に終止符を！」週刊社会保障2623号46頁以下参照。
24) 筆者とはアプローチが異なるが，関連法制を視野に入れた成年後見制度の再構築を構

Ⅳ　権利の擁護と救済

　想する意欲的な研究として，上山泰・菅富美枝「成年後見制度の理念的再検討」筑波ロー・ジャーナル8号1頁以下．
25)　河野・前掲注（5）282頁など参照．
26)　菅富美枝『イギリス成年後見制度にみる自律支援の法理』（ミネルヴァ書房，2010年）258頁．ただし，オーストラリアがⓒに該当するとの分析については慎重に検討したい．また，同書で展開されるベスト・インタレスト論はわが国の後見人等の支援のあり方に大きな示唆を与えるものである．

事業の適正運営と説明を受けての選択権
―― 介護保険法苦情手続をてがかりに ――

髙倉　統一

1　序

　日本の社会福祉は，社会サービスの他の分野――公的扶助，医療，住宅，教育，雇用等[1]――にさきがけて二の法律によりサービスの苦情手続を法制化した。介護保険法（以下法）および社会福祉法にもとづく苦情手続である。その概要はすでに書いたので繰り返さない[2]。が，法は介護保険サービスにかかる苦情手続第三者機関に保険者とならんで国民健康保険団体連合会（以下国保連合会）を想定している（176条1項2号）。熊本県国保連合会においても，法施行から現在までの約11年間に，28の苦情申立があり，そのほぼすべてについて法所定の苦情手続（現地等調査，指導助言）がなされた。

　申立の主なものは次のとおりである（カッコ内の数字①から㉘は案件番号，ただし申立理由に重複あり）。(1)転倒，誤嚥等の介護事故（①②③⑦⑧⑨⑪⑫㉒），(2)病状急変に対する適切処置の懈怠（⑩⑬㉑㉔㉕），(3)身体的拘束等の行動制限（以下行動制限⑲），(4)利用者には不本意なサービス提供または入所（以下入所等）拒否（④⑥⑮⑯⑱），(5)暗黙ないし露骨なサービス提供の終了または退所（以下退所等）強要（⑰㉓㉖㉘），(6)暴言等の虐待（㉗），(7)その他その理に適わない介護方法や生活管理等である（⑤⑭⑳）。

　この事態が発生し――またたんに発生するだけはなく――それに対してサー

ビス提供者（以下提供者）が適切な対応や懇切な説明を怠ったとき，それらは多く苦情申立へとつながったのである。上記諸問題をかりに苦情問題と総称するならば，第一にそれはひとり熊本県にとどまらず，全国の国保連合会の，さらにいえば社会福祉のいま一つの苦情手続である都道府県社会福祉協議会運営適正化委員会の苦情解決事例にみられ得るそれである[3]。第二にそれは——介護事故・病状急変と安全配慮基準，行動制限とその実施基準，入所等拒否・退所等強要と入退所判定基準，虐待とその防止基準，不合理な介護・生活管理と日常生活管理基準というように——福祉サービスの利用にかかる基本的論点の所在を示している。

　本稿の主題は，熊本県国保連合会における苦情手続実例と当該手続業務の経験をもとに，後述定義の適正運営基準および説明を受けての選択権の問題を考えることである。事業の適正運営は，第一義的には提供者にかかわり，説明を受けての選択権は福祉サービス利用者（以下利用者）にかかわる。わたしは，法の苦情手続の経験から，この二つを一体的にとらえて，法と専門職倫理の基準にかかわる問題を提起することがいまの日本社会福祉法に必要であると考えた[4]。

　その理由を示すには次の視角からの研究が必要かつ有効である。第一は分析枠組の提示。そこにおいて①適正運営基準およびそれにかかわる基礎概念の定義をおこなう。②この基準の効果と説明を受けての選択権との関連を論じる。第二は上記分析枠組の歴史的解明。本枠組を構成する基本的理念を，戦後日本の社会福祉法制史のなかで位置づける。第三は実例による上記枠組の検証。一県国保連合会での苦情手続業務という特殊具体的経験から抽象化された概念装置（適正運営基準）をいま一度現実の苦情問題に適用し，理論の有効性を検証する。

　本稿は紙幅の関係から，第一の分析枠組を論じた。第三の実例による枠組検証の前提である適正運営（個別）基準も，まず，苦情問題のすべてにわたらず①介護事故と安全配慮基準，②行動制限とその実施基準，③入退所等と入退所判定基準に限定した。つぎに基準の項目も，法の苦情手続の経験をもとにするというのであるから申立内容に沿ってより細かく設定したかったが，本稿では

ある程度概要を示すにとどめた。第二の歴史的検討と同様，後に稿を改め詳述したい。

2 適正運営基準の意義

1 基礎概念の定義

　適正運営基準とは，提供者が事業の適正運営をはかるために当該事業所にて参酌・確立すべき法令，政策，専門職倫理の三基準をいう。この定義にかかわり，次の四を敷衍する。第一，「適正」ということについて。まずこのことば自体が明瞭でなければ，適正な運営ということも意味をなさない。第二，法令，政策の主基準の例示。法令，政策についてはとくに定義を要しないので介護保険法制を念頭にそれぞれの主基準を例示する。第三，専門職倫理とは何か。第四，後述のように専門職倫理の志向価値の一つとしてわたしはEmpowerment「人の内なる力とその強化」「エンパワメント」（以下内なる力）をあげたので，その概念について。

　(1) **適正ということ**　　法の適正手続というときの'due process'とは異なり，'proper'なり'appropriate'というときの適正はまず第一に，法的な概念ではない。よって後述のように法令等のある準則を適正というとき，そのどの側面をさし，またそう判断する根拠は何なのかが明瞭に示されねばならない。第二に，そのことにも関連するが，適正の定義は，唯一というよりむしろ強く論者の価値判断にかかわり，意義は多元である。よってそのことばを使う者は各々自らの観念する「適正」の内包・外延を明示しなければならない。定義に関していえば，本稿は，適正それ自体を概念規定し，そこから演繹的に事物を叙述するアプローチを採らなかった。むしろその方針は，現実の苦情手続業務の経験をもとに，個別苦情問題にそくした適正の基準を，法令，政策，専門職倫理（後述定義）に照らして帰納するというものである。

　そのことは，ことばを換えていえば，適正の構成要素を示す基礎は，上記三基準を適用する法の苦情手続業務の経験ということである。経験は個人のものであり，それがかならず適正を示すという絶対的な根拠はない。しかしそうい

う絶対的なものがなくても、たとえば転倒事故や身体の拘束について事前事後にどう行為すれば、提供者は適正な事業運営をなしたことになるのか、その基準（安全配慮基準、行動制限実施基準）は提示できる。実際、熊本県の国保連合会は、法の苦情手続をつうじて被申立人となった法の指定事業者等——指定居宅サービス事業者（法70条以下）、指定居宅介護支援事業者（法79条以下）、介護保険施設（法86条以下）——に対し、かかる視点からの指導助言をなしてきたのである。その集積を適正運営基準として総括し、問題提起する——これがこの文章を書いた目的でもある。

　他方、上記適正の判断はたんに経験を積めばよいというものではない。法令基準にもとづく事業運営への改善指導であれ、後述定義の専門職倫理基準にもとづく協働的な利用者支援体制への示唆であれ、ある立場に立つと見えてくるものがある。それは、苦情手続でいえば、苦情手続第三者機関も提供者と協働的であるということである。すなわち、被申立事業者「たたき」の発想ではなく、事業者、ことにそこに働く労働者も納得するような大きな視点からの指導助言を提示し、苦情手続の過程で、提供者と協働してサービスの質向上に取り組むという精神的立場である。もちろん、これはあまり抽象的にいってもしかたがないので、個別具体的に論じることにする。

　(2)　**法令、政策の主基準**　　法令基準に①介護保険法、②介護保険法施行法、法規命令たる③介護保険法施行令、④同施行規則、⑤「指定事業者等の人員、設備および運営に関する基準」（平成11年3月31日厚生省令第37号ないし41号。ただし2006年からは「指定地域密着型サービスの事業の人員、設備および運営に関する基準」、「指定介護予防サービス等の事業の人員、設備および運営ならびに指定介護予防サービス等にかかる介護予防のための効果的な支援に関する基準」、「指定地域密着型介護予防サービスの事業の人員、設備および運営ならびに指定地域密着型介護予防サービスにかかる介護予防のための効果的な支援の方法に関する基準」（平成18年3月14日厚生労働省令第34号ないし36号）が加わる。以下「基準省令」という。まず規定の文言が共通する場合「指定介護老人福祉施設の人員、設備および運営に関する基準」（第39号）の条規を示す。また施設系内、と居宅系内で文言が共通する場合は、施設系基準省令、居宅系基準省令といい条規について前者は指定介護老人

福祉施設のもの，後者は訪問介護のものを示す。

　法令基準は，第一に，指定事業者等の指定（法70条等）ならびに勧告命令等（法76条の二）および取消等（法77条等）にかかる事務・権限の法的根拠である。第二に，それは，基準省令および社会福祉法が指定事業者等に対して利用者への交付およびそれをもっての説明または同意取りつけを義務づけている諸文書①運営規程，②重要事項説明書（基準省令4条1項），③サービス計画（同12条7・8項）等（以下交付文書）のうち，サービス利用契約条項に対する強行規定である。

　政策基準に行政命令と政策文書とがある。前者に①「基準省令について」（平成11年7月29日老企第22号，第43ないし45号，以下解釈指針といい，基準省令同様条規についてことわりなければ指定介護老人福祉施設のそれを示す），②「有料老人ホームの設置運営標準指導指針について」（平成14年7月18日老発第0718003号）等がある。後者はあげればきりがないが③厚生労働省身体拘束ゼロ作戦推進会議「身体拘束ゼロへの手引き」（2001年），④厚生労働省老健局「『介護給付適正化計画』について」（平成19年6月29日）等である。

　(3)　**専門職倫理とは何か**　　専門職ないし職業人の専門性とは，通常人以上の知識，技能，熟練等をもって，業として，すなわち反復，継続的に他者に対して一定の影響——通常悪影響は考えにくいので利益ないし便益——を与えることである。専門性判断の形式的要件は法定資格の有無である。業務独占の資格は，名称独占のそれよりも強く専門（職）性を示唆する。社会福祉士および介護福祉士法，精神保健福祉士法にもとづく社会福祉士，介護福祉士，精神保健福祉士は名称独占をともなう専門資格である。しかし，専門性の実質的判断基準は，資格保有以上の「何か」であり，その何かを示すことが専門性議論の焦点である。社会福祉においてもまた然りである。が，一般に，日常生活上の相談，助言，介護等を業とする社会福祉従事者の専門性の実質的基準を，食事や入浴等の介助，受容しながらの傾聴のような個別行為に求めることは難しい。けだし，社会福祉従事者の個別行為一つ一つを取り上げれば，それらは一定経験をつんだ通常人，家族（介護）人等でもなし得るからである。

　では何にその実質的判断基準を求めるのか。一つの考え方は，哲学としての

Ⅳ　権利の擁護と救済

内なる力，様式としてのケアマネジメントである[9]。前者は後述するが，ケアマネジメントとは，福祉サービス利用（予定）者の個別ニーズ――端的には地域での生活継続，すなわち脱施設への配慮――にそくして，社会サービスを提供する様式ないしその過程――判定，介護等計画の作成，実行，実行後再検――[10]である。

　ケアマネジメントの様式は，福祉サービスの利用過程を区分・明示する契機が内在する。が，それだけでは十分ではない。様式はあくまでも様式であり，それを実践する哲学が肝要である。それが後述定義の内なる力ということになる。それは畢竟ケアマネジメントにおいて利用者と専門者が協働者 partner となるということである。専門者は分かりやすいことばでサービスの説明をし，利用者はサービス利用過程に参加し，自己の意見を表明する。そのことで，利用者がけっして「かやの外」におかれることなく，サービスとそれを利用しながらでの自己の人生に見通しを立てる。その結果，判断能力等その「力」が低下した，ないし身についていないとされていた人の内なる力が蘇る，ないし身につくという確信である。その哲学に裏うちされた社会福祉実践の有無をもって専門性判断の実質的基準とすべきである。

　それが倫理基準であるということの意味は何か。倫理ないし倫理学 ethics はそれ自体が大テーマであり，この文章の範囲を越える。よってここでは，社会福祉専門職の協働性発揮が倫理基準である，すなわち当該専門者に倫理的意味をもつということに限定して述べることにする。要するに上記協働性の発揮は，法的にすなわち国家権力によるサンクション（民事的，刑事的，行政的の）に担保されるべきであるとか，また苦情手続や第三者評価等により社会的に強制されるというのではなく，社会福祉従事者が自己に対する道義的義務とするということである。ことばを換えていえば，専門職倫理基準としての協働は――法的に義務づけられる，介護報酬や補助金等と一体に政策的に上意下達される，苦情手続機関に指導助言される，第三者機関により評価される――から実践するというのではなく，社会福祉従事者個人の自己に対する義務とするということである。それを基本として，さらに当該事業所内での話し合いをおこない，各自が協働性を共有するということである[11]。

(4) **内なる力 Empowerment**　　人の内なる力ないしその強化 Empowerment とは，ある個人が一定の知識をもつことで私事または制度の決定に対する過程への作用 commitment をなし，そこでの物事のすすみゆきを統御し，自己の人格を確保する──と同時に，上記一連の行為をつうじて世界──すなわち物質的自然と社会的・精神的事象の一切──への認識を深めるという人間発達の思想とその論理をいう。知識 knowledge とは広義には事物への明瞭な意識を意味する。が，ここでは狭義に，事物の性質，事物相互の関係について真なる判断をもつことをいう。判断とは，肯・否定により，事物とその徴表との結びつきまたは事物間の関係を反映する思考形式をいう。しかしてそれが真なるとは，上記判断につき客観的事実と現実に結びついているものを肯定し，分離しているものを否定することをいう。私事 personal matters は，個人の生活様式とその解釈である。生活様式は，一体に衣（髪型，身じまい）・食・住等，人の生活のあり方の総体をいう。その解釈とは，日常生活での表情，身ぶりをはじめ，広く人間精神の産物（習俗，習慣等）を個人の体験の表現として了解することである。制度 institutions は──家族制度，教育制度，法制度等──一定の目的のために人の行動を規則づける手段の体系をいう。そこに，愛情，規律，規範のような観念的側面と家屋，学校，裁判所のような物質的側面の二がある。人格 person とは，持続的な自我の意識をもつ個体をいう。人格の確保に三の要件がある。第一，意識の現在の断面での統一性，時間上での変化をつうじての統一性があること。第二，真偽・善悪を判断する能力があること。第三，自由な意思決定が保持されていることである。[12]

　社会福祉における内なる力とは，既述のように福祉サービス利用過程等における専門者の協働性発揮の実践哲学である。それを地方行政や社会福祉現場において実地のものとする体系が注2）論文等に書いた，憲章，合意文書，専門的協働の行為規範である。

2　基準の効果と説明を受けての選択権

　提供者が法令・政策・専門職倫理等の基準を参酌しながら，常時適正な事業運営にあたる。あるいは苦情申立等を契機に，第三者機関からこの基準に則っ

た事業運営の再考を示唆される。そのことの意義は，少なくなかったしいまも少なくない。その理由を述べるにはつぎの二のことを論じなければならない。一つは，熊本県における法の苦情手続の概要。いま一つは，適正運営基準一般の効果――苦情問題ごとの適正運営（個別）基準の効果については，概要を後述する――と利用者の説明を受けての選択権との関連である。

(1) **法の苦情手続**　法のサービスについて，利用者や大半はその家族が苦情を表示する。それが国保連合会での申立となったとき，同機関は，当該事案にかかる調査，指導助言をおこなう。調査は，申立内容にかかる事実確認（通常当事者双方からの意見聴取，現地調査）とサービス提供にかかわる事業所内文書の検討である。ここで同機関が閲覧ないし入手する文書は，①契約書，②重要事項説明書，③介護計画，④サービス提供記録，⑤相談・苦情記録，⑥身体的拘束にかかる書類等，である。また指導助言は，申立事項のみならず，現地調査等で明らかとなった事業運営の問題点をも含めてなされ，爾後改善結果の確認がなされる。

(2) **法令遵守・質確保，利用者への説明**　既述例示の苦情問題すべてについて――介護事故であれ，入所等拒否であれ――基準省令や交付文書に関連条規が存在する。にもかかわらず，苦情手続において，被申立事業者が法令違反をも推定し得る水準での事業運営をなし，その結果当該苦情が発生したと判断されることがある。このとき国保連合会は，基準省令等の原・準則を示し，事業運営の改善を示唆する。もちろん，同機関の苦情手続に行政庁の調査（法83条），報告書等の提出命令（法90条），勧告，命令（法76条の二等），指定の取消（法77条等）のような法的効果は用意されていない。よって適正事業運営への示唆は社会的効果をもち，法的効果をもたない。また指導助言の基礎は，基準省令のみならず，すなわち法源論の観点とは別に，政策基準等必要と判断されるものはすべて使われる。

　苦情手続の過程で，被申立事業者の大半は，最低でも法令標準の事業運営をおこない，その水準でのサービスの質確保を実現し得る。別の角度からいえば，それは従前には法令上義務づけられていたから交付していただけの文書の諸条規の意味を再認識し，事故防止であれ，行動制限であれ，当該条規にそくした

事業運営の再検討をおこなうということである（苦情手続の経験から，申立以前に交付した重要事項説明書に，重要な変更があっても，改訂版を交付することがない事業者は少なくない）。

　もう一度別の角度からいえば，適正な事業運営の構築は，利用者への説明にも寄与し得るということである。要するに，説明不足の主な原因は，じつは適正な事業運営体系の不足ということである。熊本県の苦情手続において，たとえば転倒事故や利用者に不本意な退所強要等がおこったとき，被申立事業者は，例外なく利用者に適切かつ速やかな説明をしていなかった。なぜなのか。細かい理由は事案ごとにいろいろあるが，主な理由は，当該事業者に説明するだけの「もの」がなかったのである。

　たとえば転倒事故について，当該事業者に利用者の安全配慮にかかる適正事業運営の体系が存在し，被傷利用者が「転倒ハイリスク者名簿」の何順位に該当し，日常的な注視や職員間での引継ぎ，安全配慮委員会での定期的予防マネジメント（ヒヤリハット等の検討等）がおこなわれ，しかしそれにもかかわらず，不測の事態として転倒が起こり，そのとき緊急対応マニュアルに沿っていかなる処置を講じたのか，そのことを速やかに説明するならば，それが国保連合会の苦情申立にいたる可能性は低かったと推測する。

　が，そういうことを理路整然 businesslike に説明するだけの安全配慮体系を当該事業者はもたなかったのである。基準省令は，利用者への説明等について，常時サービス提供には懇切丁寧を旨とし，処遇上必要な事項を利用者等にわかりやすく説明すること（11条2項）。不測時――たとえば事故発生時に，市町村，利用者家族等への速やかな連絡をなすこと（35条2項）を指定事業者等に義務づけている。しかし，法がいくら強制しても，説明するだけの「もの」がなければ，説明だけができるはずがない。この意味で，適正運営基準の確立と利用者への説明義務ということは密接な関係がある。

　(3) **内なる力または利用者の選択**　適正運営基準の確立と利用者への懇切な説明という構図の意義は大きい。しかしそこに一つの限界がある。それは，苦情問題がただ一度，単独かつ独立に起こるのではないということによる。つまり表面上個別の苦情問題も，その要因分析と解決処方に両面があるということ

である。たとえば転倒防止への配慮は，他面で行動制限の度合いを強める。誤嚥防止への配慮は，その形態からも摂食方法からもおよそ食文化とはほど遠い食事管理（流動・とろみ食）を示唆する。病状急変等回避への迅速な対応は，医療機関等への移送を前提とした一時退所，すなわち利用者への生活環境の変化の蓋然性を高める。

　この二律背反に対する答えは，安全配慮基準，行動制限基準，日常生活管理基準，入退所判定基準を個別に突きつめても出ない。つまり解決は利用者の選択による以外にないということである。たとえば安全配慮と行動制限との問題でいえば，利用者が説明を受けての選択をなし，安全配慮よりも行動の自由を欲する場合は，専門者は，最小限の介入でもっとも効果的な安全配慮体勢を整える倫理的義務を有するということである。

　もちろんこれをどこまで法的義務の「しかけ」にもちこむかということは，別に考えなければならない。が，これは，利用者の自己決定権に対応する提供者義務をめぐる本質的論点であり，それをいつまでも入り口の議論――安全への配慮と自由の両立は難かしかろうという吐露――にとどめるのではなく，少なくとも専門職倫理としては明瞭かつ具体的に基準化する必要がある。これが内なる力実地化の三体系――憲章，合意文書，専門者の協働の行為準則である。利用者，家族との話し合いのもとに，事業所内憲章をつくり，苦情問題ごとに利用者の権利を謳う。たとえば，安全配慮の問題でいえば，①安全配慮委員会への利用者等参加権と意見表明権，②ハイリスク者名簿，ヒヤリハット報告書，事故報告書等の事業者記録にかかる本人開示請求権などである。そういう具体的な権利憲章をつくり，方向性を定めて，それを提供者も利用者も守る。合意文書として，当該委員会「参加にともなう第三者個人情報の秘匿にかかる秘密保持の同意書」に署名してもらう。それら一連のことに専門的協働の行為準則をつくり，提供者側職員か，場合によっては独立した第三者専門者が，懇切な説明をし，利用者支援をなす体制を整える（もしそういう専門者の後押しがなければ，利用者は，心理的にも自分の意見を述べたり，苦情を表示しようという気にはならないであろう）。かかる三体系のもとに，利用者の説明を受けての選択の自由が実地に保障され，しかしてはじめて適正運営基準が社会に現実の「力」をもつ

のである。

3 個別基準と説明を受けての選択権

1 介護事故と安全配慮基準

　社会福祉における安全配慮義務とは，提供者が利用者の生命・身体の安全を配慮する義務である。一方で利用者への安全配慮や急変時対応の問題を負傷（介護事故）に限定すべきでないと考えている。理由の一は，たとえば誤嚥性肺炎，脳梗塞・もやもや病と転倒事故のように現実に両者は不可分であること。二つめに，実際の苦情手続において，指定事業者等は，リスクマネジメント委員会や緊急対応マニュアルをつくり，事故防止再発の措置を講じた場合でも，病状急変のことを聞くと適切な回答が得られない——つまりリスクマネジメントについての視野が狭いということがあった。やはり傷病の二つを念頭にした安全配慮基準と事業体系の確立が肝要である。が，この文章では，紙幅の関係上病状急変についてはすべて割愛せざるを得なかった。それは別稿に譲る。

　基準省令は，事故発生にかかり，次の四の措置を講ずる旨指定事業者等に義務づけている（35条）。第一，事故発生の予防と再発防止にかかる三の措置（１項）。すなわち①事故発生防止のための指針整備（そこに後述２号および３号にかかる事項が記載されなければならない）（１号）。②事故発生ないしその危険性がある場合，その事実の報告と分析をつうじた改善策の周知徹底（２号）。③事故発生防止のための委員会および従業者に対する定期研修（３号）。第二，事故発生時における市町村，利用者家族等への速やかな連絡と必要な措置（２項）。第三，事故の状況および事故に際して採った処置にかかる記録（３項）。第四，必要な場合の速やかな損害賠償（４項）である。

　解釈指針は，まず基準省令第35条第１項第１号について上記指針に次の７項目を入れるべきだとする。①介護事故防止に関する基本的考え方。②介護事故の防止のための委員会等の組織に関する事項。③介護事故防止のための職員研修に関する基本方針。④ヒヤリハット等の報告方法等安全確保の基本方針。⑤事故発生時の対応に関する基本事項。⑥当該指針の閲覧に関する基本方針。⑦

その他介護事故防止の推進にかかる基本方針である。つぎに同2号にかかり，①報告書様式の整備と報告体制の確立。②委員会での事例分析と③その結果を取りまとめた防止策の検討。④上記事項の従業者への周知徹底。⑤それらの効果の評価。最後に同3号にかかり，事故防止検討委員会は，他の委員会と独立して設置・運営されるべきであることおよび従業者プログラムの具体的内容等を示す。

　ここでの論点の一は組織基準の確立である。名称は各事業者ごとに考えればよいが，かりに安全配慮委員会としておくならば，当該委員会の①構成員，委員会の開催（定期・臨時），業務内容を運営規程に定め，重要事項説明書に明記し，利用者に説明する。解釈指針は，事故発生の防止のための委員会が他の委員会と独立して設置運営されるべきとするがこれには疑問がある。安全配慮基準は，行動制限基準，日常生活管理基準，入退所判定基準との関連が深い。後述の理由から，安全配慮委員会一つで上記基準のいくつかに対応し得るからである。しかしいずれにせよ，事業所内憲章に「安全配慮委員会への利用者・家族参加の権利」を謳い，合意文書として当該委員会「参加にともなう第三者の個人情報にかかる秘密保持の同意書」に署名してもらう。

　第二は，ハイリスク者名簿の作成である。名簿の種類と内容は，各事業者ごとに考えればよい。誤嚥リスクの高低は食事メニューの内容と連関し，転倒リスクの高低は行動制限との関連が深い。いずれにせよ，利用者の状況に応じたハイリスク者名簿なしに，一定の安全配慮と，過剰な生活管理の回避との両立は不可能である。専門職倫理基準として，ハイリスク者名簿（順位）の本人開示請求権および順位の決定や本人評価等にかかる意見表明の権利を憲章に謳う。

　第三は，日常業務の効率と記録の問題である。日常業務での問題共有（ヒヤリハット報告書，業務日誌，介護・看護日誌への記録），提供者内報告体制（事故報告書），安全配慮委員会での報告，研修が必要である。しかしそれも儀式的なものにとどまらず，利用者にとって必要性を基本に体系を考え，憲章には，上記記録等の本人開示請求権を謳う。

2　行動制限とその実施基準

　利用者の安全配慮の観点から実施する行動制限におよそ三の形態がある。その一，身体に密着する制限（車いすの腰ベルト，四点柵ベッド等）。その二，向精神薬等服薬による行動の鈍化や催眠。その三，施設設備による行動抑制（居室等の鍵管理，階段前の柵など）である[13]。政策誘導や社会的議論活発の結果であろう，みるからに露骨な第一形態の行動制限は少なくなった。が，コントミン等の投与により利用者の行動がすこぶる鈍化し，かつ服薬について十分な説明がなされていないために，訪問家族が不信感を抱くという苦情申立があり，現地調査でもその状況を推測する利用者をみる。

　施設系基準省令のすべてが行動制限原則禁止を規定する。第一，指定施設は，サービスの提供にあたって入所者本人または他の入所者の生命・身体の保護目的のため「緊急やむ得ない場合」をのぞき行動制限をおこなってはならない（11条4項）。第二，その例外的実施にあたり，当該施設は三事項すなわち①行動制限の態様と時間，②利用者の心身の状況，③緊急やむ得ない理由にかかる記録をしなければならない（同5項）。当該記録は同基準省令第37条2項の規定にもとづき2年間保存しなければならない（基準省令解釈指針9(2)）。

　論点の一は，行動制限禁止原則の明示である。当該原則を交付文書および憲章に明記する。基準省令も解釈指針も，他の入所者への危害を行動制限の例外的実施の要件にあげている。が，これは著しい場合，退所要件と契約の終了にかかる問題である。よって，憲章文言としては例外的実施の要件はあくまで「本人の利益ため」に限定すべきである。

　第二は，組織基準の問題である。すなわち「緊急やむ得ない場合」を誰が判断するのかということである。「身体拘束検討委員会」などというものはつくらずに，既述安全配慮委員会があるので，そこで行動制限を検討すればよい。理由の一はむやみに組織の数を増やさないということ。二つめには実際の苦情手続においても，安全配慮委員会と身体拘束検討委員会があり，組織図はりっぱだけれども，転倒や誤嚥防止をどちらで検討するのか質問しても適切に答えられないということがある。けだしマニュアルダウンロード熱の高い事業者である。専門職倫理基準としては，①行動制限について検討する組織の設置，②

利用者等が委員会の運営全般に参加し意見表明する権利，③個別実施時の本人参加と意見表明の権利，これらを交付文書および憲章に謳い，入所時に懇切な説明をおこなう。

　第三は，実体基準の明瞭性である。判定は，医療・看護的判断，心理的判断，日常支援的判断等多様な尺度が用いられるであろう。が，既述ハイリスク者名簿等を整備し，行動制限実施時に利用者に明瞭な説明をしなければならない。また憲章には第一に当該名簿順位等の告知義務をはじめ，実施決定過程の明瞭化を謳う。第二に，服薬等管理にかかる説明を受けての選択権を明記する。

　第四は，手続基準の明瞭性である。合意文書として，行動制限の方法と期間，実施後再検（定期，適宜）の方法を合意文書にし，説明をおこなった上で本人署名を求める。

　第五は，かりに緊急やむ得ない例外的実施であっても，利用者が説明を受けての選択により，その一切を拒否する場合の問題である。個別のことは現場において常識的に判断され得るであろうが，原則は，本人の安全を理由とする行動制限の場合は，拒否の自由を完全に認める。そして免責書類への署名を求める。つぎに他の入所者への危害が想定される場合，後述の入退所判定委員会での検討をおこなう。

3　入所等拒否，退所等強要と入退所判定基準

　第一に指定事業者等は，正当な理由なく，サービス提供の拒否をなしてはならない（基準省令4条の二）[14]。正当な理由とは，当該事業者等での「自ら適切な便宜」提供の困難である（同4条の三）。当該困難の判断基準は居宅系と施設系とで異なる。前者，たとえば指定訪問介護事業者にあっては当該事業所の通常事業の実施地域を勘案し決せられ得る（基準省令第37号10条）。後者，たとえば指定介護老人福祉施設にあっては入院治療の必要性，病状等を勘案し決せられ得る（基準省令第39号4条の三）。

　このとき指定事業者等は代替措置を速やかに講じなければならない。①指定訪問介護事業者にあっては当該利用申込者にかかる指定居宅介護支援事業者への連絡，適当な他の指定訪問介護事業者等の紹介（基準省令第37号10条）。②指

定介護老人福祉施設にあっては適切な病院もしくは診療所または介護老人保健施設等の紹介（基準省令第39号4条の三）。③介護老人保健施設にあっては適切な病院または診療所の紹介（基準省令第40号5条の三，指定介護療養型医療施設についても同趣旨（基準省令第41号6条の二および三））である。

　第二に定員超過にかかる優先順位の決定について，施設系基準省令は，入所申込者の数が入所定員を超える場合，介護の必要の程度，家族等の状況を勘案し，当該順位を決定するよう努めなればならないとする（7条2項）。その際，その者の心身の状況，生活歴，病歴，指定居宅サービス等の利用状況の把握に努めなければならない（同3項）。

　退所要件の決定について，施設系基準省令は，第一に，入所者の心身状況，その置かれている環境等に照らし，その者が居宅において日常生活を営むことができるかどうかを定期的に検討する（7条4項）。第二に，検討の結果それが認められるとき入所者本人および家族の希望，退所後におかれる環境等を勘案し，退所のための必要な援助をおこなわなければならないとする（同6項）。また，退所後の支援について，同じく施設系基準省令は，退所時に居宅サービス計画作成等の援助のため居宅介護支援事業者への情報提供，保健医療サービス提供機関，他の福祉サービス提供機関との密接な連携に努めなければならないとする（同7項）。

　ここでの論点の第一は，入退所判定をおこなう組織の基準である。入退所判定委員会を設置する。たとえば，指定介護老人福祉施設では，基準省令39号に入所者の心身状況の定期的検討（7条4項）のため，①生活相談員，②介護職員，③看護職員，④介護支援専門員等が例示（同5項）されており，当該施設においてはそれらの者が入退所判定委員会の構成員となり得る。委員の構成は運営規程等に明記する。

　第二に，当該委員会の業務として，①待機者名簿の作成，②優先順位決定の実体基準，③医療機関等への移送等判断基準，④待機者および退所者のための支援・代替サービス体系の構築等がある。上記業務内容を交付文書に明示し，システム構築過程における利用者，家族等の参加・意見表明権を憲章に謳う。

　第三に，入所予定者，待機者，退所要請者個人について，待機者名簿，ハイ

リスク者名簿(必然的に低リスク者であろうが)の本人開示請求権,待機予定期間の告知および退所期日の事前告知の義務を憲章に謳い,専門的協働として,懇切な説明をおこなった上で,不服のある場合の事業者内外苦情申立手続等について告知する。

　第四に,苦情手続に関する注2)論文に書いたことだが,熊本県での苦情手続業務の経験から,利用者やその家族の苦情表示が,露骨ないし暗黙の退所強要,サービス終了につながりやすいことを考慮するならば,苦情表示に伴う不利益——ことにサービス終了や退所——を利用者,家族が受けない旨の規定を交付文書または憲章に謳う必要がある。熊本市居宅介護支援にかかる標準契約書は,その第9条2項に「乙(事業者)は,甲(利用者)が苦情申立等を行ったことを理由として何ら不利益な扱いをすることはありません」という旨の規定をおいている。

4　結　語

　法の苦情手続実例と当該手続業務の経験をもとに,適正運営基準という概念枠組を提示することがこの文章の目的であった。そのために叙述したことは大きく二あった。第一に,適正運営基準の意義として(1)基礎概念の定義をおこない(2)基準の効果を利用者の説明を受けての選択権との関連において述べること。第二に,苦情問題ごとに適正運営(個別)基準の概要を示すことであった。この文章で述べず,しかし述べる予定のことは,第一,適正運営基準を基礎づける理念を戦後日本社会福祉法制のなかで歴史的に位置づけること。第二,適正運営の個別基準を苦情問題ごとにさらに詳述し,それをいま一度現実の苦情手続とのかかわりで検証すること,である。

　　1)　社会サービスとは——英国の Social Services の用語法にならい——公的扶助,医療,住宅,社会福祉,教育,雇用等のサービスを総称していう(Clegg, John (1980) *Dictionary of Social Service — Policy and Practice*, p. 118)。
　　2)　髙倉統一「介護保険の苦情解決」河野正輝他編『社会保険改革の法理と将来像』(法

律文化社，2010年）。
3）　各都道府県国保団体連合会「介護サービス相談事例集」，各都道府県社会福祉協議会「福祉サービス運営適正化委員会事業報告書」等参照（神奈川県社会福祉協議会についてはホームページ上事業報告書を公開）。
4）　社会福祉の最低基準をめぐる法的研究は，河野正輝『社会福祉の権利構造』（有斐閣，1991年）。先生の基準論と社会福祉の権利，ことに自己決定権論の発展的継承が筆者の課題意識を構成している。
5）　社会福祉法は，社会福祉事業の経営者に対し，サービス利用申込時における契約内容およびその履行に関する説明の努力義務（76条）。また契約成立時に次の事項を記載した書面交付を義務づけている。すなわち，①経営者の名称および主たる事業所の所在地，②提供する福祉サービスの内容，③利用者が支払うべき額に関する事項，④その他厚生労働省令で定める事項である（77条）。
6）　熊本市は，2000年熊本県弁護士会との共同事業により，居宅介護支援にかかる標準契約書を作成した（介護発第16号平成12年2月14日）。熊本県では被申立事業者のすべてが，文言に若干のちがいはあるが，サービス利用契約書ないし利用約款を有している。
7）　政策基準が適正そのものの問題——多くは「適正化」と表現される——を提起することがある（古くは生活保護の適正化など）。このとき適正ないし適正化ということの実質的内容をめぐって議論が生じ，しかしその検討は日本型福祉国家の型ないしその形成過程にかかわるので，いまはその問題に立ち入らない。
8）　この事情は，程度の差こそあれ，保健師助産師看護師法上の看護師の行為——業務独占である——についてもいえる（31条）。よって業務独占か名称独占化ということで議論に本質的差はない。
9）　社会福祉従事者の専門性判断の実質的基準とケアマネジメントとを結びつけるヒントを筆者に与えた研究は，高田利廣『看護業務における責任論』（医学通信社，1995年）である（ことに「3　看護の専門性とは何か」26-36頁）。
10）　ケアマネジメントの到達目標 goal を地域中心型サービス体系の確立と明瞭に関係づけた業績の一つは Ian R. H. Falloon and Gräinne Fadden (1993), *Integrated Mental Health Care,* (Cambridge) である（ことに原文46-57頁の Community-based mental health services の部分）。本書の訳として，水野雅文・丸山晋・村上雅昭・野中猛監訳『インテグレイテッドメンタルヘルスケア』（中央法規，1997年）。
11）　倫理基準のこの考え方に示唆を与えたのはアランの『定義集』である。詳細は原文によるほかなく，ここでは項目のいくつかをあげるにとどめるが，善 bien，罰 châtiment，良心 conscience，痛悔 contriction，不名誉 déshonneur，義務 devoir 等である。アラン『定義集』森有正訳，所雄章編（みすず書房，1991年）によった。
12）　内なる力の定義そのものは筆者のものである。しかしそれを構成する知識，私事，制度，人格等の語については，主に栗田賢三・古在由重編『岩波小辞典　哲学』（岩波書店，

Ⅳ　権利の擁護と救済

　　1958年）によった。
13)　行動制限の態様は，厚生労働省身体拘束ゼロ作戦推進会議「身体拘束ゼロへの手引き」（2001年）7頁。
14)　解釈指針は，同規定が「要介護度や所得の多寡を理由にサービスの提供を拒否することを禁止するもの」であるという。

児童福祉サービスにおける児童の意見表明権の保障

木村　茂喜

1　はじめに

　「児童の権利に関する条約1)」(以下,「権利条約」という) 12条1項は「締約国は, 自己の意見を形成する能力のある児童がその児童に影響を及ぼすすべての事項について自由に自己の意見を表明する権利を確保する」と定め, 同条2項は, 「このために, 児童は, 特に, 自己に影響を及ぼすあらゆる司法及び行政上の手続において, 国内法の手続規則に合致する方法により, 直接又は代理人若しくは適当な団体を通じて聴取される機会を与えられる」と規定している。権利条約では, すべての児童に意見表明権が保障され, 自己によって表明できない子どもは代理人によって意見表明の機会を与えられる趣旨を明記している。この規定は, 権利条約において児童を保護の対象としてではなく, むしろ自動を独立した人格を有し, 権利行使の主体としてとらえていることを端的に示している。

　他方, わが国の児童福祉法において, 児童は「愛護されなければならない」(1条2項) 対象として規定されている。もちろん児童はその発達過程や, おかれている状況によって意見の表明が困難なこともあり, そのような児童についても当然最善の利益を考慮する必要があることはいうまでもない。わが国においては, 行政機関は児童相談所, 司法機関においては家庭裁判所調査官が中心

となっているが、これらはいずれも児童の処遇を決定する機関であり、児童と対峙しないまでも、あくまで中立的な立場にある。とりわけ親権者と対立している児童や幼い児童の場合について、児童の立場に立って児童の意見を述べる者が、児童の権利擁護のためには必要であると考える。

このような視点から本稿は、比較対象として、ドイツ社会法典第8編、および手続補佐人（Verfahrensbeistand）制度に着目する。ドイツにおいては、1992年の権利条約の批准を契機として、1997年の親子関係法改正法（Gesetz zur Reform des Kindschaftsrecht）[2]において、手続保護人（Verfahrenpfleger）[3]制度が導入され、さらに2008年には手続補佐人制度に改められた。手続補佐人は司法手続上の制度であるが、児童の福祉の実現のためには司法・福祉（行政）の連携・協働が不可欠である。ドイツにおける手続補佐人制度による児童の意見表明権に関する検討は、児童の意見表明権が保障されていないわが国の児童福祉において、意義のあるものと考える。

本稿では、まず権利条約13条の解釈と、わが国の児童福祉法制における意見表明権について概観する。次いで、ドイツにおける手続補佐人の選任および任務について検討し、さらに、ドイツにおける児童および少年援助の中心的機関である少年局と家庭裁判所、手続補佐人との関係について検討を加える。

2　権利条約12条とわが国児童福祉法制

1　権利条約12条の解釈

児童の意見表明権は、児童自身の問題の決定に際して、広く児童自身の意思を反映させる適正手続を求める権利であり、かつ、自己の生活条件や社会条件の決定に対して、児童自身の意思を尊重することを求めた権利である、と解されている。[4]

権利条約12条1項において、意見表明権のある主体は「自己の意見を形成する能力のある児童」であると規定されている。この「意見を形成する能力のある」とは、「いろいろな条件を考慮したうえで合理的な判断を下せる」[5]という意味であるとされている。他方、「自己の意見を形成する能力」のない児童に

は意見表明権が保障されない、ということになるが、その能力の有無は個々の児童によって測られるべきであり、「何歳以上」といった一般的な尺度は示されていない[6]。

権利条約12条1項2文には、「児童の意見は、その児童の年齢及び成熟度に従って相応に考慮されるものとする」と定められている。これについては、一方で、児童の意見を聞き流すことは許されないが、他方で、児童の意見を相応に考慮した結果、それが「すべての事項」に反映されなかったとしても、権利条約12条1項違反にはならないと解釈されている[7]。

2 わが国の児童福祉法制における意見表明権

児童福祉法27条4項の規定により、都道府県（実際には委託を受けた児童相談所長）が、要保護児童を里親などに委託し、または児童養護施設などに入所させる場合には、少年法18条2項による送致のあった児童につき、家庭裁判所の決定による指示に従わなければならない場合を除き、親権者または未成年後見人の同意を得なければならないが、児童の意見聴取に関する規定は児童福祉法において定められていない。

実務において、まず児童相談所は、児童に対する具体的な措置・処遇を決定する場合には「児童相談所運営指針（以下、「運営指針」という）[8]」に従うことになっている。運営指針においては、「援助を行う場合には、子どもや保護者等に、その理由、方法等について十分説明し、子どもや保護者等の意見も聴き行う[9]」と規定されている。加えて、個々の児童に対する援助指針の策定に際して「児童相談所の方針を子ども及びその保護者並びに、必要に応じて祖父母等の親族に伝え、その意向を聴取するとともに、その策定過程においても、可能な限り子ども及びその保護者等（祖父母等の親族を含む）と協議を行うなど、これらの者の参加を得ることが望ましい[10]」とされている。また、業務遂行上の配慮として、「子ども、保護者等に対する援助を行うに当たっては、その意向、意見を十分に聴くよう配慮する[11]」とする規定や、「子どもや保護者等の意向を尊重[12]」する旨の規定が存在する。とはいえ、運営指針自体は行政内規としての通達として存在するものであり、その意味で、児童の意見表明権を権利として

Ⅳ　権利の擁護と救済

保障しているとは言えない。

　親子分離が伴う措置について，児童福祉法28条1項に基づく措置の承認の審判事件に関しては，児童が15歳以上であるときは当該児童の陳述を聴かなければならない（特別家事審判規則19条2項）。ただし，これは司法手続においてのものであり，被虐待児童に対する対応や援助について定める「子ども虐待対応の手引き[13]」においては，児童相談所長が援助方針を決定するに当たっては，「事前に子どもや保護者に十分な説明を行い，その意向を確認することは当然のことである[14]」としているが，児童の意見が必ずしも児童の最善の利益に沿うとは限らないことから，援助方針の決定は児童相談所長が行う。

3　ドイツにおける手続補佐人

1　「子どもの代弁人」としての手続補佐人

　ドイツにおいては，未成年者の利益を擁護するため，従来より裁判手続において手続保護人（Verfahrenspfleger）の関与が不可欠であった。というのも，未成年者（Minderjahrigen）[15]の希望や提案に親が沿わないなど，配慮権者（Personensorgeberechtigten）[16]と未成年者との利益が対立するとき，あるいは，裁判官と単独で面対し，意見を聴取される未成年者（とくに年少の未成年者）が自分の考えや希望を伝えることができるか，という疑念があり，このことは児童及び少年援助法においても，配慮権者と未成年者との間で利益の対立があるときに，未成年者が独立した法的地位にあることを手続法上保障するという点でも意義が深い[17]。

　このような制度は，ドイツにおいては「子どもの代弁人（Anwalt des Kindes）」と従来から呼ばれており，1997年に「非訟事件手続法（Gesetz über die Angelegenheiten der freiwilligen Gerichtsbarkeit-FGG）[18]」に導入されたものである。しかし，養子縁組事件や後見事件を除く家庭に関する事件の管轄を家庭裁判所に集中させるなどの法改正に伴い，家事事件手続の多くがFGGに属することになった。その結果，民事訴訟法とFGGとの適用関係も複雑化して，当事者のみならず，法律家にも分かりづらくなったことから，2008年に「家事[19]

事件並びに非訟事件手続に関する法律（Gesetz über das Verfahren in Familiensachen und in den Angelegenheiten der freiwilligen Gerichtsbarkeit-FamFG）」が公布され，2009年9月1日より施行された。このFamFGにおいて，従来の手続保護人が手続補佐人（Verfahrensbeistand）に変更され，従来のFGGより詳細な規定が定められた。[21]

2　手続補佐人の選任

手続補佐人は，子の利益の確保のために，家庭裁判所の裁量に基づき，職権で選任される。手続補佐人の資格については，特別の制限はなく，ソーシャルワーカー，社会教育学者，児童心理学者，弁護士など，個別事案に応じて適切な者を選任する。[22] FamFGへの改正により，手続補佐人を選任するか否かについて，子の利益の確保のために必要である限りにおいては，適切な手続補佐人を選任しなければならず（FamFG158条1項），さらに選任の時期についても「可及的速やかに選任されなければならない」（FamFG158条3項1文）として，裁判所の裁量の余地を制限している。[23]

手続補佐人の選任を要する場合は，FamFG158条2項に明確に規定されている。中でも，FamFG158条2項3号は，新設規定であり，子の福祉に対する危険回避のために，子を保護下に置いている親の一方からの引き離しが必要となる場合（BGB1666a条1項）が典型であるとされ，誰が引き離しを求めているかは問題とされない。[24]

なお，手続補佐人の選任，選任の取消，それらの処置の却下は取り消すことができない（FamFG158条3項4文）が，子の利益が弁護士またはその他の相当な手続代理人によって適切に主張されるときは，手続補佐人の選任は行われず，または取り消されなければならない（FamFG158条5項）。

3　手続補佐人の任務

手続補佐人の有する第一の任務は，子の利益を反映し，それを裁判手続の中で反映させることである（FamFG158条4項1文）。まず手続補佐人は，明確になっている子の意思のみによらず，子の利益を探求することになる。手続補佐

人は，子の意思を手続上明確にしなければならないが，このとき手続補佐人は，子の主観的利益（子の意思）とともに子の客観的利益（子の福祉）を取り入れて態度を決定しなければならない[25]。このことから，子の意思とは別の見方や疑念を示すことも許される[26]。従来の FGG における手続保護人の任務においては，子の立場に立って子の考えや希望を見極め，それを伝えることを任務とすることが重視され，その意味で，手続保護人は子の「メガホン（Sprachrohr）[27]」としての任務が強調されてきたが，FamFG では，このような客観的利益の考慮まで含んだ任務の理解こそが，子の福祉を中核として形成している実体法と合致し，また他者の名前で行動する手続任意代理人と異なり，自らが手続の関係者である手続補佐人の独立した地位にふさわしいとされる[28]。

　第二の任務は，相当な方法で，子に対し，手続の対象，経過並びに予想される結果についての情報を与えることである（FamFG158条4項2文）。このような援助がないと，子は手続過程について理解できない状態におかれることから，年齢に応じた情報，場合によっては手続上重要な内容の情報を与えられることで，子は自己の立場を主張し易くなる[29]。

　第三の任務は，親ならびにその他の関係者と話し合いを行い，手続の対象に関して合意による取り決めを成立させるために協力することである（FamFG158条4項3文）。この任務は裁判所の判断により手続補佐人に委任され，手続補佐人の独断では行われない。また，手続補佐人に課せられた役割の混乱を回避するため，委任の種類および範囲も裁判所が必要性を判断した上で，具体的に確定する（FamFG158条4項4文）[30]。

　第四の任務は，子の利益のために，法的救済を求めることである（FamFG158条4項5文）。

　手続補佐人の法的地位については，FamFG158条4項6文に「子の法定代理人ではない」と明確に規定されている。手続補佐人の地位は子の法定代理人の地位に何ら変更を及ぼさない。手続補佐人は，子の名前で行為を行わないし，また子のために意思表示を行うことまたは相手の意思表示を受領することはない[31]。このような手段をとることで，親の権利侵害を最小限にとどめるとともに，手続補佐人の任務に沿わない任務を押し付けられることを回避することに

なる。[32)]

4 手続補佐人と少年局（Jugendamt）との関係

1 少年局の協力義務

　社会法典第8編50条は、児童の福祉の利益に関する家庭裁判所の手続における少年局の協力に関する根拠規定である。また、同条は、少年局が裁判手続において、若年者またはその家族が有利になるように、社会教育学上の見地から支援を行う任務についての根拠規定でもある[33)]。この規定はFamFGへの改正により、家庭裁判所の手続に関与する部門間の協力、とりわけ家庭裁判所と児童および少年援助との協働を、明文をもって定めることとなった[34)]。近年においては、実際上も、多様な主体（家庭裁判所、少年局、家庭相談所（Familienberatungsstellen）、弁護士会（Rechtsanwaltschaft）、手続補佐人、仲裁人（Mediatoren）、鑑定人（Gutachter））が手続の進行と協力体制の構築を確認しており、それに従って、家庭裁判所の手続に関与している各主体が児童の福祉のために協力している[35)]。

　社会法典第8編50条1項および2項に規定される、家庭裁判所の手続の協働領域における少年局の支援・協力義務は、家族に対する家庭裁判所の助言および給付義務を補てんする。少年局は、家庭裁判所の手続にかかる原因に基づいて、若年者または家族に利するための専門的な援助または給付の必要性について、検証しなければならない。他の主体との密接な協力および裁判所の支援については、社会法典第8編8条2項および3項に基づく若年者への助言、別居または離婚に対する助言、配慮権、交流権、扶養請求権に対する助言または援助について考慮される[36)]。

　社会法典第8編50条1項1文に規定する支援（Unterstützung）とは、「若年者および家族を利するために」（社会法典第8編2条1項）任務を遂行するという、一般的な少年局の任務を意味するにもかかわらず、法的拘束力を有する少年局の主要な任務とされている[37)]。社会法典第8編50条1項1文には支援の方法および範囲については規定されず、協力義務を果たすための少年局の裁量の余

Ⅳ 権利の擁護と救済

地を残している[38]。

　社会法典第8編50条1項2文には，少年局が協力（Mitwirkung）義務を有する FamFG の手続が列挙されている[39]。少年局にはこれらの協力義務を行うかどうかについての裁量の余地はなく，その意味で，司法手続において少年局は任務の遂行主体として積極的な役割を担うことになる[40]。社会法典第8編50条1項2文に規定する協力とは，社会教育学上の専門的見解を意味し，これは社会教育学的および社会法的視点を有する専門家が審理に出席するという方法で具体化される[41]。

　少年局の協力義務は，家庭裁判所における手続過程において課されているが，法廷内における支援に限定されず，出廷に至るまでといった法廷外における支援も含まれる[42]。従来は，未成年者の引渡しといった執行手続においては，少年局の協力義務はなかったが，FamFG88条2項により，執行手続において少年局に「適切な状況」での支援が義務づけられることとなった[43]。一方，子の規定に伴って，拡大した援助過程における少年局の役割と家族に関与するための接近について検討すべき問題について，社会法典8a条3項に基づく家庭裁判所の介入と類似の問題が想定される[44]。

　少年局の任務は，社会法典第8編50条2項において，提供または実施された給付についての裁判所の情報提供や，児童または少年の発達に関しての教育的または社会的見解を示すことについて規定されている。少年局は，親子分離または離婚手続において親または未成年者に対して単なる助言のみを行うのではなく，同時にすべての司法手続において少年援助の専門的視点から実効性ある協力を行う専門機関である[45]。

　社会法典第8編50条2項の情報提供義務は，少年局によって実施または提供された給付と関連している。家庭裁判所は，BGB1666条および1666a条に基づいて裁判所が少年局に対して他の任務を義務付ける可能性があるとき，関係者の給付請求権に基づき，少年局に対して指示する権限を有する[46]。

　情報提供の内容と範囲については，履行すべき義務の枠内で，社会教育学的な見解に基づいて，少年局が判断する[47]。社会法典第8編50条2項2文は，少年局が，FamFG155条2項に規定する期日までに[48]，協議の過程において家庭裁

判所に情報提供することについて規定されているが、これは親子関係事件のみを考慮している規定であり、そのほかの事件については、どのようにして児童の福祉の優先するか、および更なる援助の進行が最良であるかどうかを、専門家が個別に考慮すべきであると解釈されている[49]。実際には、児童の福祉の危険を防止することのみを考慮した提案や、先行または継続している親子分離または離婚手続に基づく提案がなされよう。後者の提案については、親の申し合わせに基づく少年局の通知は、親が同意した裁判の内容で足りる[50]。家庭裁判所の手続における少年局の協力は、児童および少年援助の給付を危険にさらしてはならない。少年局の決定の提案は、場合によっては親と少年局との協働と矛盾することがあるが、それゆえ、社会法典第8編50条2項に基づく情報提供の内容および形式を考慮して、どのような指示と助言が少年局の任務の目的に適うか、原因と問題点とをつきとめなければならないとされている[51]。

2　手続補佐人と少年局との関係

手続補佐人は、児童の意思に焦点を当てつつ、親との調整についても努力する。家庭裁判所の手続における少年局と手続補佐人との協働は不可欠であり、また、少年局との対立を避けるため、手続補佐人の任務は手続き上明記されている[52]。

FamFG158条1項または2項の要件が存在する際、少年局は手続補佐人の選任を提案すべきであるとされている[53]。また、手続補佐人が児童の福祉を確認するとき、手続補佐人は、少年局・弁護士と同様に、児童の自己決定に優先して表示される当事者の意思を判別する[54]。

手続補佐人と少年局との関係は、常に緊張のない関係が構築されるとは限らない。手続補佐人と少年局との関係が緊張状態にあれば、手続補佐人からは児童または少年の利益を明白に少年局に伝えられないまま、少年局は児童の福祉を義務づけられ、全体的な視点で家族を構築することになる。さらに、協力者としての少年局と手続補佐人との構造的な利害対立については多くの言及があり、このことについては、家庭裁判所の手続において、少年局がとった措置への評価に対して多く見られるようである[55]。このように、協力者としての少年局

と手続補佐人との間には，残念ながら時折対立関係が見られる。むしろ，少年局は児童または少年の利益について，法律上明文化した手段で手続補佐人の選任を必要とすべきである。[56]

3 養育援助における手続補佐人

社会法典第8編27条以下に規定する養育援助は，社会法典第8編における中心的な給付として位置付けられている。社会法典第8編は，27条に養育援助に関する一般規定に続き，28条から35条まで，さまざまな援助について規定する。そこでは児童または少年の生活への社会教育学上の強い介入を考慮した，家庭外での援助に関する規定が中心となっている。援助の選択は，個々の養育ニーズに応じて行われる。[57]

未成年者が社会法典第8編27条の要件を満たし，養育援助を受けることを希望しつつも，配慮権者がそれを拒絶するとき，手続補佐人が選任される。[58] 手続補佐人は，援助手続における未成年者の利益および希望を満たしうるのに適切な立場に立ち，親に養育援助を受けることが不可欠であることを納得させ，親に養育援助の受給権を行使させることを目指して努力する。[59] それでも援助を受けることを親が拒否すると，手続補佐人は，未成年者の利益を満たすことができなくなってしまい，結果として，児童または少年の立場を強化するための実体法上のハードルを乗り越えることができなくなってしまう。これは，養育援助の請求権がなく，手続上の権利行使の問題とはならないという点で，未成年者の福祉の保障に関する隙間となっている。手続補佐人による実体法上の地位では，請求権を有する親が援助を受けることを拒否している児童または少年の法的地位を向上させることはできない。手続補佐人の実際の法的地位が，児童または少年の福祉を保障できないことから，親が援助を受けることを拒絶しているときに，手続補佐人が，未成年者の福祉を保障する養育が未成年者の利益となるような法改正が求められる。[60]

他方，配慮権者が社会法典第8編27条以下の養育援助の請求権を行使せず，その結果児童または少年の福祉に現実の危険が生じているときも，親子の利害関係が対立しているといえるが，この場合，社会法典第8編8a条3項に基づ

いて，少年局は家庭裁判所に上訴することが義務づけられている[61]。これにより親の配慮権の剝奪の範囲が検討されることになる。家庭裁判所と少年局が関わる児童および少年援助の手続においては，援助計画を中心に家庭裁判所と少年局との連関が強化される[62]。このような場合，手続補佐人が児童を代弁する事を通じて，手続に影響を及ぼすことができる。

5 むすびにかえて

本稿は，ドイツの手続補佐人制度を手がかりとして，児童にかかる行政手続および司法手続における児童の権利を擁護する手段のあり方について，若干の検討を行った。

わが国においては，司法手続においては，児童が意見を述べる機会が与えられてはいるものの，行政上の手続においては，児童の意見を表明する権利は法律上保障されておらず，実務上も児童の意向を「尊重」あるいは「確認」するにとどまっている。また，ドイツのような児童の意見を代弁する者に関する規定もない。

他方，ドイツにおいては，子の代弁人としての手続補佐人が家庭裁判所によって選任され，子の利益を家庭裁判所の裁判手続において反映させ，また親子間で合意を取り付けるために努力するという任務を担っている。しかし，親が養育援助を受けることを拒絶したときは，児童に福祉の危険が発生している場合を除いて，手続補佐人は児童の立場強化には貢献できないという問題点が指摘されている。また，わが国と異なり，ドイツでは社会法典第8編42条に規定する一時保護の場合を除いては，司法手続を経ないと親子分離することができないゆえ，児童の福祉を保障するためには，行政機関である少年局と司法機関である家庭裁判所との連携が不可欠であり，社会法典第8編には少年局の家庭裁判所に対する協力義務が規定されている。

わが国では，児童の立場に立って児童の意見を代弁する者の規定がなく，また，児童相談所は親権者の同意がある限り，司法手続を経ることなく親子分離措置が可能であるという点でドイツと異なり，その意味で単純に日本法と比較

することはできない。しかし，とりわけ親と対立状態にある児童については，権利の主体たる児童自身の意見を確実に伝える機会を設けること，あるいは児童の側に立って児童自身の意見を伝えることができる者の存在は，児童の意見表明権を保障するために必要であると考える。もちろんわが国の児童相談所および家庭裁判所が，児童の最善の利益を目的として児童および家族に対して支援を行っていることは言うまでもないが，児童に対する支援を決定する過程において，支援を決定する機関や親とは独立した者が専門的見地をもって児童の意見を代弁する者の存在は，児童の最善の利益に沿った支援を行うことをより可能にすると考えられる。その意味で，ドイツの手続補佐人制度は，わが国に対しても何らかの示唆を与えると思われる。

1) 平成6年条約第2号。なお，本条約の適用上，児童とは18歳未満のすべてのものをいう（1条）。
2) BGBl. 1997, I, S. 2846.
3) ドイツの手続保護人制度については，家族法分野についていくつか先行研究がある。岩志和一郎「ドイツにおける『子どもの代弁人』（Anwalt des Kindes）」判例タイムズ1208号（2006年）40頁以下，同「ドイツにおける『子どもの代弁人』——手続補佐人の新たな規定」法律時報81巻2号（2009年）46頁以下，佐々木健「ドイツ親子法における子の意思の尊重——家事事件における子の意見聴取と手続保護人（Verfahrenpfleger）について——(1)（2・完）」立命館法学302号（2005年）1756頁以下・306号（2006年）384頁以下。
4) 喜多明人ほか編『[逐条解説] 子どもの権利条約』（日本評論社，2009年）101頁（喜多明人執筆部分）。
5) 波多野里望『逐条解説 児童の権利条約 [改訂版]』（有斐閣，2005年）80頁。
6) 波多野・前掲注（5）同頁。
7) 波多野・前掲注（5）81頁。これについては，どの年齢の子どもにも意見表明権があること，その権利は，親・保護者の指導権を配慮しつつ，正当に重視されることが求められていると読むべきであるとの指摘もある。喜多ほか編・前掲104頁（喜多明人執筆部分）。
8) 「児童相談所運営指針について」平成2年児発133号。最新改正平成22年雇児発0331第6号。なお，これら通達は，地方自治法245条の4第1項の規定に基づく技術的な助言であるとされている。
9) 「運営指針」第4章第1節1。

10)　「運営指針」第1章第2節2．(1)。
11)　「運営指針」第1章第2節5．(2)。
12)　「運営指針」第3章第3節5．，第4章第3節4．(1)。
13)　「子ども虐待対応の手引きの改正について」平成21年雇児総発0331001号。
14)　「手引き」第6章3(6)。
15)　ドイツにおいては18歳未満の者を指す。
16)　社会法典第8編7条1項5号より、BGBの定義と同一であり、①父母、②両親が婚姻していない場合は母、③養父母、④父母の配慮権が剥奪された場合は後見人を指す。Johannes Münder, Thomas Meysen, Thomas Trenczek (Hrsg.), Frankfurter Kommentar zum SGB VIII: Kinder- und Jugendhilfe 6. Auflage, Baden-Baden 2009, §7 Rn 2.
17)　Münder, Meysen, Trenczek (Hrsg.), Frankfurter Kommentar, §1 Rn 23.
18)　RGBl. S. 771.
19)　岩志・前掲注（3），法律時報81巻2号49頁。
20)　BGBl. I S. 2586, 2587 ff.
21)　FamFG158条（岩志・前掲注（3），法律時報81巻2号50頁）
(1)裁判所は、未成年の子のために、その子の利益の確保のために必要である限りにおいて、その身上に関する親子事件につき、適切な手続補佐人を選任しなければならない。
(2)以下の各号の場合には、原則として選任することが必要である。
　1　子の利益とその法定代理人の利益が著しく相反する場合
　2　BGB1666条および1666a条に従った手続において、身上配慮の一部ないし全部の剥奪が問題となる場合
　3　子を保護下においている者からの子の引き離しが必要とされる場合
　4　子の引渡しまたは残留命令が対象となる手続の場合
　5　交流権の排除ないしは重大な制限が問題となる場合
(3)手続補佐人は可及的速やかに選任されなければならない。手続補佐人は、その選任により、関係人として手続に参加する。裁判所が第2項の各場合において手続補佐人の選任を行わないときは、終局決定の中においてその理由を述べなければならない。手続補佐人の選任または選任の取消、ならびにそれらの処置の却下は、取り消すことができない。
(4)手続補佐人は、子の利益を確認し、それを裁判手続の中で反映させなければならない。手続補佐人は、相当な方法で、子に対し、手続の対象、経過ならびに予想される結果についての情報を与えなければならない。各事案の状況に照らして必要がある限りにおいて、裁判所は、手続補佐人に対し、子の親ならびにその他の関係者と話し合いを行い、手続の対象に関して合意による取り決めを成立させるために協力する付加的な任務を委ねることができる。裁判所は、委託の種類及び範囲を具体的に確定し、また

委託の理由を述べなければならない。手続補佐人は，子の利益のために，法的救済を求めることができる。手続補佐人は子の法定代理人ではない。

(5)子の利益が弁護士またはその他の相当な手続任意代理人によって適切に主張されるときは，本状の選任は行われてはならず，または取り消されなくてはならない。

(6)本条の選任は，前もって取り消されない限り，以下の各号の場合に終了する。
 1 手続を終了する決定が確定した場合
 2 その他手続が終了した場合

(7)職業手続補佐人でない手続補佐人の経費の補償については277条1項を準用する。職業として手続補佐が行われるときは，手続補佐人は1回350ユーロの報酬を受ける。第4項3文の任務を委ねられた場合には，550ユーロの報酬を受ける。報酬は，手続保護に際して生じた経費の補償に関する請求ならびに報酬にかかる売上税も補償する。経費の補償および報酬は，常に国庫から支払われる。その他，168条1項が準用される。

(8)手続補佐は無料とする。

22)　佐々木・前掲注（3），立命館法学306号392頁。
23)　岩志・前掲注（3），法律時報81巻2号51頁。
24)　同上。
25)　Bassenge/Roth, FamFG RPflG Kommentar 12., völlig neu bearbeitete und erweiterte Auflage, Heidelberg, 2009, §158 Rn. 16.
26)　岩志・前掲注（3），法律時報81巻2号51頁。
27)　Johannes Münder, Anika Hannemann, Gabriele Bindel-Kögel (Hg.), Der Anwalt des Kindes, Berlin, 2010, S. 34. なお，手続保護人は「メガホン」の他，特に保護を要する幼児の「通訳（Dolmetcher）」であり，さらには子との対話の中で子の利益をくみとり手続に反映させる「聴診器（Hoerror）」であるといわれる。
28)　Bassenge/Roth, §158 Rn. 16, 岩志・前掲注（3），法律時報81巻2号51頁。
29)　Bassenge/Roth, §158 Rn. 16.
30)　Bassenge/Roth, §158 Rn. 17, 岩志・前掲注（3），法律時報81巻2号52頁。
31)　Bassenge/Roth, §158 Rn. 19.
32)　Bassenge/Roth, §158 Rn. 19, 岩志・前掲注（3），法律時報81巻2号52頁。
33)　Münder, Meysen, Trenczek (Hrsg.), Frankfurter Kommentar, §50 Rn 1.
34)　Münder, Meysen, Trenczek (Hrsg.), Frankfurter Kommentar, §50 Rn 2.
35)　Ebenda.
36)　Münder, Meysen, Trenczek (Hrsg.), Frankfurter Kommentar, §50 Rn 5.
37)　Münder, Meysen, Trenczek (Hrsg.), Frankfurter Kommentar, §50 Rn 9.
38)　Ebenda.
39)　対象事件は，社会法典第8編50条2項1号から5号に列挙された，親子関係事件（Kindschaftssachen），血統に関する事件（Abstammungssachen），養子縁組に関する事

件（Adoptionssachen），夫婦の同居に関する事件（Ehewohnungssachen），および暴力からの保護に関する事件（Gewaltsschutzsachen）の5種類である。

40) Münder, Meysen, Trenczek（Hrsg.）, Frankfurter Kommentar, Anh. §50 Rn 10.
41) Münder, Meysen, Trenczek（Hrsg.）, Frankfurter Kommentar, Anh. §50 Rn 12.
42) Münder, Meysen, Trenczek（Hrsg.）, Frankfurter Kommentar, Anh. §50 Rn 13.
43) Ebenda.
44) Ebenda.
45) Münder, Meysen, Trenczek（Hrsg.）, Frankfurter Kommentar, Anh. §50 Rn 15.
46) Münder, Meysen, Trenczek（Hrsg.）, Frankfurter Kommentar, Anh. §50 Rn 16.
47) Münder, Meysen, Trenczek（Hrsg.）, Frankfurter Kommentar, Anh. §50 Rn 19.
48) FamFG155条2項より，手続開始日の一ヶ月以内とされる。
49) Münder, Meysen, Trenczek（Hrsg.）, Frankfurter Kommentar, Anh. §50 Rn 19.
50) Ebenda.
51) Ebenda.
52) Ingrid Rieger, Das new FamFG -Zur Rolle des Jugendamts- Kompetenzzuwachs oder Ueberforderung?, ZKJ 2009 S. 313.
53) Münder, Meysen, Trenczek（Hrsg.）, Frankfurter Kommentar, Anh. §50 Rn 80.
54) Münder, Meysen, Trenczek（Hrsg.）, Frankfurter Kommentar, Anh. §50 Rn 81.
55) Münder, Meysen, Trenczek（Hrsg.）, Frankfurter Kommentar, Anh. §50 Rn 83.
56) Ebenda.
57) Wiesner, SGB VIII Vor §27 Rdnr. 3.
58) Münder, Meysen, Trenczek（Hrsg.）, Frankfurter Kommentar, §27 Rn 41. なお，この場合は国家の監視の領域（基本法6条2項2文）として，未成年者に児童および少年援助に基づく給付の請求権を認めることになる。
59) Ebenda.
60) Ebenda.
61) Wiesner, SGB VIII Vor §27 Rdnr. 9.
62) Ebenda.

賃金差別の起算点と救済範囲
　　──アメリカ公正賃金法の制定を契機に──

柳澤　武

1　問題の所在

　職場の賃金差別というものは,「往々にして小さな差別が累積して起こるものである：長い期間をかけて働いて初めて,差別の存在に疑いを持つようになる」[1]。すなわち,当該労働者が,他の労働者との賃金格差を認識することは困難であり,明確な賃金差別を認識して法的手段に訴える時点では,時効や申立期限の到来により救済の機会を喪失してしまう場合がある。

　アメリカの雇用差別禁止法制では,行政機関に対する賃金差別の申立期限が長年の争点となっており,2007年の連邦最高裁が救済範囲を限定する判断を示したことで,さらなる論争を巻き起こした。そこで,同最高裁判決を覆すべく,2009年には公正賃金法（Lilly Ledbetter Fair Pay Act of 2009）が制定され,賃金差別における申立の起算点が明らかとなった。同法は,オバマ大統領が就任後に初めて署名した法案であり,署名時にはレッドベター氏が立ち会い,その様子が全米に放送されるなどの注目を浴びた[2]。そこで,本稿では,公正賃金法の制定を契機とするアメリカでの賃金差別に関わる論争を手がかりに,賃金差別における時効（あるいは申立期限）の法的課題を指摘し,日本における差別救済の実効化へ向けた方向性を提示したい[3]。

2 公正賃金法制定に至る経緯

1 EEOCへの申立期間をめぐる争い

アメリカにおいて，公民権法第7編（Title VII of the Civil Rights Act of 1964）・雇用における年齢差別禁止法（ADEA：The Age Discrimination in Employment Act of 1967）・障がいを持つアメリカ人法（ADA：The Americans with Disabilities Act of 1990）などが禁じる雇用差別を受けた被用者は，これらの法の下における雇用差別訴訟を裁判所へ提起する前に，雇用機会均等委員会（EEOC：Equal Employment Opportunity Commission）へ申立を行わなければならない（前置主義）。この申立は，180日以内あるいは300日以内（州が独自の差別禁止法と救済機関を設置している場合）に行わなければならないとされている[4]。

ところが，同期間の算定については，いつを起算点とするかについての争いがあり，裁判例の判断に委ねられている状況にあった[5]。申立期間についての例外的な解釈として，敵対的な職場環境によって引き起こされた個々の差別行為が「継続する違反」とされた場合には，行為の一部が申立期間内に行われている限り，全体について遡って争うことができるとの法理がある[6]。もっとも，同法理の適用範囲は狭く解されており，例えば，退職者に継続的な影響を与えうるような年金制度であっても，敵対的な職場環境下で生じた独立の差別行為には該当しないので，継続する違反の法理は適用されない[7]。

違法な差別によって賃金格差が生じている場合，そもそも被用者は——冒頭でも述べたように——他の被用者と賃金を比較することが困難であるほか，ある程度の期間が経過しないと賃金差別の存在に気づくことができない。賃金制度そのものが差別的である場合には，毎回の支払いが新たな差別に該当すると判断した最高裁の先例はあるものの[8]，これが外見上は中立的・非差別的な制度であっても適用されるかは明らかでなかった。また，アメリカでは賃金差別に関連する紛争が「5年間で4万件近く[9]」起こっており，賃金差別に関する法的論点は実務上の注目度も高いといえる。

2 レッドベター事件

レッドベター事件・連邦最高裁判決は、タイヤメーカーで約20年勤続した女性が、性別を理由として賃金差別を受け続けたとして、公民権法第7編違反などを争った事案であり、賃金差別に関する申立期間の起算点が争点となった。大筋の結論としては「被用者が累積する賃金格差を争うことを一層難しくするもので、使用者側の勝利を告げる」判決と理解されており、労働者側には厳しい内容であった。

【事実の概要】　原告 Ledbetter は、被告グッドイヤー社で1979年から1998年まで勤務し、"エリアマネージャー"と呼ばれる作業員のシフトを監督するフロアー長を務めた女性である。同社では、当該職務は主に男性によって占められていた。同社では、毎年の人事評価に基づいて、職務遂行能力の相対評価によって俸給がランクづけられることになっていた。入社当時の原告の賃金は男性と同じであったが、査定によって格差が生じ、徐々に他の男性フロアー長よりも低くなっていった。1997年末時点において、原告の月給は3727ドルに留まっており、他の同職男性15名の月給は4286〜5236ドル（概ね15〜40％の格差）であった。原告は、毎年の性差別的な査定によって賃金差別を受けたとして、1998年3月に EEOC へ質問票を提出し、同年6月に公民権法第7編違反についての申立を行った。その後、公民権法第7編と同一賃金法（EPA：Equal Pay Act）違反を理由として、本件訴訟を提起した。

連邦地裁では、同一賃金法違反については事実審理の前に棄却されたが、公民権法第7編に違反については陪審審理となった。陪審は、採用時からの差額賃金についての原告の主張を認め、損害賠償やバックペイとして合計36万ドルの支払いを命じた。

しかし、第11巡回区控訴裁判所は、申立期間外の賃金差別の訴えは認められないとして、1997年9月より前の公民権法第7編違反については、180日の申立期間が経過したことによって認められないと判示した。さらに、申立期間内の賃金格差についても、被告の差別意思の証明が十分ではないとして、地裁判決を破棄した。そこで、申立期間の経過という争点に絞って、原告が最高裁に上訴したのが本件である。

【判旨】　1．公民権法第7編は、180日あるいは300日という特定期間での申立を規定している。本件で争点となっている、EEOC への申立が時機に適していたか否かの判断は、問題となっている雇用慣行を慎重に特定する必要がある。

原告の主張によれば、1998年の人事考課が、決定より前の差別の継続的な影響を受けているために違法であり、各人事考課が申立期間の起算点になると主張する。しかし、先例（Morgan 事件）によれば、申立期間の起算点は、差別行為が生じたときで

あり，差別行為の影響による行為は起算点とはならない。賃金決定行為についても，独立した行為として，当該行為の時点が起算点となる。原告は，差別的賃金決定が行われ，それを知らされたときに申立を行うべきであった。

また，差別的取扱いの立証では，申立期間内における使用者の差別的な意図の立証が求められるところ，原告は過去の証拠を提出した。かかる証拠は，差別的意図がない場合にも使用者に責任を課すことになりかねないため，受け入れることはできない。

さらに，原告の主張は，第7編の手続きを曲げるものである。申立期間を設けたのは，遙か過去の行為に対する訴えから使用者を守り，事件の迅速な解決を促すことを意図しているからである。

2．原告は，人種差別の先例（Bazemore事件：毎週の賃金支払が新たな差別と認定された）について，賃金差別にMorgan事件の先例は適用されないと主張する。しかしながら，Bazemore事件は賃金制度自体が差別的な事案であり，外見上は中立的な賃金制度であった場合には，賃金支払が新たな差別となることはない。

反対意見は，賃金差別は，環境型ハラスメントの事案に近いと主張するが，環境型ハラスメントは全体が一つの行為となるので異なる。また，反対意見は賃金差別の特殊性を強調するが，発見が容易な賃金差別であっても20年も前に遡って争えるのは妥当ではない。

3．原告は，同一賃金法における賃金支払期の起算法理を主張するが，公民権法第7編とは異なる［法体系である］。また，原告は，EEOCの法令遵守ガイドなどを参照し，賃金差別を受けた被用者が差別の存在に気づきにくいことを主張するが，当裁判所としては現行法の文言を適用するほかはない。

以上により，第11巡回区控訴裁判所の判決を維持する。

連邦最高裁の法廷意見は，かかる理論構成により控訴裁判所の結論を支持し，5対4の僅差でレッドベターの上訴を退けた。法定意見は，争われている事実関係については目を向けずに，現行法の法解釈に特化したような印象を受ける。

しかるに，反対意見は，「賃金差別の特性（characteristics）」や「職場の現実（realties）」についての一般論を展開するなど，差別の実態を重視するアプローチを用い，理論構成においても法廷意見と真っ向から対立した。

【反対意見】　1．法廷意見の主張は，賃金差別の特性を看過するものである。賃金差別は，往々にして小さな差別が累積して起こるものであり，長い期間をかけて働いて初めて，差別の存在に疑いを持つようになる。被用者は，比較可能な賃金の情報に接することができない。とりわけ被用者が事を荒立てるのを避けるようだと，僅か

Ⅳ　権利の擁護と救済

な賃金の違いによって訴訟を提起することは難しい。

　2．公民権法第7編は，180日以内の申立期間を定めているが，本件上訴では公民権法第7編の正常な適用の重要性が争点となっている：差別禁止訴訟において，いかなる行為が違法な雇用慣行となるのか。一つの答えは，賃金決定の時であり，その決定時のみが，違法な雇用慣行となる。他の見解は，賃金決定と実際の賃金支払の双方が違法な雇用慣行となると解する。法廷意見は前者を採用したが，後者の見解の方が，先例に忠実で，職場の現実に調和的であり，公民権法第7編の救済目的に敬意を払うものである。先例（Bazemore事件）では，人種差別的な賃金について，支払行為が違法行為であると解している。続くMorgan事件では，環境型ハラスメントが一連の行為であり，その一部について申立期間外に行われていても，行為全体が申立対象になることを認めた。本件の賃金差別も，これに近いものである。

　職場の実態は，賃金差別が「認識が容易な」行為とは異なるかを示している。もし，昇格拒否・配転や解雇・不採用であれば，労働者は即座に認識することができる。これらは公開の出来事であり，同僚も知ることができる。これらとは対照的に，賃金格差は，往々にして認識できないものである。被告でも，賃金は極秘事項とされていた。

　3．法廷意見は，遠い過去に行われた賃金決定についての訴訟から使用者を保護するために期間制限が必要である，と主張する。しかし，原告が訴えているのは，遠い過去のことではない。使用者は，性を理由として異なる［＝差別的な］賃金を，その期日毎に支払い続けてきたのである。また，不合理あるいは不利益に遅滞［した訴え］に対しては，使用者は権利放棄あるいは禁反言といった抗弁が可能である。極端な議論として，法廷意見は20年前の決定に対して訴訟を起こすことを許容すると述べるが，そのような訴訟は無謀であり認められないであろう。

　4．法廷意見の解釈が，公民権法第7編の立法目的から大きくかけ離れたものであることを示すため，事実審理において原告が提出した証拠を確認する。業績（職務遂行能力）の低さから賃金格差が生まれたと被告は主張しているのだが，1996年に原告は「業績トップ賞」を受賞している。また，工場長は原告に対し，「この工場は女性を必要としない，女性は工場の役に立たないし，問題を起こす」と述べた。陪審員は，これらの証拠から，賃金格差が意図的な差別に起因していると結論づけた。

　当裁判所が公民権法第7編について狭い解釈を示したのは，これが初めてのことではない。1991年には，各最高裁判決を覆すため，公民権法第7編を改正した。再び，ボールは議会へと投げられた。1991年と同様に，法廷意見による公民権法第7編の狭量な（parsimonious）解釈を正すために議員が行動することができる。

　以上に述べた理由により，原告の訴えは時効の壁に阻まれることはなく，第11巡回区控訴裁判所へ差し戻すべきである，と我々［反対意見］は判示する。

3　連邦議会での審議

　立法での対応を示唆した連邦最高裁の反対意見を受け，早くも判決から数時間後には，ヒラリー・R・クリントン上院議員（当時）が法案を提出する意思を表明し，公正賃金回復法案（110 S. 1843）に名前を連ねた。また，下院でも同様の動きがあり，ジョージ・ミラー下院議員らによりレッドベター公正賃金法案（110 H. R. 2831）が提出された。かくして同最高裁判決から間もない2007年中に，これを覆すための法案が両院に出されることになった[16]。しかしながら，ジョージ・W・ブッシュ政権下の第110回連邦議会では，いずれの法案も可決することはなかった。

　ところが，バラク・オバマ政権下となる2009年の第111回連邦議会で提出された法案（111 S. 181）は，オバマ自身が選挙活動で同法案への支持を表明していたこともあり，わずか一ヶ月足らずのスピード審議を経て，両院で可決された[17]。その翌日にはオバマ大統領へ送付され，記念すべき就任第1号の法案署名が行われることになり，2009年1月29日に公正賃金法は成立した[18]。

3　2009年公正賃金法

1　公正賃金法の構造

　公正賃金法は，公民権法第7編の申立期間の起算点に関する条文を中核とし，全部で6条から構成される[19]。同法の正式名称は「Lilly Ledbetter Fair Pay Act of 2009」と定められ（1条），制定の契機となった賃金差別訴訟の原告，リリー・レッドベター氏の名前が冠されることになった。

　立法趣旨について記述した2条では，「連邦最高裁判決のレッドベター事件は，連邦議会が成立させ，何十年もアメリカ法の原則の基盤となっていた，賃金差別に対する制定法上の保護を著しく損なうものである。レッドベター事件判決は，賃金差別の被害者に対する不当な期間制限によって，かかる制定法上の保護を弱体化させるものであり，連邦議会の意図に反する。」（2条(1)）と規定する。さらに，「最高裁によって強いられた賃金差別訴訟に関する［申立期間の］制限は，賃金差別の実態（the reality of wage discrimination）を無視する

Ⅳ　権利の擁護と救済

ものであり，議会が意図した公民権法の強固な適用とは異なっている」（2条(2)）ことも宣言している。

　3条は同法の中核となる条文であり，「差別的な賃金決定やその他の慣行が行われたとき，当該個人に差別的な賃金決定やその他の慣行が適用されるようになったとき，当該個人が毎回の賃金・手当・その他の報酬（wages, benefits, or other compensation）の支払いを含む差別的な賃金決定や慣行の適用の影響を受けるようになったとき，当該行為の全体あるいは一部について，本法に定める賃金差別に関しての違法行為となる。」との文言を，該当箇所に付加するように定める。上記部分の改正は，レッドベター事件で争われた性差別のみならず，公民権法第7編における他の差別禁止類型（人種，皮膚の色，宗教，性，出身国）（3条），さらには，ADEA（年齢）やADAとリハビリテーション法（障がい）の申立期間についても及ぶ（4条，5条）。また，公民権法第7編については，出訴期間内の差別が出訴期間外の差別と類似のものである場合にはバックペイが認められること，バックペイの上限は申立から2年前の時点までになることを確認的に規定している（3条）[20]。

　公正賃金法には，2007年5月28日（レッドベター事件判決の前日）に制定されたものとみなす遡及効が与えられ，レッドベター事件連邦最高裁判決は覆されることになった。のみならず，同法は，その他の係争中の賃金差別に関わる全ての訴訟についても，遡って適用されることを明示している（6条）。

2　立法による影響

(1)　**学説の議論状況**　　公正賃金法の制定は，学界でも注目を集めるテーマとなり，同法の適用範囲や効果についての論争が巻き起こった[21]。その内容は，具体的な裁判例の分析はもとより，同法に関わる一般的な法理論の考察，実務上の対応方法にまで及ぶものである。まずは，議論を整理するために，学術的な論争を中心に検討することから始めたい。

　まず，公正賃金法は，長年にわたり雇用された被用者への賃金差別を念頭に置いているが，他の場面（昇格差別，降格，教育訓練差別，配転差別など）に適用可能かという論点がある[22]。性差別により終身在職権が得られずに賃金格差が生

じたことを争った事案では、公正賃金法の「その他の慣行」という文言を広く解しており、賃金に影響を与えるような慣行も、同法の適用対象になると判示した。州立大学における終身在職権という特殊な事案だが、公正賃金法の文言解釈および賃金差別の実態を重視するとの立法趣旨から、妥当な結論といえるであろう。もっとも、全ての裁判例が、こうしたスタンスを維持しているわけではない（詳しくは(2)で述べる）。

次に、レッドベター事件で法定意見・多数意見の双方が引用した Morgan 事件との関係を、どのように理解するかが問題となる。Morgan 事件では、ハラスメント行為のような敵対的職場環境によって引き起こされた差別行為が、「継続する違反」として認められた。同事件では、「継続する違反」に対する使用者側の抗弁として、「消滅時効類似の抗弁（laches-like defense）」が示唆されている。同抗弁は、原告が不当に訴訟提起を遅らせるなどした場合に、当該訴訟の遂行を禁じるものである。これが公正賃金法の下でも認められるか否かが争点となりうるが、裁判例は今のところ見当たらない。仮に認められるとするならば、公正賃金法が適用される事例において、使用者側の強力な抗弁となるであろう。

さらに、公正賃金法の効果について疑問を呈し、同法の弱点を克服するための代替案を提示する見解もある。Weinberg は、公正賃金法に3つの問題があるとして、①ずっと以前に会社を去った者による人事評価でも現在の経営者が責任追及されることになり、使用者の利益への不当な負担となる、②賃金差別の立証ルール自体は変更されていないため、限られた被害者しか救済されない、③単に理由もなく申立期限を過ぎてしまった怠惰な（idle）被用者にも、昔の差別を掘り起こすという利点を与えることを指摘する。これらの解決策として、「発見時起算の原則」と「出訴期限停止」という代替的なアプローチを提言する。前者は、出訴期限の起算点を、不法行為のときではなく、損害を発見した、または発見しえた時点とする原則であり、これを賃金差別の起算点に応用するものである。かかる解釈によれば、賃金差別を認識しながら申立期限を渡過させた被用者には、公正賃金法が定めるような申立期間について特例が適用されないことになる。後者は、差別的な賃金支払いを、ある種の詐欺的な行為と看

315

做すことで，エクイティー上の出訴期限の進行停止という法的効果を適用するものである。賃金差別では積極的な詐害行為が求められない点など，通常の詐欺行為とは異なる要件を構築しなければならないが，公正賃金法のように過剰な保護を及ぼさないという利点がある。

このように，レッドベター事件を覆し申立期間の起算点を明らかにすることが公正賃金法改正の目的であったのだが，法改正を契機として，賃金差別に関わる新たな論争が発展しつつあるのが現状である。

(2) 係争中の訴訟への適用　　公正賃金法に遡及効が与えられたため，賃金差別に関わる係争中の訴訟では，同法の適用可能性を検討せざるを得なくなった[27]。

まず，サーベンス・オクスリー法（SOX：Sarbanes-Oxley Act）による内部告発に対する報復としての解雇が争われた Rzepiennik 事件[28]では，公正賃金法はSOX に関わる報復について影響を及ぼす立法ではないとして，適用されなかった。また，特定の人種のみに一定の要件を課すことで解雇されたことを争った Leach 事件[29]でも，原告が争っているのは賃金支払いと関係のある行為ではないとして，同法が適用されなかった。

他方で，期間を定めて繰り返し雇用されていた大学准教授の更新拒絶が争われた Rehman 事件[30]では，2年以上前の更新拒絶通知を受け取った行為について，公正賃金法の適用により期間制限に該当しないと判断された。さらに，人種と出身国を理由とする昇格差別を争った Vuong 事件[31]でも，原告は既に3年前から差別を受けたという事実を知っていて，本来であれば申立期間の制限にかかると述べつつ，昇格差別がなければ今より多くの賃金を得られていたのであり，公正賃金法が適用される事案であると判示した[32]。

なお，明らかに適用が除外される類型としては，採用拒否がある。申立期限を過ぎてから出身国を理由とする採用拒否を争った Joseph 事件[33]は，採用拒否という行為が賃金差別の構成要素となることを原告側が示していないとして，本件訴訟に公正賃金法は適用されないと判示した。同法の立法趣旨及び条文の文言に鑑みても，このような帰結にならざるを得まい。

公正賃金法の遡及効は，下級審での審理のみならず，連邦最高裁への上訴にも影響を与えている。2009年の Hulteen 事件・連邦最高裁判決[34]では，年金受

給権を授与される要件として，妊娠休暇中の期間をカウントしなかったことが争われた。連邦最高裁は，公正賃金法の成立を受けて，同法に関わる追加的な上訴趣意書の提出を認めた。しかしながら，そもそも適用される期間の行為が差別的ではないと判断されたため，公正賃金法の適用範囲についての具体的な判断基準は示さず，単に「結果として」同法の適用はないと結論付けた[35]。

一般的な判例の傾向としては，公正賃金法を柔軟に適用したものが目立ち，同法の適用範囲を「広く」解釈しているように思われる。こうした公正賃金法の適用範囲についての傾向が今後も続くのか，また，ここで挙げられた以外の場面への適用の可否についてなど，判例の動向が注目される。

(3) **人事労務管理に与える実務的影響**　同法制定から1年も経たないうちに，使用者側に対する実務的なアドバイスが出されている[36]。複数の論者が指摘するのは，公正賃金法の知名度の高さにより，当事者（使用者や被用者）が同法の存在に気が付かないことはないだろうという点である[37]。使用者（側の弁護士）にとって，公民権法第7編706条(e)(1)に定めるEEOCへの申立期限を渡過しているとの主張は，最も容易かつ効果的な抗弁である。公正賃金法が制定されるまでは，同抗弁を用いることで，使用者側勝訴の略式判決が非常に多く出されていた。しかしながら，賃金差別に関する訴訟では，公正賃金法の制定により，使用者側の弁護士は「期間制限の抗弁（Limitations defense）」という強力な武器を用いることができなくなった。

まず，公正賃金法を遵守するためには，経験豊かな労務関係の専門家による助言が必要であり，労働法の実務に不案内な弁護士は，労働弁護士と連携すべきであるとの指摘がある。なぜならば，洗練された記録保持と分析あるいは補償の問題が生じるからである。今後は，例えば昇格人事に関する記録であれば，当該個人に直接関係する人事記録だけでなく，"比較可能な"あるいは"類似の"昇格しなかった他の被用者についての記録も保持し続ける必要がある。昇格しなかった被用者が，雇用差別によって昇格できなかったとして，賃金差別の訴訟を提起するかもしれないからである。

また，公正賃金法に遡及効が認められることによって，賃金差別訴訟が劇的に増えるのではないか，という懸念も示されている。今のところ，賃金差別の

訴訟が急激に増えたという統計は見当たらないが，既に(2)でみたように，同法の遡及適用による影響を受けた訴訟が存在することは確かである。そして，訴訟への防御としては，次のような対応策が示されている[38]。①管理者教育：賃金査定を行う管理者に公正賃金法を理解してもらい，いかに客観的な査定を行うかを訓練する，②賃金支払慣行の精査：差別禁止法で保護された類型に依存しない，客観的な賃金支払が行われているかどうかを精査する，③過去の全ての賃金決定の精査：時間がかかるであろうが，過去の賃金決定を精査して，会社にとっての脆弱性を発見することが求められる，④現在の文書保持慣行の検討・調整：賃金差別の訴えへの抗弁を確立するために必要な全文書を，早急に保持しておくべきである。

これらに対応するため，使用者側の出費額が増加することが予想される。管理職のための教育費用や賃金決定に関するコンサルティング料，膨大な文書の保管・管理費，実際に訴訟が起こった場合の費用，そして，敗訴となった際に支払う懲罰的損害賠償・慰謝料・バックペイなどである。また，「期間制限の抗弁」が使えないということは，賃金差別訴訟が判決に至った場合，使用者側が負ける可能性が増えることを意味している。すなわち，全体のコストという面からみても，法令遵守による訴訟の予防策を講じることが，最も効果的な手段であるといえる。

4 賃金差別における期間制限——日本への示唆

1 賃金差別の法的救済

公正賃金法による改正の対象は，形式的にみるならば，EEOCへの申立期限というアメリカ雇用差別禁止法に特有のものである。こうした観点からは，公正賃金法の制定を巡る議論から，日本法への直接的な示唆を導くことは難しいように思われる[39]。

しかしながら，公正賃金法が制定された背景には，労働の現場における継続的な賃金差別の実態があり，さらには賃金差別に共通した論理構造ともいうべき課題が存在している。現に，アメリカでの学術的な論争は，賃金差別の救済

全般に関わるような議論に発展しつつある。かかる意味では、日本でも問題となっている賃金差別に関わる課題について、若干の示唆を得ることができよう。

以下では、アメリカでの議論を踏まえ、日本における賃金差別の裁判例について（但し、組合差別を除く）[40]、「時効」あるいは「起算点」という視点からの整理を試み、問題点を明らかにしたい。

2 法律構成による消滅時効の違い

賃金差別を争う場合の法律構成は、代表的なもの（賃金請求権・不法行為・債務不履行）だけを取り上げても様々であり、それぞれの消滅時効についても、2年（労基115条）・3年（民724条）・10年（民167条）と異なる[41]。さらに、差額賃金の算定については、民事訴訟法248条によって損害額を認定する[42]、あるいは損害の具体的金額を認めず慰謝料で斟酌する[43]、という場合もある。

まず、賃金請求権に基づいて、労基法4条違反の賃金を請求する場合、労基法115条が定める短期消滅時効（2年）が問題となる。例えば、性別によって異なる俸給表が適用されていた秋田相互銀行事件では[44]、「被告主張の消滅時効の抗弁事実を原告らは明らかに争わないから、これを自白したものとみなす。」として、会社側の消滅時効の援用が認められた。そのほかにも、いくつかの賃金差別訴訟において短期消滅時効が認められている[45]。

次に、労基法4条違反による不法行為と構成する場合[46]、消滅時効は3年となる（民724条）。もっとも、裁判例は不法行為の起算点について労働者側に有利となるように解しており、例えば日ソ図書事件では[47]、「不法行為により損害を被ったことを知ったというためには、単に賃金格差に存在を知ったというだけでは足りず、その格差が違法な賃金差別によることまでをも認識する必要がある」として、起算点を「代表取締役……が一般的に男子と女子との間の賃金格差の存在を認める発言をした」時点と判断している[48]。そして、こうした起算点についての判断傾向が続いたためか、近年の裁判例では使用者側が不法行為についての消滅時効を援用していない[49]。

さらに、債務不履行に基づく損害賠償請求との法的構成をとると、消滅時効は10年となる（民167条）。かかる構成をとった近年の事案として、兼松事件が

あり,「[使用者には労働者を] 差別なく公正に取り扱うべき労働契約上の義務がある。にもかかわらず,……女性であることを理由として一律に事務職ないし事務職掌とし,[賃金カット]をして,この労働契約上の義務に違反した」として「民法415条に基づき,これによる損害（差額賃金等相当額）」を求めた。結果としては,同時に主張していた不法行為による損害賠償請求が認められたため,債務不履行についての判断は示されなかった。

3 継続的不法行為と賃金差別

大審院時代の判例によれば,継続的不法行為にもとづく損害賠償請求権の「消滅時効は右行為に因り日々発生する損害に付き被害者之を知りたる時より各別に進行するものとす[50]」とされており,この解釈は現在でも継受されている。仮に,賃金差別を「継続的不法行為」とみるならば,不法行為における消滅時効との関係で,どの時点を起算点に設定するかが問題となる。

これらが問題となった事案として,思想・信条を理由とする給与差額についての東京電力事件（山梨・千葉・群馬・長野・神奈川）がある[51]。山梨の事件では,「一連の給与関係の不利益処遇の決定を行い続けた継続的不法行為の事案で……各処遇決定期毎に個別の不法行為が発生したものと解すべきである」との理論構成を行ったうえで,「しかし,……差額給与相当損害が右各決定に基づき発生するのは右各決定期ではなく各給与支払期と解するのが相当である。……差額給与相当損害部分は,……各給与支払期に不断に発生し続けるから,差額給与相当損害金請求権の消滅時効期間は各給与支払時から進行するものと解すべきである」として,不法行為の消滅時効は訴訟の提起により中断していると結論づけた。千葉の事件でも,「ある時期の処遇決定が違法とされる場合,それに伴い具体的に生ずる低賃金に基づく財産上の損害は,……毎回の賃金支払期に具体的,確定的に発生すると解するのが相当である［から］……消滅時効期間が経過していない」と判示した。いずれも,現実に損害が発生する支払い行為を重視して,最終支払時から全体の時効が進行すると解釈したといえよう[52]。

ところが,これらの事件における原告らの主張は,継続的不法行為に基づく

損害は，加害行為がやんで初めて損害の総体が明らかになるから「そもそも時効は進行を開始していない」というもので，判例の論理構成とは異なっている。さらに，東京電力事件のうち4つの事件（千葉・群馬・長野・神奈川）では，「継続的な差別意思に基づくものであっても，個々の具体的な行為及びそれによる慰謝料等の請求権を不可分一体のものと考えなければならないわけではない」（千葉）などとして，人権侵害に基づく損害賠償請求についての消滅時効の完成を認めている。

　この背景には，原告らの主張と裁判所の間で，「継続的不法行為」という概念についての，理解の相違があるように思われる。すなわち，大審院判例で示された定義のうち，「各別に進行」という構造に重点を置くか，「被害者之を知りたる時より」という起算点に着目するかによって，当該概念の実質的意味に齟齬が生じているのである。今後は，賃金差別における継続的不法行為について，より緻密な論理構成が求められよう。

4　賃金差別と社会保険料

　厚生年金保険法92条1項が，「保険料その他この法律の規定による徴収金を徴収［す］る権利は，2年を経過したとき……時効によって，消滅する」と定めている。同条の解釈を示した裁判例として，京都市役所非常勤嘱託員厚生年金保険事件があり，同条の「趣旨は，国及び被保険者間において，保険料の支払い，保険金の給付に関する紛争を簡明に解決する点にあると解せられるが，これを超えて，［厚生年金保険］法27条の届出を怠った事業主と被保険者との紛争を簡明に解決したり，事業主を免責したりする趣旨があると解することはできない」と判示し，不法行為に基づく損害賠償を認めた。

　ここで示された社会保険料の消滅時効に関する論理は，賃金差別によって年金受給額に変動が生じる場合にも適用されると解すべきであろう。すなわち，雇用差別によって納められなかった社会保険料について，少なくとも紛争当事者間では消滅時効を認めるべきではない。この点，昭和シェル石油（賃金差別）事件では，月例賃金及び賞与の差額相当額を認定するにあたり，年金保険料の消滅時効を適用せず，「月例賃金及び賞与の額が高くなれば，年金保険料の本

Ⅳ 権利の擁護と救済

人負担分も増加する」として本人負担の「増額分」を控除している。この控除を前提に，あるべき平均標準報酬月額から「年金額の差額」を算出するという手法を用いて，「公的年金差額相当額」の損害を認定した[56]。また，賃金差別訴訟で，公的年金の差額について請求していない場合，確定判決後に年金事務所に対して年金額是正の申立を行う必要が出てくる。

5 おわりに

　日本とアメリカの法構造の相違にも関わらず，長年蓄積した賃金差別について，いかなる法的救済を行うか（期間制限・救済範囲）という課題には，共有しうる問題意識も含まれていることが明らかとなった。アメリカでの2009年の公正賃金法の制定は，レッドベター事件判決を覆すという立法目的を超え，賃金差別に関する学説上・実務上の関心を高める契機となり，これまでにない議論が展開されつつある。

　しかるに，日本の賃金差別における法的救済では，期間制限（消滅時効）が法律構成の如何によって大きく異なり，その起算点についても共通した理解がなされているとは言い難い[57]。今後は，長期間にわたって賃金差別を受けた労働者の権利救済を実効化できるような，当該差別の実態と特性に応じた，体系的な法理論の構築が求められる。そのためには，さらなる判例法理と時効に関する学説の分析が必要であるが，これについては他日を期することにしたい[58]。

1) 550 U. S. 618, 645 (2007). 賃金差別に対する申立期間の解釈が争われたアメリカ連邦最高裁判決の反対意見より。
2) 報道記録の一例として，*Day of vindication for grandma as pay law signed*, CNN. com (Jan. 30, 2009), http://www.cnn.com/2009/POLITICS/01/29/obama.fair.pay/index.html#cnnSTCText (last visited Dec. 1, 2010).
3) 「時効」と「除斥期間」の違いについて，例えば，労組法27条2項の定める申立期間は「除斥期間」と解されているが，本稿の問題意識からは区別の必要性に乏しいので，以後は「除斥期間」についても単に「時効」と表記する。
4) そもそも180日（あるいは300日）という期間制限が短すぎるという批判は，1980年代

からなされている。
5) この点，EEOC は，差別的な賃金支払いについては全体を一つの行為と解釈する方針を示していた。EEOC Compliance Manual § 2-IV-C (1)(a) ("Repeated occurrences of the same discriminatory employment action, such as discriminatory paychecks, can be challenged as long as one discriminatory act occurred within the charge filing period.").
6) National Railroad Passenger Corp. v. Morgan, 536 U. S. 101 (2002).
7) Campbell v. BankBoston, N. A., 327 F. 3d 1 (2003).
8) Bazemore v. Friday, 478 U. S. 385 (1986).
9) Linda Greenhouse, *Justices' Ruling Limits Lawsuits on Pay Disparity*, N. Y. TIMES, May 30, 2007, at A1.
10) Ledbetter v. Goodyear Tire & Rubber Co., 550 U. S. 618 (2007). 同判決の日本での評釈として，永由裕美「Ledbetter v. Goodyear Tire & Rubber Co., 550 U. S. 618 127 S. Ct. 2162 (2007)」アメリカ法2008-1号 (2008) 139頁，中窪裕也「タイトルセブンのもとで性別にもとづく賃金差別を争う場合の申立期間」労旬1666号 (2008年) 54頁。
11) なお，性を理由とする賃金差別については，同一賃金法 (1963年制定) もあるが，制定の翌年に公民権法第7編が成立し，重複する規制となった。しかし，EEOC への申立が求められない点など，今なお利点も多い。詳しくは，中窪裕也『アメリカ労働法［第2版］』(弘文堂，2010年) 245頁。レッドベター事件でも，当初は双方の違反を争った。
12) Lavin and DiMichele, *The Time for Filing Charges of Discrimination : The Supreme Court's Decision and Its Aftermath*, 33 EMP. REL. L. J. 113, 115.
13) Jon Bible, *Ledbetter v. Goodyear Tire & Rubber Co. : Supreme Court Places Roadblock in Front of Title VII Pay Discrimination Plaintiffs*, 58-3 LAB L. J. 170 (2007) ; Amalia Goldvaser, *Inflating Goodyear's Bottom Line : Paying Women Less and Getting Away with It*, 15 CARDOZO J. L. & GENDER 99 (2008).
14) 2003 U. S. Dist. LEXIS 27406 (N. D. Ala. Sept. 23, 2003).
15) 421 F. 3d 1169 (11th Cir. 2005).
16) これらの背景と経緯について，中窪・前掲注 (11) 233頁，中川かおり「賃金差別に関する法改正」ジュリスト1380号 (2009年) 120頁，山口進・宮地ゆう『最高裁の暗闘』(朝日新聞出版，2011) なども参照。
17) 2009年1月8日に法案が提出されると，同月15日上院で審議，同月22日上院で可決，同月27日下院で審議，同月27日下院で成立した。
18) 111 P. L. 2 (2009).
19) Lilly Ledbetter Fair Pay Act of 2009, Pub. L. No. 111-2, 123 Stat. 5 (2009).
20) 公民権法第7編におけるバックペイは，もともと申立の2年前の時点までが上限と定められており，この点については変更されていない。42 U. S. C. § 2000e-5(g)(1)

(2010).
21) CHARLES M. LOUDERBACK ET AL., THE IMPACT OF THE LILLY LEDBETTER FAIR PAY ACT OF 2009 (ASPATORE, 2009) ; Nancy Zisk, *Lilly Ledbetter, Take Two : The Lilly Ledbetter Fair Pay Act of 2009 and the Discovery Rule's Place in the Pay Discrimination Puzzle*, 16 WM. & MARY J. OF WOMEN & L. 1 (2009) ; Jeremy A. Weinberg, *Blameless Ignorance ? The Ledbetter Act and Limitations Periods for Title VII Pay Discrimination Claims*, 84 N. Y. U. L. REV. 1756 (2009) ; Charles A. Sullivan, *Raising the Dead ? : The Lilly Ledbetter Fair Pay Act*, 84 TUL. L. REV. 499 (2010) ; Carolyn E. Sorock, *Closing the Gap Legislatively : Consequences of the Lilly Ledbetter Fair Pay Act*, 85 CHI.-KENT L. REV. 1199 (2010).
22) Sorock *supra* note 21, at 1209.
23) Gentry v. Jackson State Univ., 610 F. Supp. 2d 564 (2009).
24) Sullivan *supra* note 21, at 19.
25) 536 U. S. 101 (2002).
26) Weinberg *supra* note 21.
27) 遡及適用に関わる判例分析について，Zisk, *supra* note 21, at 12 ; Sorock, *supra* note 21, at 1212 ; LOUDERBACK ET AL., *supra* note 21, at 52.
28) Rzepiennik v. Archstone-Smith, Inc., 331 Fed. Appx. 584 (10th Cir. 2009).
29) Leach v. Baylor College of Medicine, 2009 WL 385450 (S. D. Tex., 2009).
30) Rehman v. State Univ. of N. Y., 596 F. Supp. 2d 643 (2009).
31) Vuong v. New York Life Ins. Co., 2009 WL 306391 (S. D. N. Y., 2009).
32) その他，公正賃金法が適用された判例として，Bush事件，Gilmore事件などがある。Bush v. Orange County Corr. Dep't, 597 F. Supp. 2d 1293 (2009) ; Gilmore v. Macy's Retail Holdings, 2009 WL 305045 (D. N. J. 2009).
33) Joseph v. Pa. Dep't. of Envtl. Prot., 2009 WL 3849696, (E. D. Pa. 2009).
34) AT&T Corp. v. Hulteen, 129 S. Ct. 1962 (2009).
35) 129 S. Ct. 1962, 1973.
36) 使用者側弁護士からの論考を集めた実務書として，LOUDERBACK ET AL., *supra* note 21.
37) かかる認知度の高さと正反対なのが，同法の解釈についての不透明さである。既にみたように，稀にみるスピード立法であることから，制定史的な手掛かりも乏しい。
38) LOUDERBACK ET AL., *supra* note 21, at 32.
39) なお，アメリカで議論された賃金記録の保持という論点について，日本では労基法109条が定める「労働者名簿，賃金台帳及び雇入，解雇，災害補償，賃金その他労働関係に関する重要な書類」についての3年間の保存義務がある。賃金台帳については「最後の記入をした日」，賃金その他労働関係に関する重要な書類については「その完結の日」，

がそれぞれ起算日となり，以後の3年間と解されているので（労基則56条），労基法を遵守している限りは賃金関係の記録が無くなるという問題は生じにくい。

40) 行政機関への申立期限という意味では，労組法27条2項「継続する行為」との対比も興味深い。アメリカのレッドベター事件と日本の紅屋商事事件との対比を示唆するものとして，中窪・前掲注（10）57頁がある。なお，紅屋商事事件（最三小判1991（平3）・6・4民集45巻5号984頁）は，単一年度内における賃金（昇給）差別について争った事案であり，年度を超えた場合にも「継続する行為」に該当するかは不明である。新谷眞人「継続する行為——紅屋商事事件」村中孝史・荒木尚志編『労働判例百選〔第8版〕』（有斐閣，2009年）238頁は，年度を超えた差別を一切認めないとすると，「極端な場合，労働者側は毎年不当労働行為の申立てを強いられることにな」ると指摘する。

41) かかる観点からの分析として，水町勇一郎ほか「賃金差別——立証責任と救済方法」ジュリスト1305号（2006年）78頁，蛯原典子「雇用差別禁止法理に関する一考察——労働法における平等取扱原則を中心に」立命館法学269号（2000年）159頁，西谷敏「思想を理由とする賃金差別の法理——東京電力事件4判決をめぐって」労旬1348号（1994年）6頁など。

42) 兼松事件・東京高判2008（平20）・1・31労判959号85頁。

43) 野村證券（男女差別）事件・東京地判2002（平14）・2・20労判822号13頁。

44) 秋田地判1975（昭50）・4・10判時778号27頁。

45) 日本鉄鋼連盟事件・1986（昭61）・12・4労判486号28頁，三陽物産事件（東京地判1994（平6）・6・16労判651号15頁）など。なお，芝信用金庫事件（東京高判2000（平12）・12・22労判796号5頁）も差額賃金請求訴訟であるが，一審判決（東京地判1996（平8）・11・27労判704号21頁）で短期消滅時効が認められ，控訴審では原告らが2年以前の差額賃金の請求を行わないとしたため，短期消滅時効の成否は争点でなくなった。

46) 労基法4条の男女同一賃金が，ILO100号条約などが定める「同一価値労働同一賃金」の原則をも含むか否かについては争いがある。同一価値労働同一賃金原則については，林弘子「労基法4条と『男女同一賃金の原則』をめぐる法的問題」山口浩一郎ほか編『経営と労働法務の理論と実務』367頁（中央経済社，2009年），森ます美・浅倉むつ子編『同一価値労働同一賃金原則の実施システム——公平な賃金の実現に向けて』（有斐閣，2010年）など。

47) 東京地判1992（平4）・8・27労判611号10頁。

48) そのほか，賃金差別で不法行為の消滅時効が否定された裁判例として，社会保険診療報酬支払基金事件・東京地判1990（平2）・7・4労判565号7頁，石崎本店事件・広島地判1996（平8）・8・7労判701号22頁など。

49) 例えば，塩野義製薬事件・大阪地判1999（平11）・7・28労判770号81頁など。

50) 土地明渡等請求事件・大判1940（昭15）12・14民集19巻2325頁。関連する文献は多数あるが，近年の判例の動向について，織田博子「判例における除斥期間」椿寿夫・三林

IV 権利の擁護と救済

宏編著『権利消滅期間の研究』(信山社, 2006年) 195頁および同引用文献を参照。
51) それぞれ, 甲府地判1993 (平5)・12・22労判651号33頁, 千葉地判1994 (平6) 5・23労判661号22頁, 前橋地判1993 (平5)・8・24日労判635号22頁, 長野地判1994 (平6)・3・31労判660号73頁, 横浜地判 (平6)・11・15・労判667号25頁。
52) 藤川久昭「思想信条を理由とする賃金差別」労判666号 (1995年) 6頁。なお, 野村晃「思想信条を理由とする差別的取扱いと損害賠償請求」法時67巻2号 (1995年) 90頁も, 山梨事件の「侵害行為が止むまでの間消滅時効は進行しないというべき」との見解に賛同する。
53) 京都地判1999 (平成11)・9・30判時1715号51頁。同事件の評釈のうち, 社会保険料の消滅時効について検討したものとして, 坂本重雄「市が設置した区役所の夜間・休日の業務に従事する非常勤嘱託員について区長が厚生年金保健法27条の被保険者資格の届出を怠ったため右嘱託員が厚生年金の受給権を取得できなかった損害を市が賠償すべき責任があるとされた事例」判時1734号 (2001年) 174頁。
54) これを指摘するものとして, 山田省三「入社時の配置格差と昇格遅延により生じた男女賃金格差の是正義務」労判777号 (2000年) 14頁があり,「賃金差別事件において, 労働保険や社会保険について生じた差額をどのように考えるかが今後の課題となろう」と述べる。
55) 東京高判2001 (平成13)・6・28判時1981号101頁。
56) 細かい点だが, 理論的には使用負担分の保険料は, 未納のままとなる。また, 仮に2003年からの期間も認定するのならば, 総報酬制の導入による再計算が必要となろう。
57) もっとも,「時効期間の定めの多様性に由来する問題点」は, 民法 (債権法) 改正検討委員会でも認識されており, 時効期間の統一化が検討されている。民法 (債権法) 改正検討委員会「第7回議事録 (2008年9月23日開催):配付資料④第5準備会から (期間制限について)」http://www.shojihomu.or.jp/saikenhou/shingiroku/shiryou0704.pdf (最終アクセス2010年11月30日)。
58) 本稿は, アメリカでの在外研究中に執筆したもので, 日本法に関しては資料面での制約があった。不十分な成果かもしれないが, 古稀のお祝いとして両先生に捧げたい。

河野正輝先生　略歴及び研究業績

略　　歴

1941年7月26日	宮崎県に生まれる
1960年3月	宮崎県立福島高等学校卒業
1964年3月	九州大学法学部卒業
1964年4月	九州大学大学院法学研究科修士課程入学
1966年3月	同修了（法学修士）
1966年4月	岡山大学法文学部助手
1968年4月	同講師
1972年4月	同助教授
1980年4月	岡山大学法学部教授
1988年2月	論文「社会福祉権の研究」により法学博士（法博乙）の学位授与（九州大学）
1988年4月	九州大学法学部教授に配置換え
1992年7月	福岡市国民健康保険運営協議会委員
1993年1月	福岡県特別養護老人ホーム契約入所システム検討委員会委員長
1993年6月	福岡県高齢化社会長期ビジョン検討委員会委員
1994年4月	日本学術会議社会法学研究連絡委員会委員
1996年7月	九州大学法学部長（1998年6月まで）
1997年4月	㈳日本腎臓移植ネットワーク（九州沖縄ブロックセンター）地域評価委員
1999年9月	福岡地方最低賃金審議会委員（2011年3月まで会長）
2000年12月	日本社会保障法学会代表理事（2002年1月まで）
2001年7月	大学設置・学校法人審議会専門委員（大学設置分科会）
2001年9月	大学評価・学位授与機構大学評価委員会専門委員
2001年11月	国立社会保障・人口問題研究所研究評価委員
2003年3月	九州大学大学院法学研究院教授を退職

2003年4月　　　熊本学園大学社会福祉学部教授
2003年7月　　　日本学術会議会員（第19期）

研究業績

著　書
『社会福祉の権利構造』　　　　　　　　　　　　　　有斐閣　1991
『社会福祉法の新展開』　　　　　　　　　　　　　　有斐閣　2006

共著書
『社会福祉入門』　　　　　　　　　　　　　　　　　有斐閣　1979
『住居の権利――ひとり暮し裁判の証言から』　　　　ドメス出版　1981
『高齢社会と介護システム』　　　　　　　　　　　　尚学社　1997
『介護保険法――法案に対する新たな提案』　　　　　法律文化社　1997
『高齢者の法』　　　　　　　　　　　　　　　　　　有斐閣　1997
『講座　障害をもつ人の人権③――福祉サービスと自立支援』　有斐閣　2000
『講座　障害をもつ人の人権①――権利保障のシステム』　　　有斐閣　2002
『新現代社会福祉法入門　第2版』　　　　　　　　　法律文化社　2003
『新現代社会保障法入門　第3版』　　　　　　　　　法律文化社　2005
『社会福祉法入門　第2版』　　　　　　　　　　　　有斐閣　2008
『レクチャー社会保障法』　　　　　　　　　　　　　法律文化社　2009
『障がいと共に暮らす――自立と社会連帯』　　　　　放送大学教育振興会　2009
『社会保険改革の法理と将来像』　　　　　　　　　　法律文化社　2010
『社会保障論　第2版』　　　　　　　　　　　　　　法律文化社　2011

翻訳書
ダニー・ピーテルス著『社会保障の基本原則』　　　　法律文化社　2011

論　文
「1834年救貧法改正の一考察――1834年法と救貧法委員会命令の内容を中心として」（岡山大学法経学会雑誌17巻4号）　　　　　　　　　　　　　1968
「私的扶養と公的扶助――保護の補足性の史的展開に即して」（岡山大学法学会雑誌20巻1号）　　　　　　　　　　　　　　　　　　　　　　1970
「生存権と老齢福祉年金」（法律時報43巻14号）　　　　　　　　　　1971

「併給調整の構造と不合理性」(岡山大学法学会雑誌21巻3・4号)	1972
「労働法と社会保障法の異質性と同質性」(日本労働法学会誌40号)	1972
「老齢年金保障の構造と法的問題点」(季刊労働法86号)	1972
「国民年金制度をどう改革していくか」(賃金と社会保障615号)	1972
「いわゆる『防貧的施策』は憲法25条1項の適用を受けないか──恩給受給者の生活実態にふれて」(岡山大学産研報告書第6集)	1973
「老人福祉をめぐる訴訟──実質的平等の要請」(ジュリスト臨時増刊572号)	1974
「社会保障法における併給調整の法理」(健康保険29巻5号)	1975
「カルヴァート『社会保障法』とイギリス社会保障法の特質」(国際社会保障研究17号)	1976
「憲法25条と『防貧施策』」(法律時報48巻5号)	1976
「社会保険給付と不法行為法」(ジュリスト臨時増刊691号)	1979
「障害給付の問題点──年金改革もう一つの課題」(週刊社会保障1030号)	1979
「社会福祉サービスの法的特質──現行社会保障法下において」(季刊労働法114号)	1979
「福祉とプライバシー」(ジュリスト臨時増刊742号)	1981
「婦人と社会保障」(『社会保障講座』(総合労研)第5巻)	1981
「社会福祉権の形成過程と現代的課題」(社会福祉研究30号)	1982
「社会福祉行政と費用負担の法的側面」(ジュリスト766号)	1982
「社会福祉の法と行財政──研究の課題と展望」(『講座社会福祉』第6巻 有斐閣)	1982
「併給調整の新たな局面と堀木訴訟」(法律時報54巻7号)	1982
「堀木訴訟最高裁判決の問題点と法改正の課題」(法律のひろば35巻10号)	1982
「外国人と社会保障──難民条約関係整備法の問題点」(ジュリスト781号)	1983
「最低賃金」(『現代労働法講座』第11巻 有斐閣)	1983
「最低賃金と社会保障の算定基準──ジェラルド・スター論文の紹介と覚書」(『社会法の現代的課題』林迪廣先生還暦祝賀論文集 法律文化社)	1983
「社会福祉サービスの権利構造試論──カール・ウェルマンの福祉権論を手掛りに」(季刊社会保障研究19巻3号)	1983
「社会保障法体系と年金統合」(ジュリスト810号)	1984
「社会福祉の課題」(『社会保障年鑑』1984年版)	1984
「健康権とヘルス・ロー」(『社会保障の変容と展望』佐藤進先生還暦祝賀論文集 勁草書房)	1985
「『社会福祉におけるナショナル・ミニマム』の法的枠組み」(『社会福祉学』日本社会福祉学会誌26-2号)	1985

「生存権と社会福祉——福祉ミニマムをめぐって」（ジュリスト総合特集『転換期の社会福祉』）	1985
「社会福祉最低基準の法的検討——老人福祉サービスをめぐって」（『現代の生存権——制度と法理』荒木誠之先生還暦祝賀論文集　法律文化社）	1986
「公的年金・私的年金の法的問題——企業年金の現状と課題を中心に」（ジュリスト864号）	1986
「社会福祉にみる在宅と施設処遇の法的争点」（法律時報59巻1号）	1987
「イギリスにおける福祉サービスの基準と登録制」（岡山大学法学会雑誌36巻3・4号）	1987
「併給調整と堀木訴訟」（『堀木訴訟運動史』法律文化社）	1987
「社会福祉の再編成と権利論」（日本社会保障法学会誌2号）	1987
「憲法25条の40年——社会福祉権の再構成と福祉立法の見直し」（社会福祉研究41号）	1987
「社会福祉権の再構成と福祉立法の見直し」（季刊社会保障研究23巻2号）	1987
「社会福祉サービスにおける最低基準保障の構造と法理」（『労働法学の理論と課題』片岡曻先生還暦祝賀論文集　有斐閣）	1988
「アメリカにおける施設サービスの基準と処遇過程の権利」（法政研究56巻3・4合併号）	1990
「21世紀へ向けての社会福祉法の整備と課題」（社会福祉研究47号）	1990
「体系的視点から見た生活保護法の課題」（週刊社会保障1664号）	1991
「生活保護法の総論的課題」（日本社会保障法学会誌7号）	1992
「生活保護制度改革の理論的課題——生活保護実態調査を踏まえて」（福岡県地方自治研究所報47号）	1992
「コミュニティ・ケア法の示唆するもの」（週刊社会保障1736号）	1993
「老人福祉制度の課題と将来」（週刊社会保障1752号）	1993
「社会福祉における人権論の課題——イギリスにおける研究動向の紹介」（社会福祉研究57号）	1993
「福祉改革における社会権思想の発展——イギリスと日本(1)〜(3)」（社会問題月報367号〜369号）	1993
「福祉改革——イギリスと日本の開き」（九大学報1319号）	1993
「在宅ケアにおける質と基準」（ジュリスト増刊『高齢社会と在宅ケア』）	1993
「在宅サービスの基準保障のあり方」（週刊社会保障1786号）	1994
「中嶋訴訟鑑定意見書」（福岡地裁）	1994
「ニーズと権利の間——英国コミュニティ・ケア法の場合」（週刊社会保障1804号）	1994
「患者の権利法，ヨーロッパでは」（週刊社会保障1812号）	1994

河野正輝先生　略歴及び研究業績

「『新介護システム』の問題点と課題」（社会問題月報389号）	1995
「生活保護法における資産活用と収入認定——中嶋訴訟をめぐって」（法政研究61巻3・4合併号）	1995
「人権擁護の視点から——介護保険に必要なチェック機能」（東京都社会福祉協議会『福祉展望』19号）	1995
「『ケアマネジメント』の法的課題」（週刊社会保障1830号）	1995
「イギリスの苦情処理手続基準」（週刊社会保障1839号）	1995
「イギリスの在宅支援サービス基準」（週刊社会保障1847号）	1995
「介護・老人福祉制度の課題と将来」（週刊社会保障1850号）	1995
「社会福祉の課題——利用者の権利保障」（『これからの社会福祉』第1巻　有斐閣）	1995
「福祉と人権——いま何が問題か」（ジュリスト臨時増刊『福祉を創る』）	1995
「イギリスの介護保障とわが国介護保険の権利義務関係——在宅サービスを中心に」（日本社会保障法学会誌11号）	1996
「福祉における自己決定権と救済システム」（井上正三・高橋宏志・井上治典編『対話型審理——「人間の顔」の見える民事裁判』信山社）	1996
「介護保険法案の立案と審議に望む」（法律時報68巻7号）	1996
「施設における権利保障——介護の全プロセスに権利の考え方を」（『施設における知的障害者・痴呆性高齢者の人権』東京都社会福祉協議会・権利擁護センター）	1997
『介護保険法案の残された課題——自己決定権の保障と地域づくり』（社会問題研究所ブックレット）	1997
「社会福祉と法」（田端光美・右田紀久恵・高島進編『世界の社会福祉・イギリス』旬報社）	1999
「社会福祉基礎構造改革と利用者の権利擁護」（季刊社会保障研究35巻3号）	1999
「権利擁護システムと自治体の責務」（からだの科学臨時増刊『介護保険』）	1999
「『地域福祉権利擁護』の基本課題」（法政研究66巻2号）	1999
「社会保障の現代的課題——介護保険と自立の支援」（九州国際大学法学論集6巻3号）	2000
「介護保険サービス契約モデル案の検討」（週刊社会保障2086号）	2000
「戦後社会福祉法制の展開」（三浦文夫・高橋紘士・田端光美・古川孝順編『講座・戦後社会福祉の総括と21世紀への展望 Ⅲ 政策と制度』ドメス出版）	2001
「社会保障法の目的理念と法体系」『21世紀の社会保障法（講座・社会保障法第1巻）』法律文化社	2001
「介護保険と権利擁護」古川孝順・副田あけみ・秋元美世編『現代社会福祉の争	

「点（下）社会福祉の利用と権利』中央法規出版　2003
「社会保障の法体系と権利構造」社会関係研究9巻2号　2003
「権利としての社会福祉のゆくえ——法理念のゆらぎのなかで」社会福祉研究90号
　　2004
「社会保険法原則の見地からみた学生無年金障害者訴訟の争点」社会関係研究 10
　　巻1号　2004
「自立支援サービスの新展開と権利擁護の課題」民商法雑誌 132巻2号　2005
「権利擁護の構築——福祉サービスとしての権利擁護をつくる」熊本学園大学社
　　会福祉研究所所報33号　2005
「権利擁護サービスにおける公的責任と成年後見制度の役割」実践成年後見20号　2007
「諸外国における社会保険改革と基本理念」社会関係研究 13巻2号　2008
「高齢者虐待防止法見直しの論点——法律学者の立場から」高齢者虐待防止研究
　　4巻1号　2008
「社会福祉の権利と権利擁護（特集 権利擁護の10年 福祉は変わったか）」月刊福
　　祉 92巻2号　2009
「日本国憲法における成年後見の位置付け」（相澤直子との共著）実践成年後見
　　31号　2009
「『障がい法』の視点からみた障害者自立支援の課題」日本社会保障法学会誌 25号
　　2010
「障害者の地域生活支援をめぐる法的課題——イギリス，アメリカにおける展開
　　を手がかりに」荒木誠之・桑原洋子編『社会保障法・福祉と労働法の新展開
　　——佐藤進先生追悼』信山社　2010

科研費等研究成果報告書

『地域福祉におけるクォーリティ・コントロール方式の構築に関する研究』（平成
　　5～6年度科研費・研究成果報告書）　1995
『福祉サービスの基準保障法制に関する研究』（平成7～8年度科研費・研究成果
　　報告書）　1997
『介護労働に関する調査研究の基本課題』（平成10年度「あすばる」介護労働研究
　　会報告書）　1999
『「高齢者法」の権利構造に関する研究』（平成9～11年度科研費・研究成果報告
　　書）　2000
『社会保険における構造改革の国際比較分析と規範原理の再構築に関する研究』
　　（平成17～19年度科研費・研究成果報告書）　2008

判例研究・評釈等

「児童扶養手当法における併給禁止と法の下の平等」（法律のひろば25巻12号）	1972
「公的年金と老齢福祉年金との併給制限の違憲性――岡田訴訟」（別冊ジュリスト『社会保障判例』）	1977
「原爆症認定要件としての原爆起因性――桑原訴訟」（別冊ジュリスト『社会保障判例』）	1977
「児童扶養手当法四条三項三号の違憲性」（荒木誠之・林迪廣編『判例研究社会保障法』法律文化社）	1979
「普通恩給受給による老齢福祉年金の支給停止の違憲性」（同上『判例研究社会保障法』法律文化社）	1979
「夫婦受給制限の違憲性」（同上『判例研究社会保障法』法律文化社）	1979
「社会保険給付と損害賠償の関係」（同上『判例研究社会保障法』法律文化社）	1979
「年金併給制限の合憲性――岡田訴訟控訴審判決」（ジュリスト臨時増刊718号）	1980
「堀木訴訟」（小川政亮編『社会保障裁判』ミネルヴァ書房）	1980
「ひとり暮し訴訟」（同上『社会保障裁判』ミネルヴァ書房）	1980
「国民健康保険法上の療養給付準則と高額療養費の支給」（民商法雑誌97巻1号）	1987
「朝日訴訟大法廷判決」（ジュリスト900号）	1988
「肺結核患者の強制退院事件」（別冊ジュリスト『医療過誤判例百選』）	1989
「被保護者の死亡と訴訟の承継」（別冊ジュリスト『社会保障判例百選（第2版）』）	1991
「未支給年金の請求権と訴訟の承継――本村訴訟」（別冊ジュリスト『社会保障判例百選（第2版）』）	1991
「生活保護世帯の預貯金と収入認定――加藤訴訟」（ジュリスト1039号）	1994
「中嶋訴訟――学資保険裁判」（法律時報71巻6号）	1999
「生存権と生活保護基準――朝日訴訟」（別冊ジュリスト『社会保障判例百選（第4版）』）	2008

概説書・事典

(1) 概説書

「公務員の災害補償」（角田豊・窪田隼人・佐藤進編『社会保障法入門』法律文化社）	1972
「国民年金法」（同上『社会保障法入門』法律文化社）	1972
「国民年金法（福祉年金）・児童扶養手当法」（佐藤進編『社会保障法判例』有斐閣）	1974
「社会福祉事業法・児童福祉法」（同上『社会保障法判例』有斐閣）	1974

「原爆被爆者・戦争犠牲者援護法」（同上『社会保障法判例』有斐閣）	1974
「恩給法その他」（同上『社会保障法判例』有斐閣）	1974
「国民年金法」（小川政亮編『社会保障法を学ぶ』有斐閣）	1974
「無拠出年金」（同上『社会保障法を学ぶ』有斐閣）	1974
「労働組合の組織」（『判例コンメンタール労働法Ⅰ』三省堂）	1976
「労働組合の内部関係」（『判例コンメンタール労働法Ⅰ』三省堂）	1976
「福祉サービス受給権と不服申立権」（佐藤進編『児童福祉法50講』有斐閣）	1976
「日本の社会保障」（角田豊・真田是編『労働者のくらしと社会保障』法律文化社）	1977
「生活保護給付」（荒木誠之編『社会保障法』青林書院新社）	1978
「社会保険の法律関係」（ジュリスト増刊『行政法の争点』有斐閣）	1980
「外国人と社会保障」（ジュリスト増刊『行政法の争点』有斐閣）	1980
「公務員年金法」（角田豊・窪田隼人・佐藤進編『社会保障法要説』法律文化社）	1980
「社会福祉」（園部逸夫・田中館照橘・石本忠義編『社会保障行政法』有斐閣）	1980
「国民年金法」（窪田隼人・佐藤進編『現代社会保障法入門』法律文化社）	1986
「社会福祉」（同上『現代社会保障法入門』法律文化社）	1986
「社会福祉の権利」（佐藤進編『現代社会福祉法入門』法律文化社）	1989
「社会福祉の行政組織」（同上『現代社会福祉法入門』法律文化社）	1989
「社会保険の法律関係」（ジュリスト増刊『行政法の争点（新版）』有斐閣）	1990
「社会福祉の理論と制度」（荒木誠之編『生活保障論』法律文化社）	1996
「社会福祉法制――法理論の構築と「生きた権利」をめざして」（『AERAMOOK 社会福祉学のみかた』朝日新聞社）	1997
「高齢者と人権」（直井道子・山田知子編『高齢者福祉――豊かな高齢期を築くために』放送大学教育振興会）	1999
「高齢者の医療と介護保険」（同上『高齢者福祉――豊かな高齢期を築くために』放送大学教育振興会）	1999
「高齢者の雇用・年金・生活保護」（同上『高齢者福祉――豊かな高齢期を築くために』放送大学教育振興会）	1999
「社会福祉の法制度」（岡本民夫・三ツ木任一編『社会福祉入門』放送大学教育振興会）	2000
「社会福祉士の権利擁護の役割」（養成講座編集委員会編『法学』中央法規）	2001

(2) 事 典

「母子福祉年金と児童扶養手当法」（『社会福祉の基礎知識』有斐閣）	1973
「障害福祉年金と児童扶養手当――併給制限」（『社会福祉の基礎知識』有斐閣）	1973

「医療給付サービスと調整規定」（『社会福祉の基礎知識』有斐閣）	1973
「児童手当の受給要件」（『社会福祉の基礎知識』有斐閣）	1973
「公害疾病とその救済」（『社会福祉の基礎知識』有斐閣）	1973
「賃金保護」（『現代労働組合事典』大月書店）	1974
「業務上・外の認定」（『社会保障事典』大月書店）	1976
「疾病の同一性の有無」（『社会保障事典』大月書店）	1976
「休業給付と労務不能の概念」（『社会保障事典』大月書店）	1976
「障害給付の問題」（『社会保障事典』大月書店）	1976
「年金権裁定と手当受給権認定」（『社会保障事典』大月書店）	1976
「保険料の負担と納付（三・七闘争の法理）」（『社会保障事典』大月書店）	1976
「保険給付の受給権と損害賠償請求権との関係」（『社会保障事典』大月書店）	1976
「時効」（『社会保障事典』大月書店）	1976
「複数の給付相互の関係──併給制限の問題」（『社会保障事典』大月書店）	1976
「児童手当」（『労働運動・市民運動法律事典』大月書店）	1979
「国民年金」（『労働運動・市民運動法律事典』大月書店）	1979
「併給制限とのたたかい」（『労働運動・市民運動法律事典』大月書店）	1979
「職業紹介・職業指導」（『労働法事典』労働旬報社）	1979
「就職・転職促進給付」（『労働法事典』労働旬報社）	1979
「生存権理念の歴史的展開と社会保障・社会福祉」（『社会保障・社会福祉事典』旬報社）	1989
「人権の思想」（『エンサイクロペディア社会福祉学』中央法規）	2007
「社会福祉の法制」（『エンサイクロペディア社会福祉学』中央法規）	2007

学界回顧・書評

「学界回顧──社会保障法」（法律時報46巻12号）	1974
「学界回顧──社会保障法」（法律時報47巻14号）	1975
「学界回顧──社会保障法」（法律時報48巻13号）	1976
書評　角田豊著『社会保障法の現代的課題』（法律時報49巻13号）	1977
書評　佐藤進著『社会福祉の法と行財政』（社会福祉研究27号）	1980
書評　堀勝洋著『福祉改革の戦略的課題』（社会福祉研究43号）	1988
書評　佐藤進著『社会保障の法体系（全）』（社会福祉研究50号）	1991
書評　菊池馨実著『社会保障の法理念』（季刊社会保障研究 37巻4号）	2002
書評　増田雅暢著『介護保険見直しの争点』（賃金と社会保障 1354号）	2003
書評　堀勝洋・岩志和一郎編『高齢者の法律相談』（書斎の窓 547号）	2005
書評　秋元美世著『福祉政策と権利保障──社会福祉学と法律学との接点』（日	

本社会保障法学会誌 23号)	2008
書評　秋元美世著『社会福祉の利用者と人権——利用関係の多様化と権利保障』(『社会福祉学』日本社会福祉学会誌 51巻4号)	2011

学会シンポジウム・翻訳・論評・その他（随想）

(1) 学会シンポジウム・座談会

「社会福祉の権利構造と基準」(学会報告)（九州法学会会報1989)	1990
「シンポジウム・福祉改革と現代法——その総合的検討（総論・シンポジウムの趣旨)」（九州法学会会報1994)	1995
「座談会・公的介護保険制度の運用と課題」(ジュリスト1131号)	1998
「パネルディスカッション・社会福祉基礎構造改革の法的検討（企画の趣旨)」(日本社会保障法学会誌15号)	2000
「シンポジウム・医療制度改革——サービスの質と効率の視点から（企画の趣旨)」(日本社会保障法学会誌17号)	2002
「座談会（特集 社会保障法学の軌跡と展望)」民商法雑誌 127巻4・5号	2003
「基調講演：ドイツ法に対するヨーロッパ法および国際法の影響（ベルント・バロン・フォン・マイデル）へのコメント—— EUにおける最低基準，ワークフェアおよび社会保障負担」(日本社会保障法学会誌20号)	2005
「インタビュー　先輩からの助言（第6回　佐藤進先生)」(社会事業史研究35号)	2008
「ドイツにおける社会保険改革と基本理念(1)——ベルント・バロン・フォン・マイデル教授に聞く」(社会関係研究 14巻1号)	2009

(2) 翻　訳

「自営業者のための老齢および遺族保障——その国際比較」(九州大学産業労働研究所報40号)	1966
世界保健機関ヨーロッパ地域事務所編『ヨーロッパにおける患者の権利の促進に関する宣言』(監修)（患者の権利法をつくる会発行)	1995
ジェフ・ファン・ランゲンドンク著「社会保障の将来」(社会関係研究16巻1号)	2011

(3) 論　評

「石炭政策転換闘争」(『三池20年史』三池炭鉱労働組合)	1968
「労働時間短縮」(『曲りかどの国民生活』社会問題研究所)	1989
「高齢化社会の到来と社会保障」(『曲りかどの国民生活』社会問題研究所)	1989
「高齢化社会の到来と不安の増大」(『豊かさへの挑戦』社会問題研究所)	1989
「ゆとりを実感させぬ超労働時間」(『豊かさへの挑戦』社会問題研究所)	1989

「労働時間短縮をどう進めるか」(『ゆとりの創造』社会問題研究所)	1991
「老人福祉法等八法改正と新しい福祉運動をめざして」(『ゆとりの創造』社会問題研究所)	1991
「福祉サービスの苦情」(週刊社会保障1728号)	1993
「福祉における自己決定権」(週刊社会保障1745号)	1993
「介護保険の選択肢」(週刊社会保障1754号)	1993
「自立助長と自己決定権」(週刊社会保障1762号)	1993
「医療・福祉の連携に応ずる看護・介護基準の課題」(週刊社会保障1770号)	1993
「中嶋事件の問うもの――ふたたび自立助長と自己決定権」(週刊社会保障1778号)	1994
「収入認定除外基準の問題点」(週刊社会保障1795号)	1994
「権利を問う――在宅サービスの基準保障」(東京都社会福祉協議会『福祉広報』429号)	1994
「高齢者保健福祉対策の焦点――介護保険と新ゴールドプランの課題」(福岡都市研究センター)	1995
「『新介護システム』と権利保障」(週刊社会保障1822号)	1995
「福祉サービスにおける適正手続と自己決定権」(週刊社会保障1856号)	1995
「介護保障基本法の提唱」(週刊社会保障1864号)	1995
「実施一年の介護保険と市民オンブズマン――新しい市民社会の権利擁護活動として」(進歩と改革593号)	2001
「権利擁護の仕組みづくりと日本の課題」(『ニューエイジング――日米の挑戦と課題』九州大学出版会)	2001
「論評 ケアマネジャーと利用者の権利擁護」(週刊社会保障 2176号)	2002
「年金制度の現状と政策的課題(上)」(進歩と改革 620号)	2003
「年金制度の現状と政策的課題(下)」(進歩と改革 621号)	2003
「政府の年金改正案とあるべき方向」(進歩と改革 628号)	2004
「社民党など野党の年金政策を検討する――年金改正法成立後の年金問題」(進歩と改革 634号)	2004
「ケアマネジャーのための権利擁護ガイド(1)サービス利用者の権利擁護と権利」(ケアマネジャー6巻8号)	2004
「介護保険改革の焦点と問題点(上)」(進歩と改革 637号)	2005
「介護保険改革の焦点と問題点(下)」(進歩と改革 638号)	2005
「被保護者の自己決定権――学資保険裁判最高裁判決の意義」(熊本学園大学社会福祉研究所福祉情報誌・くまもとわたしたちの福祉46号)	2005
「社会法から見た大都市問題――社会的排除とワークフェア」(日本学術会議・大	

都市をめぐる課題特別委員会報告『大都市の未来のために』）	2005
「女性院生の研究支援」（日本学術会議・学術体制常置委員会報告『女性研究者育成の観点から見た大学院教育の問題点』）	2005
「医療制度改革の背景と問題点」（進歩と改革 650号）	2006
「転換期を迎えて——医療，年金皆保険の課題」（進歩と改革 675号）	2008
「経済危機下のセーフティーネット—— EU諸国などと日本の取組みを比較して」（進歩と改革 689号）	2009
「障害者自立支援の法的課題」（熊本学園大学社会福祉研究所報39号）	2011

(4) その他（巻頭言・随想等）

「『うさぎ小屋』と社会保障」（ジュリスト702号）	1979
「資本論研究会の頃」（『大いなる人間模様　奥田八二先生還暦記念文集』社会問題研究所）	1980
「ヨーロッパ調査旅行の思い出」（『山より高きその志——八丁和生を偲ぶ』社会問題研究所）	1989
「住宅統計調査結果を読んで」（ジュリスト947号）	1989
「AIR MAIL 社会法研究会の友人へ from London」（ジュリスト1010号）	1992
「地域福祉の視点——増える家庭内"棄老"」（しあわせの輪（福岡県地域福祉振興基金）40号）	1994
「序にかえて——ヨーロッパにおける患者の権利法制にふれて」（池永満著『患者の権利』九州大学出版会）	1994
「衣笠先生と僚友たち」（『政治革新の新たな出発　衣笠哲生九州大学教授退官記念誌』福岡県高等学校教職員組合）	1995
「転居通知」（週刊社会保障1917号）	1996
「福祉サービスを利用する人々の権利構造」（『九州大学研究紹介』14号）	1996
「弁証法的に思考する主体でありたい」（法政研究別冊フォーラム20号）	1997
「国際労働法・社会保障学会第5回ヨーロッパ地域会議の報告」（日本社会保障法学会誌12号）	1997
「各大学院における新しい試み——九州大学」（ジュリスト1215号）	1997
「『成年後見問題研究会報告書』を読んで」（ジュリスト1229号）	1998
「弁証法的に考えるということ」（学士会会報819号）	1998
「新しい政治の観点から人間の『自立』を問う」（『『生きる力』とは』福岡県高等学校教職員組合）	1999
「地域福祉権利擁護における『権利』と『擁護』」（日本社会保障法学会・会報7号）	
	1999

「松下さんの最後のメッセージに」(『松下博史先生遺稿集――受け継がれるいのち』岡山県教職員組合)	2000
「社会保障法学の役割」(日本社会保障法学会誌15号)	2000
「アドボカシーと介護支援専門員の役割」(GPnet47巻9号)	2000
「日本社会保障法学会20年を迎えて」(日本社会保障法学会誌16号)	2001
「実効性のある権利擁護へ」(日本社会保障法学会・会報10号)	2001
「協力関係の質的発展を期待する――日本労働法学会50年に寄せて」(日本労働法学会誌97号)	2001
「学術会議だより」(日本社会保障法学会誌19号)	2004
「私の研究」(熊本学園大学社会福祉研究所福祉情報誌・くまもとわたしたちの福祉44号)	2004
「学術会議だより」(日本社会保障法学会誌20号)	2005
「学術会議だより」(日本社会保障法学会誌21号)	2006
「成年後見と社会保障」(成年後見法研究5号)	2008
「高齢者虐待防止を目指した権利擁護へ」(高齢者虐待防止研究5巻1号)	2009
「奨励賞評:笠木映里『公的医療保険の給付範囲――比較法を手がかりとした基礎的考察(1)～(6)』,福島豪『ドイツ障害年金の法的構造――障害保障と失業保障の交錯(1)～(3)』」(日本社会保障法学会誌 24号)	2009

菊池高志先生　略歴及び研究業績

略　　歴

1941年4月2日	福岡県福岡市に生まれる
1960年3月	福岡県立修猷館高等学校卒業
1961年4月	東京都立大学入学
1965年3月	同　卒業
1965年4月	東京都立大学大学院社会科学研究科（基礎法学専攻）修士課程入学
1967年3月	同修了（法学修士）
1967年4月	東京都立大学大学院社会科学研究科（基礎法学専攻）博士課程入学
1970年3月	同終了（単位取得退学）
1970年4月	神奈川大学法学部講師
1972年4月	神奈川大学法学部助教授
1977年4月	九州大学法学部助教授
1986年8月	九州大学法学部教授
1994年7月	九州大学法学部長（1996年6月まで）
1998年4月	西南学院大学法学部教授
1999年7月	西南学院大学法学部長（2001年6月まで）
2004年4月	西南学院大学法学部長（2005年6月まで）
2005年7月	西南学院大学法学研究科長（2007年6月まで）
2009年12月	西南学院大学法学研究科長（2011年1月まで）
2011年3月	西南学院大学法学部退職

研　究　業　績

共編著

『大学双書労働法講義(2)』（角田邦重・西谷敏）	有斐閣	1985
『高齢者の法』（河野正輝）	有斐閣	1997

『労働法エッセンシャル』（清正寛）	有斐閣	1998
『労働契約』（講座21世紀の労働法第4巻）（野田進・中窪裕也）	有斐閣	2000
『労働法エッセンシャル　第2版』（清正寛）	有斐閣	2000
『労働法エッセンシャル　第3版』（清正寛）	有斐閣	2002
『労働法エッセンシャル　第4版』（清正寛）	有斐閣	2005
『労働法エッセンシャル　第5版』（清正寛）	有斐閣	2009

論　文

「企業内における労働組合権の拡大――1968年のフランスの立法」（神奈川法学6巻1号）	1970
「企業内における労働者代表に与えられる保護と便宜――ILO勧告について」（神奈川法学6巻2号）	1971
「組合活動上の差別（複数組合併存下の法律問題）」（季刊労働法81号）	1971
「石油化学産業における労使間交渉の問題点」（総評調査月報59号）	1971
「フランスの企業委員会」（学会誌労働法39号）	1972
「ILOにおける企業内労使関係問題の展開」（神奈川法学8巻2号）	1972
「『人事権』の検討」（労働法律旬報831号）	1973
「労使関係の転換と労働法」（『沼田稲次郎先生還暦記念・現代法と労働法の課題』総合労働研究所）	1974
「企業内参加の限界とラジカリズムの台頭――フランス」（季刊労働法92号）	1974
「企業内労使間交渉の実態――石油化学企業における労働条件規制（上）（下）」（ジュリスト583号・586号）	1975
「交渉領域の拡大と参加問題」（月刊労働問題210号）	1975
「団体交渉権の性格」（労働法律旬報890=891号）	1975
「『スト権スト』と問題の現局面」（学会誌労働法47号）	1976
「報告　労働民事事件と最高裁の労使関係観」（労働法律旬報908号）	1976
「団体交渉における当事者概念」（労働判例253, 254号）	1976
「労働者参加論の検討①～④」（労働法律旬報919, 920, 927, 931号）	1977
「労働組合の企業外活動と使用者」（季刊労働法103号）	1977
「労働契約論と企業秩序」（労働法律旬報948号）	1978
「報告　組合観・労使関係像をめぐる今日的問題――労働経済・社会学の側からの労働法批判を素材に」（労働法律旬報960号）	1978
「経営参加の可能性と参加論の課題」（学会誌労働法51号）	1978
「雇用をめぐる労使の交渉」（日本労働協会雑誌231号）	1978
「討論　労働組合運動を考える――組織論の観点から」（労働法律旬報960号）	1978

「労働者意識の職種別分析——石油精製・化学工業における実態」（月刊労働問題253号）	1978
「争議行為の正当性」（季刊労働法別冊・労働組合法）	1979
「現代企業と労働者の権利」（ジュリスト総合特集・企業と労働）	1979
「整理解雇と司法判断」（労働法律旬報991=992号）	1980
「労働契約論ノート」（法政研究46巻2＝4号）	1980
「企業の社会的責任と労働者参加」（法学セミナー増刊・現代の企業）	1980
「労働契約考①～⑥」（労働判例345，347，351，356，358，361号）	1980～1981
「使用者・使用者団体」（日本労働法学会編『現代労働法講座1』総合労働研究所）	1981
「公務員の政治活動規制と団結権」（季刊労働法119号）	1981
「団体交渉と団体交渉権」（法政研究47巻2＝4号）	1981
「労働契約・組合活動・企業秩序」（法政研究49巻4号）	1983
「団体交渉権の現状」『林迪廣先生還暦祝賀・社会法の現代的課題』法律文化社刊	1983
「労働法制の現状と労働組合運動」（経済評論別冊・労働問題特集号）	1983
「労使紛争処理における労委の役割」（法政研究51巻1号）	1984
「組合併存・競合と協約拡張制度——労組法17条の解釈を中心に」（法政研究51巻3＝4号）	1985
「労災防止と災防行政の課題」（季刊労働法138号）	1986
「出向法理の反省——最高裁判決を契機として」（法政研究52巻3＝4号）	1986
「わが国における生存権の展開」（『荒木誠之先生還暦祝賀・現代の生存権』法律文化社）	1986
「労働時間法改正と労使協定の機能」（季刊労働法146号）	1988
「退職金制度の法律問題——労使関係の変容と労働法の課題」（法政研究54巻2＝4号）	1988
「労働時間法改正と労働時間短縮」（季刊労働法150号）	1989
「労働者の会社間移動と労働法の課題」（学会誌労働法84号）	1994
「社会保障年金制度の将来課題」（ジュリスト1146号）	1998
「労働契約の期間」（日本労働法学会編『21世紀の労働法4』有斐閣）	2000
「新設される労働審判制度」（月刊労委労協587号）	2005
「高年齢者雇用——政策の到達点」（法律時報77巻5号）	2005
「学部レベルにおける労働法教育」（学会誌労働法107号）	2006
「高年齢者の就業・就労——日本の現状と課題」（老年精神医学雑誌19巻12号）	2008
「中国における労働市場政策の法——就業促進法の制定」（季刊労働法224号）	2009

判例研究・解説

「公務員の政治活動規制の合理的基準」（季刊労働法73号）	1969
「労働契約は将来の転勤や配転を当然に予想しているか」（労働判例161号）	1972
「組合のビラ配布と施設管理権」（労働判例172号）	1973
「公務員の政治活動一律禁止と表現の自由」（労働判例184号）	1973
「企業外政治活動による『会社の対面』汚損行為と懲戒処分」（労働判例198号）	1974
「公務員政治活動禁止と刑事制裁の合憲性」（労働判例212号）	1975
「りぼん闘争の性格」（労働判例225号）	1975
「採用」（労働法律旬報874号）	1975
「配置転換・出向」（労働法律旬報874号）	1975
「整理解雇」（労働法の判例（新版））	1979
「争議不参加者に対する休業手当の支払い」（労働判例392号）	1982
「怠業」（別冊ジュリスト労働判例百選（第5版））	1989
「納金スト」（別冊ジュリスト労働判例百選（第5版））	1989
「出向先門前における情報宣伝活動の正当性」（ジュリスト増刊平成5年度重要判例解説）	1994
「交渉権限の委任」（別冊ジュリスト労働判例百選（第6版））	1995
「元請企業の指揮監督のもとに就労している下請労働者の就業条件に関する団体交渉要求に対する元請企業の応諾義務」（法律時報67巻12号）	1995
「経営再編にともなう出向命令の効力」（ジュリスト増刊平成8年度重要判例解説）	1997
「労働者研修費用の性質と退職者の返還義務」（法政研究65巻2号）	1998
「労働条件変更を同意決定事項とする協約条項の効力」（法律時報70巻4号）	1998
「不法行為により死亡した障害年金受給者に対する損害賠償範囲」（判例評論500号）	2000
「誠実団交義務」（別冊ジュリスト労働判例百選（第7版））	2002
「労働条件切下げ変更に同意しない『常用的日々雇用』者雇止めの事例」（法律時報75巻8号）	2003
「組合員資格に関する労働協約一部解約の効力と支配介入の成否」（法律時報78巻5号）	2006
「懲戒権能の意義と時機を失して行われた懲戒処分」（法律時報80巻1号）	2008

学界回顧・書評

書評　石井教授追悼記念『労働法の諸問題』（季刊労働法95号）	1975
書評　日本労働協会編『配置転換をめぐる労使関係』（労働法律旬報877号）	1975

書評　総評弁護団編『戦後労働争議と権利闘争』（労働法律旬報943=944号）	1978
書評　山本吉人『労働組合の組織と運営』（季刊労働法112号）	1979
書評　遠藤公嗣『日本占領と労資関係政策の成立』（東大経済学論集57巻3号）	1991
「学界回顧――労働法」（法律時報62巻13号）（後藤勝喜・柳澤旭と共著）	1990
「学界回顧――労働法」（法律時報63巻13号）（後藤勝喜・柳澤旭と共著）	1991
「学界回顧――労働法」（法律時報64巻13号）（後藤勝喜・柳澤旭と共著）	1992
書評　道幸哲也『不当労働行為救済の法理論』（日本労働研究雑誌34巻1号）	1992
書評　日本社会保障法学会編『講座 社会保障法』（法律時報74巻6号）	2002

解説・その他

「就業時間中の組合活動――学説・判例を中心に」（労働法学研究会報806号）	1969
「組合間差別と不当労働行為」（労働法律旬報823号）	1972
「配置転換・出向」（労働法律旬報847号）	1973
「職場交渉（団体交渉の手続）」（ジュリスト増刊労働法の争点）	1979
「労働協約の人事条項」（ジュリスト増刊労働法の争点新版）	1990
「法学教育に関するアンケート調査」（法政研究58巻3号）	1992
「参与委員制度の独自性」（月刊労委労協460号）	1994
「労働事件と司法裁判」（労働判例800号）	2001
「ILO『雇用の終了』（資料解説）」（世界の労働51巻5号）	2001
「労使慣行」（ジュリスト増刊労働法の争点3版）	2004
「最低賃金の法制度と運用――思想が問われる」（季刊労働法218号）	2007
「どこに『責任』を見いだすのか。」（労働判例958号）	2008

概説書・事典

(1) 概説書

「団体交渉に応ずべき使用者」（『判例コンメンタール労働法Ⅰ』三省堂）	1976
「加盟上部団体の交渉権」（『判例コンメンタール労働法Ⅰ』三省堂）	1976
「企業内における上部と下部」（『判例コンメンタール労働法Ⅰ』三省堂）	1976
「労働者側の当事者性の否定」（『判例コンメンタール労働法Ⅰ』三省堂）	1976
「団交応諾義務」（『判例コンメンタール労働法Ⅰ』三省堂）	1976
「誠実団交義務」（『判例コンメンタール労働法Ⅰ』三省堂）	1976
「本法七条三号の性格」（『判例コンメンタール労働法Ⅰ』三省堂）	1976
「支配介入成立の要件」（『判例コンメンタール労働法Ⅰ』三省堂）	1976
「便宜供与・施設管理権と施設利用」（『判例コンメンタール労働法Ⅰ』三省堂）	1976
「使用者の言論」（『判例コンメンタール労働法Ⅰ』三省堂）	1976

「組合分裂・複数組合間の差別」(『判例コンメンタール労働法Ⅰ』三省堂)	1976
「経費援助」(『判例コンメンタール労働法Ⅰ』三省堂)	1976
「支配介入行為者と使用者への帰責」(『判例コンメンタール労働法Ⅰ』三省堂)	1976
「第三者との関係」(『労働組合法の基礎』青林書院新社)	1976
「争議予告制度」(『労働組合法の基礎』青林書院新社)	1976
「緊急調整制度」(『労働組合法の基礎』青林書院新社)	1976
「労働契約」(『講義労働法Ⅰ(総論・雇用保障・労働基準保障)』青林書院新社)	1982
「解雇・懲戒」(『労働法(新版)』法律文化社)	1984

(2) 事 典

「苦情処理制度」(『労働法事典』労働旬報社)	1979
「労使協議制」(『労働法事典』労働旬報社)	1979
「経営参加」(『労働法事典』労働旬報社)	1979

学会シンポジウム・その他

「労使紛争処理における労委の役割(現代における裁判の機能:紛争処理機構の多様化の中で)(九州法学会第68回大会シンポジウム報告)」(法政研究51巻1号)	1984

執筆者紹介 (執筆順, *は編者)

*山田　　晋 (やまだ　しん)	明治学院大学社会学部教授
*有田　謙司 (ありた　けんじ)	西南学院大学法学部教授
伊奈川秀和 (いながわ　ひでかず)	厚生労働省参事官 (社会保障担当)
平部　康子 (ひらべ　やすこ)	福岡県立大学人間社会学部准教授
柴田　　滋 (しばた　しげる)	元国際医療福祉大学 福岡リハビリテーション学部准教授
藤内　和公 (とうない　かずひろ)	岡山大学法学部教授
丸谷　浩介 (まるたに　こうすけ)	佐賀大学経済学部准教授
彭　　光華 (ほう　こうか)	中国人民大学労働人事学院副教授
原田啓一郎 (はらだ　けいいちろう)	駒澤大学法学部准教授
田中秀一郎 (たなか　しゅういちろう)	岩手県立大学社会福祉学部講師
*石田　道彦 (いしだ　みちひこ)	金沢大学人間社会学域法学類教授
*山下　　昇 (やました　のぼる)	九州大学大学院法学研究院准教授
廣田久美子 (ひろた　くみこ)	宮崎産業経営大学法学部専任講師
李　　鋌 (い　じょん)	韓国外国語大学校法科大学院教授
*西田　和弘 (にしだ　かずひろ)	岡山大学大学院法務研究科教授
髙倉　統一 (たかくら　とういち)	熊本学園大学社会福祉学部准教授
木村　茂喜 (きむら　しげき)	西南女学院大学保健福祉学部准教授
柳澤　　武 (やなぎさわ　たけし)	名城大学法学部准教授

Horitsu Bunka Sha

2011年8月10日　初版第1刷発行

社会法の基本理念と法政策
―社会保障法・労働法の現代的展開―

編者　山田　晋・有田謙司
　　　西田和弘・石田道彦
　　　山下　昇

発行者　田靡純子

発行所　株式会社　法律文化社
〒603-8053 京都市北区上賀茂岩ヶ垣内町71
電話 075(791)7131　FAX 075(721)8400
URL:http://www.hou-bun.com/

© 2011 S. Yamada, K. Arita, K. Nishida, M. Ishida, N. Yamashita
Printed in Japan
印刷：共同印刷工業㈱／製本：㈱藤沢製本
装幀　前田俊平
ISBN 978-4-589-03360-4

河野正輝・中島誠・西田和弘編
社会保障論〔第2版〕 ●2625円
現行制度のしくみを概説するだけでなく,制度の基礎にある考え方や論理を解き明かすことで理解を深めることのできる入門書。最新の動向をふまえた全面改訂版。

河野正輝・江口隆裕編〔αブックス〕
レクチャー社会保障法 ●2940円
多数の図表やわかりやすい叙述で社会保障法の全体像がつかめる教科書。基本的な理念としくみをふまえ,各法制度の意義や法解釈上の論点,課題などを解説。

ダニー・ピーテルス著／河野正輝監訳
社会保障の基本原則 ●2625円
ヨーロッパ社会保障システムの比較・考察をふまえ,普遍的な概念と原則を明示した概説書。ここに示される洞察や法理は,日本の制度分析に多くの示唆を与える。

松井亮輔・川島聡編
概説 障害者権利条約 ●3990円
各条項の趣旨,目的を概観し,重要論点につき包括的かつ多角的にとりあげ詳解する。日本社会の現状を照射するなかで,克服すべき課題と展望を提示する。

江口隆裕著〔社会保障・福祉理論選書〕
「子ども手当」と少子化対策 ●3045円
少子化対策先進国・フランスの家族政策の思想と展開を分析しながら,戦前の人口政策から現在の「子ども手当」まで日本の少子化対策について問題点を解明。

埋橋孝文著〔社会保障・福祉理論選書〕
福祉政策の国際動向と日本の選択 ▶ポスト「三つの世界」論 ●3360円
E.アンデルセン後の動向を検討し,新しい政策論を提示。諸外国の政策の考察や「雇用と福祉の関係の再編」に注目し,日本の位置確認と政策議論の場を提供。

――― 法律文化社 ―――

表示価格は定価(税込価格)です